六次NBA总冠军

10

十届NBA得分王

30.

123

NBA历史个人场均得分最高纪录

THE
MICHAEL
JORDAN
ERA

迈克尔·乔丹
与他的时代

张佳玮 著

华东师范大学出版社

（ I ） 第一章 少年 **15**

（ II ） 第二章 "那个球" **21**

（ III ） 第三章 明星 **31**

（ IV ） 第四章 1984年选秀大会 **39**

（ V ） 第五章 篮球·NBA·芝加哥公牛 **45**

（ VI ） 第六章 "我希望自己职业生涯，至少进一次全明星赛" **55**

（ VII ） 第七章 危险的，邪恶，红色 **63**

（ VIII ） 第八章 "上帝" **71**

（ IX ） 第九章 飞翔 **81**

（ X ） 第十章 敌友 **93**

（ XI ） 第十一章 飞翔的对决 **103**

（ XII ） 第十二章 巅峰 **113**

（ XII ） 第十三章 "乔丹规则" **123**

（ XIV） 第十四章 改朝换代 **133**

（ XV ） 第十五章 THE SHOT **143**

（ XVI ） 第十六章 最强个人VS最强团队 **151**

（ XVII ） 第十七章 不同的价值观 **159**

（ XVIII ） 第十八章 最深的疼痛 **169**

（ XIX ） 第十九章 1990年夏天 **177**

（ XX ） 第二十章 磨合 **183**

（ XXI ） 第二十一章 和解 **193**

（ XXII ） 第二十二章 别了，底特律 **201**

（ XXIII ） 第二十三章 天空之顶 **209**

目录

（XXIV） 第二十四章 不同的景象　**227**

（XXV） 第二十五章 变化　**233**

（XXVI） 第二十六章 与世界交战　**239**

（XXVII） 第二十七章 羽翼　**245**

（XXVIII） 第二十八章 突围　**251**

（XXIX） 第二十九章 卫冕　**259**

（XXX） 第三十章 1992年夏天，巴塞罗那，梦之队　**269**

（XXXI） 第三十一章 艰难前进　**275**

（XXXII） 第三十二章 全世界都想封杀乔丹　**285**

（XXXIII） 第三十三章 三连冠　**295**

（XXXIV） 第三十四章 高处不胜寒　**307**

（XXXV） 第三十五章 那一年半　**313**

（XXXVI） 第三十六章 I AM BACK　**323**

（XXXVII） 第三十七章 拼图　**331**

（XXXVIII） 第三十八章 所向无敌　**337**

（XXXIX） 第三十九章 冠军的心　**347**

（XL） 第四十章 复仇　**355**

（XLI） 第四十一章 1996年的父亲节　**365**

（XLII） 第四十二章 重新上路　**375**

（XLIII） 第四十三章 MVP?　**383**

（XLIV） 第四十四章 迎接光荣之路与幽暗的未来　**393**

（XLV） 第四十五章 封神　**401**

秃鹫 阿列克斯·汉纳姆 **1923**

防守天才 比尔·拉塞尔 **1934**

北斗星 张伯伦 **1936**

关键先生 杰里·韦斯特 **1938**

大O 奥斯卡·罗伯逊 **1938**

黑鹰 康尼·霍金斯 **1942**

珍珠 厄尔·门罗 **1944**

天勾 卡里姆·阿卜杜勒·贾巴尔 **1947**

J博士 朱利叶斯·欧文 **1950**

冰人 乔治·格文 **1952**

酋长 罗伯特·帕里什 **1953**

天行者 大卫·汤普森 **1954**

大树 特里·罗林斯 **1955**

大鸟 拉里·伯德 **1956**

微波炉 维尼·约翰逊 **1956**

雷神 马克·伊顿 **1957**

比尔先生 比尔·卡特莱特 **1957**

魔术师 埃尔文·约翰逊 **1959**

人类电影精华 多米尼克·威尔金斯 **1960**

微笑刺客 伊塞亚·托马斯 **1961**

眼镜蛇 詹姆斯·沃西 **1961**

大虫 丹尼斯·罗德曼 **1961**

总是很困 萨姆·帕金斯 **1961**

滑翔机 克莱德·德雷克斯勒 **1962**

大猩猩 帕特里克·尤因 **1962**

将军 约翰·斯托克顿 **1962**

飞人 迈克尔·乔丹 **1963**

主要人名对照表

（绰号——人名——出生时间）

大梦 哈肯·奥拉朱旺 **1963**

邮差 卡尔·马龙 **1963**

飞猪 查尔斯·巴克利 **1963**

老橡树 查尔斯·奥克利 **1963**

蜘蛛人 泽维尔·麦克丹尼尔 **1963**

好莱坞 罗恩·哈珀 **1964**

蝙蝠侠 斯科蒂·皮彭 **1965**

眼镜蛇 霍勒斯·格兰特 **1965**

岩石 米奇·里奇蒙 **1965**

海军上将 大卫·罗宾逊 **1965**

甲虫 蒂莫西·哈达维 **1966**

非洲大山 迪肯贝·穆托姆博 **1966**

手套 加里·佩顿 **1968**

服务生 托尼·库科奇 **1968**

雨人 肖恩·坎普 **1969**

大佐 阿朗佐·莫宁 **1970**

便士 安芬尼·哈达维 **1971**

鲨鱼 沙奎尔·奥尼尔 **1972**

好孩子 格兰特·希尔 **1972**

大狗 格伦·罗宾逊 **1973**

答案 阿伦·艾弗森 **1975**

白巧克力 贾森·威廉姆斯 **1975**

石佛 蒂姆·邓肯 **1976**

黑曼巴蛇 科比·布莱恩特 **1978**

西班牙兔子 保罗·加索尔 **1980**

最初，那棕色的球旋转着，在木地板上敲出"通通"之声，加上球鞋摩擦地板的吱吱声，在空荡荡的球馆里显得尤其寂静。我坐在场边地上，看着他们跑来来去，有时是我爸爸和他的同事们，有时是体育老师们。球飞向篮筐，一次又一次。那时，我觉得球筐像一个碗，每个人都在朝碗里扔一个乒乓球。有时进了，有时没进，球弹到碗边缘，高高蹦起来，会有手抓到球，再把它投进去……然后，一切周而复始。

这就是我对篮球最初的记忆。

后来，我摸到了这个棕色的球。拍在地上，它能弹起来，厚实，柔软，结实，顺手。拍熟之后，它像身体上多长出来的一部分。投出去，穿过球网，"倏"的一声，很难形容的顺滑爽脆。你会想听第二遍，第三遍。离得越远，投进的声音越响亮明快。你会愿意长时间地玩这个游戏，就像吃花生一样，咔嚓、咔嚓，一次又一次。

后来，我看电视，看录像，看到了投进一个球可以有多么的不容易。在看到一个球穿过球网、耳边听到"倏"一声之前，需要有多么艰难的努力；我看到世上有那么多人，跑那么快，跳那么高，可以用一只手指就给球赋予灵魂，指挥它飞来飞去，有些人可以飞在篮筐之上，把球、筐和自己的手三位一体、万无一失地拍在一起。

后来，我知道了迈克尔·乔丹这个名字，并且看到他打篮球的样子。在那个时代，乔丹意味着这些：23号；红色的芝加哥公牛队标；愤怒的牛眼；一个身材健美的黑人篮球手；阳光灿烂的周末上午，电视里播放的篮球赛；战无不胜；以及"篮球原来是可以这样好看的呀"！

这就像，你认识了一个人，然后逐渐了解他的一切，但他给予你的第一印象，以及你对他的最初记忆，总是会念念不忘，在时光深处不断回响。

第一章 少年

(I)

15 - 20

詹姆斯·乔丹是个农民的儿子，在北卡罗莱纳长大。他有美国中部农民那种奋斗不息的勤奋，而且聪明到能想方设法，找到个与他一样勤奋聪明，而且生下伟大儿子的老婆：多勒莱斯。詹姆斯做叉车工，慢慢当上机械师、发货商、部门主管，他劳动时聚精会神，就会下意识地耷拉舌头；多勒莱斯做出纳，然后做到出纳总管，直至卡罗莱纳的联合银行客户总监——当然那是后话。且说1963年，詹姆斯正在纽约布鲁克林参加个学习班，2月17日上，他太太多勒莱斯在布鲁克林，生了他们的第四个孩子，三儿子：迈克·乔丹——后来，经过再次施洗后，他才叫做，像我们如今所知的，迈克尔·乔丹。

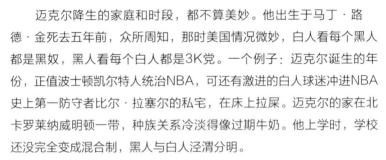

迈克尔降生的家庭和时段，都不算美妙。他出生于马丁·路德·金死去五年前，众所周知，那时美国情况微妙，白人看每个黑人都是黑奴，黑人看每个白人都是3K党。一个例子：迈克尔诞生的年份，正值波士顿凯尔特人统治NBA，可还有激进的白人球迷冲进NBA史上第一防守者比尔·拉塞尔的私宅，在床上拉屎。迈克尔的家在北卡罗莱纳威明顿一带，种族关系冷淡得像过期牛奶。他上学时，学校还没完全变成混合制，黑人与白人泾渭分明。

然而迈克尔的父母不是固步自封的传统农民。他们拍拍迈克尔的肩，允许他和一个叫大卫·布里吉的白人男孩来往。"重要的不是肤色，而是健康有益。"很多年后，迈克尔会回忆起老妈多勒莱斯的话："许多爹妈都觉得，把孩子养到一定年龄就尽完义务，可以放手不管。我不同意。我永远在这里。"詹姆斯·乔丹则相信：体育有益身心。20世纪60年代，运动员，尤其是黑人运动员，还不是百万富翁的代名词。纯粹为了让孩子成长，考虑不到未来的亿万美元，老詹姆斯在屋后破土动工，给小迈克尔和他的兄弟们，建了个篮球场。邻居都知道：乔丹家的男孩都有运动细胞，尤其是迈克尔。

但在运动细胞兑现为伟大之前，这孩子还是挺让人头疼的。

1989年，迈克尔——那时他已经把"乔丹"这个姓氏，上升到一个星球的王族地位了——说起他两岁的故事。他爸爸在后院检查车子，迈克尔手贱去玩电线，被电出一米远，险些丧命。五岁时，他父母不让他玩斧头，他手贱去把玩，伤了脚趾。他开摩托车把自己摔沟里。詹姆斯·乔丹总结说："如果我们告诉他炉子很烫，不要碰，他就会去碰碰看……他老是在考验我们。"

是的，迈克尔·乔丹就是这么个"不让我干什么，我偏干什么"的孩子。

让詹姆斯和多勒莱斯气不打一处来的是，这个孩子明明精力充沛，却没继承他们赖以生存的勤奋。兄弟姐妹们夏天收割烟草，迈克尔就抱怨背拉伤了；老爸安排他干家务，他拿点零花钱雇别的孩子代劳。他厌恶琐碎的家庭作业，上高中前成绩总是B到C之间。农家子弟从小就把自己当少爷，如何了得？老妈给他找了个宾馆清洁工的暑假兼职，他自作主张辞了。迈克尔讨厌朝九晚五，而且，迈克尔讨厌站在人行道上，被朋友看见。

是的，迈克尔·乔丹就是个精力充沛，但不愿意做琐事出苦力的孩子。

迈克尔小时候不算英俊——这么说比较客气了。他耳朵巨大招风，是哥哥拉里百说不厌的笑柄。他发际线靠后，许多人都预言他会很早谢顶。再加上他遗传了爸爸的聚精会神吐舌头和黑皮肤，这皮囊并不适合在中学里勾搭女伴。很多年后，他承认自己常被男孩嘲笑。他偶尔去参加舞会和派对，然后跟其他没女朋友的男生一起靠在墙边，对舞厅中央的人指手画脚。

如果那时你是老詹姆斯的朋友，去拜访他家，一进门就会看到一个中学生，不到一米八，在家里手持吸尘器打扫卫生、整理衣物。你

I

会惊讶：呵！一个很上进懂事的中学生嘛！然后，迈克尔会告诉你：那是因为他选修了家政课。他打算就这样打理自己一辈子，因为他断言："我找不到女孩喜欢我。"

于是，他的人生乐趣，只剩下运动了。

老妈回忆，迈克尔7岁时就跟他说，自己将来要参加奥运会。他棒球打得不错，橄榄球也尝试过四分卫，但是篮球是另一回事……哥哥拉里和他一起升上了兰尼高中，还是常拿他的招风耳开玩笑，但迈克尔很喜欢哥哥。1984年，乔丹说起他哥哥时一脸敬仰："他能做360度扣篮，而他只有170公分！他总是给我打球的灵感！"拉里穿45号，乔丹就要穿23号："23号差不多是45号的一半！"

那时侯，拉里和迈克尔当然都不知道，这个孩子气的选择会如何影响"23"这个数字在职业体育界的地位。

迈克尔·乔丹高二时，出了件多年后被反复炒作的传奇。传说中，那是1978年11月的事。兰尼高中校队教练，26岁的克里夫顿·赫林，宣布了校队名单。传说中，迈克尔被裁出了校队，然后激发了他的怒火——在他漫长的伟大生涯中，有无数对手激发了改变他命运的怒火，而赫林显然是第一个。

但实际上，不是这样。

赫林后来说，他当时手写了两张名单，一队、二队各15名成员。一队的十来个人是赫林的老部将，而且球队偏矮，没有一个球员高过191公分。赫林认为15岁的迈克尔·乔丹球性出色，但投篮"将将令人满意"而已，防守平庸，而且他只有178公分。赫林决定把勒罗伊·史密斯，201公分的高二生，选进一队。迈克尔·乔丹，二队。但在后来的许多传记和传说里，乔丹被逐出了校队——他自己实际上也很愿意这么说。

这个故事在多年后还是被反复提起。2009年9月迈克尔·乔丹站在世界之巅提起那些念念不忘的宿敌名字时，还提了一句"勒罗伊·史密斯"。这个高中大个子什么都没做过，除了被校一队选中，但这个名字永远被乔丹记住了。乔丹哭了。乔丹生气。他后来承认自己希望校队输球。他每天早上六点就起来训练，一天训练六个小时。从此以后，乔丹变成了一个魔鬼般的"报复者"。他把一切攻击和想象中的伤害转化为燃料，让自己飞翔。满载着愤怒，他成了二队的明星。二队喧宾夺主，成为兰尼高中的偶像团队。一年后，他身高猛窜13公分，长到191公分。

然后，一切都不一样了。

他成了当地的明星。在北卡罗莱纳大学（下文简称"北卡"）的篮球夏令营，他认识了布兹·彼得森，成为好友。他参加了匹兹堡的一个五星训练营，连着两个星期成为MVP。他回忆说，当时的感觉就像被点石成金，上帝希望他成为明星。所有教练都停下来，反复看他打球，目瞪口呆。高三时，开始有大学的邀请找上门来。老詹姆斯和多勒莱斯夫妻一边厌烦着突如其来的采访和漫长的谈判（这将伴随他们之后的人生），一边谨慎地为儿子选择。这是第一次，他们发现：这个爱偷懒的儿子，可能会变成一个超出他们想象的人。

当然，许多年后，乔丹会时不时吹嘘：他少年时期的最大成就，是随棒球队拿下北卡州冠军，他本人当选MVP。乔丹无数次念叨：他当时的安打率"好像达到了50％"，他"在7场比赛中有5次本垒打"——但是，幸亏老詹姆斯没让他把棒球当职业。

乔丹高四毕业时，场均得28分。但他到底没能列进高中年度前三百名最佳篮球员。乔丹家向超级名校UCLA（加州大学洛杉矶分校）写了封信，看他们能否给乔丹一份篮球奖学金，无回音；弗吉尼亚大学则客气些，寄来了张普通学生的申请表——这意思是：奖学金嘛，您就算了吧。最后，乔丹一家想起本地的北卡了。

I

那么，试试北卡？

北卡是美国最伟大的篮球学府之一。1981年乔丹入学前，这里已经出过34位NBA球员。包括后来成为NBA50大之一的比利·康宁汉姆，三届得分王鲍勃·麦卡杜，八届NBA年度防守球员的鲍比·琼斯。多年之后要和乔丹针锋相对的名帅乔治·卡尔，则是北卡1978年的毕业生。

实际上，乔丹高三时，兰尼高中的体育主任布朗，已经给北卡的助教罗伊·威廉姆斯打过电话。电话里，他像兜售核武器的军火商一样兴奋而小心："我这里有个不得了的家伙。"

罗伊·威廉姆斯——如今他是北卡的主教练了——和赫林教练联系，再请了乔丹到北卡来。试训结束后，他回办公室，对同事埃迪·福格勒说："我看到了所有193公分的高中球员里最好的一位……迈克尔·乔丹，一个从威尔明顿来的孩子。"

当然，多勒莱斯没那么急功近利，把眼睛贴在篮球履历表上。她认为北卡很好，是因为"虽然体育出色，但也重视文化学习"。文武不可偏废，北卡又确实学术了得。总之，詹姆斯和多勒莱斯再次试探了北卡的意向。北卡点了头。

时为1981年秋天，18岁的迈克尔·乔丹去北卡了。

1997年夏天，迈克尔·乔丹在总决赛第一场末尾射中一记绝杀，然后回身、抿嘴、握拳。对看球的我和朋友们而言，那经验无比奇妙——比赛胜负如箭在弦上，你听得见心跳：在胸口和太阳穴，跳得很是沉重。一秒之后，你就开始狂欢。

当这样的体验逐渐多了之后，你会觉得绝杀没什么了不起——只要是迈克尔·乔丹亲自来投。在最关键的时刻，篮球总会找到篮筐。你好像根本不愿多去思考：这家伙也有可能失手的。你仿佛相信，只要你不去想坏事，坏事就不会发生。

实际上，年轻时的一切都是这样。仿佛一切都来得轻松自在，理所当然。要等时光流逝，你才发现：最初那样的盲目信赖，是多么的天真。

第二章 "那个球"

(Ⅱ)

2 1 · 3 0

北卡的23号迈克尔·乔丹看了看计时，还有32秒。计分牌，61比62。北卡落后于乔治城大学。61612名球迷的噪音像百万蜜蜂，蜇耳朵，刺皮肤。

这是1982年3月29日，NCAA（National Collegiate Association，美国大学体育总会）年度决赛。这时候的他，在他自己，抑或是教练迪恩·史密斯眼里，都还只是北卡一个普通新生。

迪恩·史密斯先生从1961年开始执教北卡，1967-1969这三年连进全国四强赛，1968年甚至进了决赛，败北。1972年，全国四强赛败北。1977年，全国亚军。1981年，乔丹来之前这个夏天，北卡刚又输掉一次全国决赛，被印第安纳大学的精灵后卫伊塞亚·托马斯干掉了。1981-1982季，上届全国亚军北卡保留了上季的王牌阵容：中锋萨姆·帕金斯；前锋詹姆斯·沃西和马特·多赫蒂；四年级后卫吉米·布莱克。他们的目标很简单：冠军。

新来的那个人呢？196公分的新人后卫迈克尔·乔丹？

1981年的秋天，乔丹步入北卡训练场时，所有人都窒息了。的确，这时他肩还很窄，略显瘦弱，投篮时脖子前伸，防守技巧还粗糙，但他突破对手时如水银泻地，逼近篮筐时如横云过空。北卡的老大哥们画地为营技艺纯熟，可以编制精巧坚实的防守围栏，可是乔丹纵横飞跃如大鹏行空。沃西非常坦率地说："我从没见过比他更快的篮球运动员。"

在那些岁月里，沃西作为老大，肯定想不到九年后乔丹会亲手掐灭他最后一个NBA总冠军的指望。他只是极力鼓励乔丹打球。1982年1月，北卡打肯塔基上半场，迈克尔·乔丹3投全失。中场时，詹姆斯·沃西跟他说："继续投！"下半场，乔丹杀气流溢，7投5中，16分。沃西全场17分。迪恩·史密斯先生把类似细节都看在眼里："乔丹能融入我的体系，而且不减其风流本色……防守端嘛，队里五个人，他排第四……但那不是他差，而是因为其他四个人太棒了。"

融入史密斯教练的体系，不是很容易。北卡的体系要求球员全面机动，限制单打独斗。多年之后，在NBA推广北卡风骨的拉里·布朗教练，就曾和史上最快最灵异的巨星阿伦·艾弗森，为了体系风格发动了漫长的争论——这当然是后话了。乔丹的大一赛季就这样在史密斯教练的团队体系里度过，场均13.5分4.4篮板。两位老大哥，帕金斯是场均14.3分，沃西是场均15.6分。校队27胜2负，进入1982年春天的64强锦标赛。他们险胜了詹姆斯·麦迪逊大学，干掉了阿拉巴马。击败维兰诺瓦大学后，他们晋级四强。半决赛，乔丹和他的兄弟们遭遇了休斯顿大学。

休斯顿大学的王牌是三个人。一个是休斯顿本地的篮球王子、斯特林高中出来的克莱德·德雷克斯勒，二年级生。他在12岁前是个胖男孩，为了排除这种自卑，他脚踝绑沙袋跑步，跳绳，终于拥有了匪夷所思的飞翔能力。饶是如此，他在大学里依然是个冷静温和的青年。所以，他才能够和另两个王牌成为好友——拉里·麦寇斯，以及罗伯特·威廉姆斯。

但对北卡来说，最麻烦的是休斯顿那个大个子：尼日利亚来的奥拉朱旺。

那时的奥拉朱旺，还没有日后闻名遐迩的"大梦"绰号，一如德雷克斯勒还不叫"滑翔机"，乔丹也不叫"飞人"——这些都是后来的事。奥拉朱旺和乔丹同年，1980年秋天从尼日利亚飞到纽约，然后去了休斯顿。他在尼日利亚打手球、当足球门将，然后在休斯顿一边

II

学习篮球，一边每天从德雷克斯勒送的冰箱里掏冰淇淋出来吃。

1982年的半决赛，德雷克斯勒、沃西、奥拉朱旺和乔丹们相遇时，还不知道此后他们的恩怨离合。这一晚，北卡以华丽的14比0开局。詹姆斯·沃西意气风发，来了一个神龙摆尾式奔袭：半场后转身晃过一人，杀到禁区前再过一个，罚球线起跳，滑空抛篮得分。多年后，奥拉朱旺在传记里描述这划在记忆里的一刀："沃西比其他同样206公分的人快两倍。"

然而休斯顿人很顽强。德雷克斯勒、麦寇斯、雷登·罗斯开始施展职业篮球里才有的奔袭突破打法。半场休斯顿29比31仅落后2分。球迷开始唱了："迪恩·史密斯又要把胜利一个喷嚏呛走啦！"

是的，他们就是在揭史密斯教练进过六次全国四强，却没一个冠军的疮疤。

于是北卡三剑客杀气大盛：帕金斯控制篮板得分如风，全场25分10篮板；乔丹防守起来舍生忘死18分外加4犯规。北卡的集体控制把休斯顿明星后卫威廉姆斯喉管掐住，呼吸不能。威廉姆斯看着自己的统计表发呆：8投0中，0分。"我这辈子从没得过0分，哪怕在后院打球！"北卡68比63取胜，进决赛。吉米·布莱克——大学期间，他经历了母亲去世、自己车祸、蒙受史密斯教练的关爱，遂事之如父——对媒体怒吼道："每个人都说教练一到四强就掉链子，但我们可以把这种丧曲结束了！我到这儿四年都听烦了，教练肯定也烦了！"

他当然也知道，要让所有人闭嘴，最简单直接的办法：拿到1982年的全国冠军。

但并不容易。

对手是华盛顿来的乔治城大学，成立那年（1789年）恰逢法国大革命，顺便沾染了一点启蒙主义和政治思想。全美历史最悠久的天主教大学，学生必须修读两个学期的哲学和神学。政客的乐园，外籍学生的舞台。教练是约翰·汤普森先生，在这里当教练已有十年。汤普森先生铁塔一般，当教练还保持着前NBA球员的身段，208公分，打球时有123公斤。60年代，这副铜筋铁骨的身板。他在波士顿凯尔特人度过了1964-1966两季。众所周知，那正是凯尔特人随心所欲包揽冠军的王朝年份。他作为篮球史上最伟大人物之一、最杰出防守球员比尔·拉塞尔的替补，在篮球史上最伟大主帅红衣主教奥尔巴赫座下听旨。

　　他信奉红衣主教的凯尔特人篮球哲学。坚硬、扎实、迅速、窒息的防守，灵活变通，不择手段。他是个善于控制队员情绪的教练。后人回忆起80年代的乔治城，都还心有余悸："那就是十二个饥饿的黑人！！"乔治城胆大包天，防守不间断施压令人窒息，而进攻则充满侵略性和冲击力，奔走如火焰。坐居火焰中心煽风加柴的，就是汤普森教练。汤普森教练最喜欢营造的，是如下氛围："我们去对抗那个他妈的充满诽谤者的世界。"他，一个黑人教练，深明弟子们的心理：他们所承受过的种族歧视，他们内心的绝望和愤怒。他将这一切引导到了球场上。他是史上第一个把球队带进全国四强的黑人教练。他曾是史密斯教练的副手——1976年奥运会，他们为美国奥运队效力。他们是朋友，电话来往熟悉到彼此太太都认得口音。"我是史密斯教练的终身粉丝。"汤普森说，"你们别胡扯什么进了六次四强赛没冠军的阴影——我还想要那个阴影呢！"所以他认为，跟史密斯教练对垒，对他而言是双赢——或者他赢冠军，或者他热爱的偶像赢冠军。而史密斯教练直接回了句："约翰是个好教练，而且人格出色。也许他有一天去竞选总统也说不定。"

　　但是汤普森教练手下的孩子未必能这么温柔敦厚，自顾自摩拳擦

Ⅱ

掌。比如全美第一阵容后卫埃里克·弗洛伊德，比如一年级的帕特里克·尤因。

尤因生在牙买加，13岁前没碰过篮球——那时他已有185公分。过早长高，他总被周围的人当怪物。高中时他常低着头，为自己觉得尴尬。高中毕业时他已有213公分，体重103公斤，是个巨人了。他从小就长得像只百年猩猩怪，说话时常有习惯性的嘲讽。挥肘子，青面獠牙，怒目圆睁。他是霸王龙般的巨人，但凶恶残忍。这是他打球的风格，和约翰·汤普森教练一样，他带着对周遭的憎恨打球。1982年3月，他根本不知道对面北卡那个23号的后卫会多少次横在他的命运之路上，他只想拿个冠军，把北卡完全撕碎，吃掉。

1982年3月29日，决赛开始。一如史密斯教练之前所说，乔治城是"猎人"，北卡是"猎物"。乔治城进攻端靠巨大的尤因压制帕金斯，防守端压迫夹防。尤因在禁区像电风扇叶，劈碎一切圆形物。北卡前8分全部是尤因挥巨灵掌在篮筐以上干扰球所得，鉴于他满头喷火，汤普森教练只得把他换下稍微冷静一下。比赛到第8分钟，北卡才真正投进第一个球，然后沃西开始提速，得分随心所欲。乔丹每次突袭篮筐，都会遇到尤因的霹雳掌。直到上半场末尾，他前场篮板补进，才得到半场第4分。尤因扣篮、帕金斯罚进、双方犬牙交错，半场32比31，乔治城领先1分。北卡那边，沃西上半场已得18分。

乔治城当然看在眼里。

下半场，北卡用全场压迫防守，对付弗洛伊德；乔治城则不断让尤因单挑帕金斯；乔治城开始限制沃西接球，乔丹则开始用中投接管比赛。北卡再用包夹和换防，干扰乔治城的传球，于是双方进入乱战。弗洛伊德上篮得分让乔治城领先到49比43，但随后北卡再由帕金斯还以跳投、沃西急速奔袭，还以颜色。比赛还剩五分半，北卡59比56领先。史密斯教练一挥手：他著名的"四角散开，王牌单挑"战略可以出场了。

可是乔治城，一如汤普森教练，有不死的意志。

乔丹优美如彩虹的左手上篮让北卡61比58领先，但尤因还以一记翻身跳投，然后对多赫蒂犯规，趁他两罚不中，弗洛伊德再来一记跳篮。乔治城以62比61反超。布莱克运球到前场，叫暂停。

北卡的23号迈克尔·乔丹看了看计时，还有32秒。计分牌，61比62。北卡落后乔治城大学。61612名球迷的噪音像百万蜜蜂，蛰耳朵，刺皮肤。

这是1982年3月29日，NCAA年度决赛。这时候的他，在他自己，抑或是教练迪恩·史密斯眼里，都还只是北卡一个普通新生。

北卡需要投中一个球来挽回冠军，问题是谁来出手？沃西已17投13中得到28分，但显然，尤因霸王龙的双眼正恶狠狠凝望着他——如果沃西能吸引尤因的注意力，帕金斯就空出来了？但汤普森教练显然会料到这一招。史密斯看着两个王牌，又看了眼乔丹：他是个大一生，但下半场手感正热。而且，全场沸腾如一锅汤，烫得北卡其他球员汗出如浆时，他还在自由自在嚼口香糖。

"迈克尔……"史密斯把乔丹拉到一边。

开球。汤普森用了区域联防，以控制北卡的突破。布莱克和多赫蒂企图高位配合未遂，但乔治城已把防守重心倾向了右侧。沃西正被死缠，时间急速流逝。布莱克做出传球假动作，准备把球挥给低位的帕金斯。弗洛伊德中计，保护中路。布莱克看向左翼：迈克尔·乔丹正在北卡板凳席前站着，无人防守。

II

乔丹接球，面对篮筐，17英尺远。很多年后，他说，从酒店出发到球场的大巴上，他就在想象这一刻。地点一模一样，场合一模一样。61612名球迷齐声呼啸，乔丹起跳，出手。球在天空旋转时无比缓慢。乔丹赛后自己说："我没看到球进，我都没敢去看。我只是祈祷。"

然后，他听到了祈祷的回声。是一记坠落的"刷"声。北卡63比62反超。还剩18秒。

之后的故事惊险刺激，但已被世界大多数人遗忘。乔治城急速推进，弗雷德·布朗持球，弗洛伊德在底角等候，埃里克·史密斯空切。剩8秒，布朗看到一个身影在右后方，以为是弗洛伊德。他传球，然后，"如果我有橡胶手，我一定会把球勾回来！"

——但他没有橡胶手。在他右侧的是沃西。沃西断球，被犯规，罚丢二球，但乔治城没有时间了。比赛结束，北卡63比62击败乔治城。迪恩·史密斯教练终于拿到自己第一个NCAA全国冠军。然后，一如他常年以来的绅士风度，史密斯承认："汤普森临场指挥比我出色。我并不觉得我多了个冠军就比他好。我们还是一个级别的。"

这晚的主角是史密斯，是拿到了四强赛最佳球员的沃西，但很多年后，世界回望这场比赛时，只剩下乔丹，以及那最后一球。乔丹很快乐。乔丹知道自己投篮的那一刻被无数照相机摄下。他还不太知道这一刻会在多年后，成为多么大的传奇——史上最伟大的决赛之一，最激动人心的结局之一——被传诵，但是第一年就拿冠军，很棒的感觉。重要的是，他得到了信任。教练相信他，把球交给他。他投中了。命运选择了他。就这样结束了，1982年，他进大学后第一个赛季，第一个终场绝杀，第一个冠军。黄金般的前程在他那记跳投中铺展，而他甚至还没意识到，这次半决赛，他、沃西、帕金斯一路与德雷克斯勒、奥拉朱旺、尤因们的决斗，在命运中显得多么意味深长。他只是在疑惑，但未宣之于口。要到九年后的夏天，他才会说出当时的想法："为什么沃西、布莱克、帕金斯这些老大哥们夺冠后，哭得这么稀里哗啦涕泗滂沱？我们打球、夺冠，不就是这样吗？"

II

因为小时候观看乔丹的缘故，乔丹退役之后的篮球手，很容易让我和若干朋友们觉得：不够简洁，过于琐碎。很多年后，我才明白过来：那是他，以及老一代许多巨星，保持的学院派习惯。我们习惯于观看乔丹的飞翔、扣篮、花式运球摆脱跳投，但他到1997—1998季35岁时，依然可以成为得分王，依靠的却是少年时的基本功：背身步伐、无球走位、进攻机会的选择。那些最自在洒脱的飞翔，建筑在最枯燥无味的学院派基础之上。

第三章 明星

(Ⅲ)

1982年这个纸醉金迷的夏天，詹姆斯·沃西拿了大学冠军，又在NBA选秀大会上被总冠军洛杉矶湖人选中，成为魔术师的身边人。他即将和史上最伟大组织后卫魔术师约翰逊一起，开始史称"表演时刻"的史上最华丽进攻时代，当然那是后话了。帕金斯和乔丹留了下来，支撑北卡。1982-1983季，二年级的乔丹长到了198公分。整个夏天，世界忙于讨论他那记跳投，和他突破时伸出的舌头，而他去欧洲转了圈。他练出了个新招："试探步+突破"。一如沃西所说，他是世上最快的球员之一，他不能枉担了这个虚名。

然后，他还记着史密斯教练1982年1月那句话。"防守端嘛，队里五个人，他排第四……但那不是他差，而是因为其他四个人太棒了。"他不会像恨高中教练赫林那样，把老史密斯当假想敌蹂躏，但这话他记在心里了。

1983年1月，北卡对雪城大学。当北卡36比40落后时，乔丹从异度空间显影。四分钟间，北卡反超到51比43。雪城把分差缩小到5分时，乔丹底角射中，掐断了雪城球迷的欢呼。北卡连续四球得手59比46，完败雪城。乔丹全场18分，多赫蒂15分9篮板——这数据远非全部。关键的是：防守端。

乔丹从后方凌空飞过，盖掉了雪城大学沃尔德隆的跳投；然后看到全国顶尖弹跳布鲁因起手投篮时，乔丹把球盖掉，然后在空中把球抓走。他单防劳丁斯，帕金斯对付布鲁因，结果这两个雪城首席进攻手合计21投4中。

大二这年，他36场比赛进了34记三分球、断了78球、盖了28球。一年前队里第四的防守者，成了全国最好的防守后卫。马里兰的马克·佛基维尔说："乔丹跟个疯子一样扫荡全场，到处放火！"进攻端，大一时还被认为"不会跳投"的他，大二场均54%的命中率得

我从纽约来，看见了太多有天赋的球员虚掷光阴……只有乔丹，他把每一盎司天赋都兑现了。

——北卡队友多赫蒂

到20分，三分球射出45%的命中率。当然，"试探步+突破"的"晃+刺"，居功不小。大二结束的夏天，他和帕金斯入选了美国队，拿了泛美运动会金牌。美国队教练哈特曼惊叹："乔丹突破上篮之坚决无与伦比。我有时觉得执教他简直是作弊。他有无数招式，我都恨不得不当教练，回家看直播，这样至少可以看重放。"

但乔丹不太快乐。大二的北卡未能蝉联冠军，他们被佐治亚早早地干掉了。乔丹的偏执又发作了，"失败让我嘴里发苦。我想我第一年就拿了冠军后，有点被宠坏了"。暑假，他回威尔明顿，老妈被迫出手，没收了他的汽车钥匙。

"省得你再去到处打球！"

升到大三后，并肩走过来的队友多赫蒂看出了区别。乔丹比大一时多出了5公斤肌肉，基本在肩上；40码冲刺速度从4.6秒长进到4.3秒。多赫蒂只能摇头。"我从纽约来，看见了太多有天赋的球员虚掷光阴……只有乔丹，他把每一盎司天赋都兑现了。"

简单说吧：他不只是看着、想着去做最好的球员，他就是要做最好的球员。

1982年的那记投篮永远地改变了他。在那之前，他是个"不敢看那记投篮，只是祈祷"的少年。在那之后，他承认一年之内，看那一球重播不下30遍。他第一次看到自己，在那么伟大的舞台上，在六万人眼皮底下，决定了北卡的命运。

他依然有残存的不安全感，但在那一夜之后，他变成了"北卡那个迈克尔·乔丹"。那个被上帝微笑指点过的人。他相信这个。他的勤奋努力，仿佛就是为了无限逼近那个时刻，那个辉煌时刻，无所畏惧，把握命运的自己。

他开始成了个疯狂的胜利爱好者。大二时，他跟罗伊·威廉姆斯

III

助教打台球，输了。他气到不跟教练说话，不肯说晚安。次日早上，他杀气腾腾上大巴，福格勒助教过来问他："迈克尔，怎么？昨天你打台球输给罗伊了？——不不不，罗伊什么都没说，你的脸上什么都写着呢。"

大三时，乔丹和帕金斯成为了全国级明星。他们并肩作战的第三年，迪恩·史密斯先生忍不住溢美："从所有角度讲，萨姆和迈克尔都是那种，你梦寐以求的球员。"帕金斯，一个破碎家庭出来的、被祖母养大的孩子，从纽约布鲁克林来，直到高中四年级前都没怎么打团队篮球。他性格不太合群，尤其对着外人。当记者问他"对俄克拉荷马的大学明星韦曼·蒂斯代尔有何看法"，他粗鲁直率地回答："蒂斯代尔是谁？"

他是这么个懒于表达的汉子，以至于泛美运动会美国队教练哈特曼会问乔丹，"你这哥们是不是老这么，嗯，看上去很懒？"只有乔丹理解他。他会跟记者解释："我去跟蒂斯代尔他们说了这事，让他们知道，萨姆对他们没恶意。"

比起帕金斯，乔丹的天赋更显而易见。帕金斯摇着头咕噜咕噜地认为，"我的天赋就是我的胳膊"，嗯，就是他那双投篮时像希腊托水瓮姑娘似的长胳膊。乔丹的天赋则如电光火石，灼人眼目。名宿汤姆·纽维尔——那时在给勇士当球探，还负责弗吉尼亚大学的篮球解说——只看了一场就记住了他："大学篮球界现在有个匪夷所思的小子……他叫做迈克尔·乔丹。"

大三时，他的防守被公认为全国最好后卫；他可以从天而降送对手霹雳封盖，叼走前场篮板。他开始学会控制犯规。他的进攻效率越来越高。整个夏天，他泼洒成吨汗水，用来修炼投篮和运球。他在球场上随时随地飞舞流动，灵光流溢。杜克的后卫约翰尼·霍金斯说："乔丹能完全压倒对手。不只是身体上击垮你，智商上也耍弄你。这里一个后门空切，那里一个接吊传。又来一个漂亮的防守。他总在你眼前闪耀。"对北卡罗莱纳州立大学（下文简称"北卡州大"）时，乔丹从西德尼·洛维头顶直接飞了过去。跟佐治亚理工交战时，乔丹来了一记罚球线起跳扣篮，给佐治亚中锋蒂姆·哈维留下了人生阴影。哈维一句话总结了全队的想法："我以为我在看超人！"

更可怕的，是乔丹的可能性。迪恩·史密斯教练阅人无数，但他认为，乔丹是他见过最勤奋的怪物。他知道乔丹的过去，知道他高二时还是个校二队成员、进大学时还不在全美最好的300名高中生之列，而在大三就逼近了全国最顶级人物，他的进步幅度像改装机器人。同时他老人家深谋远虑，已经想到了其他可能："如果乔丹在职业篮球界打组织后卫？很有趣噢……"前NBA球员杰夫·穆林斯则在1983年就做了一个被许多人遗忘，但如今看来极其准确的预言："我们总在说，奥斯卡·罗伯逊和杰里·韦斯特是史上最伟大的后卫。但乔丹出现之后……我们可能得改变这种想法了。"

——奥斯卡·罗伯逊，辛辛那提大学三年平均34分15篮板7助攻，三次入选全美第一阵容。196公分高的组织后卫，NBA历事辛辛那提皇家队和密尔沃基雄鹿队。史上第一代胯下运球大师。十四年NBA生涯十二次全明星，1964年拿下常规赛MVP——在威尔特·张伯伦和比尔·拉塞尔两大巨人统治的60年代，他是唯一从巨人夹缝里捞到常规赛MVP的人。七度NBA年度助攻王，六个场均30分赛季，1961-1962季打出传世的单季场均30.8分12.5篮板11.4助攻，即所谓"赛季三双"。1971年在雄鹿，辅佐天勾贾巴尔——那时还叫做卢·阿尔辛多——夺冠。不完全纪录：他打出过181场三双。他1960

Ⅲ

年初登NBA赛场时，七届助攻王鲍勃·库西总结道："这小子比我们平时对位的家伙都高一截，体格超群。每次运球附带四个假动作，看到队友切向篮筐时总能第一时间领传。"在魔术师约翰逊出现之前，他是无争议的史上第一组织后卫。

——杰里·韦斯特，西弗吉尼亚大学三年间场均25分13篮板3助攻，1959年大学冠军赛最佳球员。188公分高的双能卫，NBA生涯一生效力于洛杉矶湖人。十四年间十四次全明星。一生打过九次总决赛。NBA史上最著名的关键先生、投篮手、防守专家之一。人格完美、勤奋、好胜、坚韧且和善。与他交战多年的波士顿凯尔特人诸位名将都对他推崇备至。1969年总决赛，他率领的湖人再度败给凯尔特人，但他作为失败者被评为总决赛MVP——这是NBA史上第一个总决赛MVP，也是唯一一个颁给败北方的总决赛MVP。作为老对手，拉塞尔、哈夫利切克都曾经对他说过："你比任何人都配得上一枚戒指，杰里。"1972年，他终于夺冠。当然，最伟大的一点：他侧身运球的影像，至今都是NBA的标志。仅此一点，已经够了。

——而穆林斯认为，乔丹可以加入这两个后卫的行列，这两个鏖战整个60年代、把荣耀数据刷满传记的后卫。

——但这并非第一次有人提到这两个伟大名字。NBA名帅、丹佛掘金的疯魔教练道格·莫在1981年就对校友唐尼·沃尔什说过："这儿有个将来会非常非常伟大的球员，叫做迈克尔·乔丹——我说的是韦斯特、罗伯逊那种伟大。"

但是乔丹还没想到这么远，他只是得老老实实回答问题。他现在已经有资格对访谈说些不那么千篇一律的话了，比如他可以公开说："我从小其实不喜欢北卡……我喜欢北卡州大，因为我喜欢大卫·汤普森。"——大卫·天行者·汤普森，北卡州大的英雄人物，70年代把

"空中接力扣篮"引入到大学篮球界的飞天魔王，在大学里把所有能拿的奖都收藏了一遍，在ABA和NBA都大获成功、单场得到过73分的超级蝙蝠——当然，那是在他吸毒上瘾、自毁生涯之前的事了。

1984年春天，迪恩·史密斯教练遭遇老冤家——1981年击败他夺冠的印第安纳。鲍勃·奈特再次指挥印第安纳干掉了北卡。大三赛季就此结束，乔丹场均19.6分5.3篮板2.1助攻，外加恐怖的1.5抢断和1封盖（考虑一下，他是个后卫），命中率55%。他拿到了NCAA年度AP球员奖、约翰·伍登奖、奈史密斯奖，连续第二年入选全美年度阵容。他是公认的大学第一人了。趁热打铁，他决定去NBA。1984年5月5日，乔丹宣布："我要参加选秀了。"

——理所当然，老妈多勒莱斯很不愿意。老一辈人知道文化多重要，觉得孩子能靠奖学金读完大学，千万不可偏废。老妈用出纳的经济头脑对乔丹说了一箩筐的话：大学能学到更多东西啦，别成为纯粹的篮球机器啦，一切都可能过时啦，只有学到脑子里的东西不会啦……最后，乔丹答应老妈，"我会用暑假业余时间完成学业"，老妈才叹了口气，答应了。

"在北卡这几年是我人生最美好的时刻，"乔丹说，"但是我得走了。"这是他的告别词。他挥别了史密斯教练和北卡，去了1984年选秀大会。

也就是这一年，许多天罡地煞星宿飞扬，一起降落在1984年6月19日，那个历史性的夜晚。

III

随着时间推移，一个秘密逐渐显露：我小时候看球时注意到的巨星，比如查尔斯·巴克利，比如卡尔·马龙，比如约翰·斯托克顿，比如滑翔机德雷克斯勒，比如帕特里克·尤因，比如加里·佩顿……他们似乎越来越伟大。伟大来自于比较，你很容易感到"这些人物如果搁到21世纪，都会纵横无敌"，但他们在过去的时代，总是乔丹的手下败将，屡屡功败垂成。你只好感叹造化弄人。

但随后，你又会发现，历史开的大玩笑是：乔丹、奥拉朱旺、马龙、斯托克顿、滑翔机、巴克利、尤因……这批家伙进NBA也就在前后三年里，彼此年纪也就差不到三岁。而且越到后来，体育传媒都在强调，"那是历史上最伟大的一代"……这种感觉就像是，你生在了最富庶的地区，出走流浪，发现所见皆荒芜，才忽然意识到：

等等，我们曾经那么幸运，见识了那么传奇的所在！

第四章 1984年选秀大会

(IV)

3 9 - 4 4

很多年后，世界依然把1984年选秀大会定为NBA史上、甚至职业体育史上，最重要的时刻之一。那年，一个矮个子犹太人，总裁大卫·斯特恩——他会在此后三十年间令NBA成为世界最大的体育赚钱机器之一——首次履任，上选秀大会，念出球员名字，与他们握手。那时的斯特恩还没长出2012年那张蜡面具似的脸。他老人家留着70年代风貌的小胡子，不失风骚。

选秀前，乔丹没那么多时间去关心一切细节。他和帕金斯被选进了奥运会代表队，只好一边备战1984年奥运会，一边竖起耳朵等电话来报告最新进度。

就在选秀大会前两个多月，乔丹的两位旧对手在NCAA全国决赛相遇。休斯顿大学的奥拉朱旺VS乔治城大学的尤因，1982年北卡的旧对手在这年一决雌雄。结果是乔治城84比75胜出，奥拉朱旺就此——多少有些失望地——结束了大学生涯。1982年，全美半决赛；1983、1984年，连续两年全美决赛。他和冠军之间，总隔着一条命运之河。但回头想想：大三的奥拉朱旺场均17分14篮板6记封盖外加恐怖的68%命中率，已经让全美国胆战心惊。他和尤因的账可以慢慢算——尤因预计1985年参加NBA选秀，全美国都在等着摘这条霸王龙——对奥拉朱旺这个来自尼日利亚的大孩子来说，NBA前途可重要得多：感谢真主，那可是货真价实的美元。

奥本大学的查尔斯·巴克利，心情则很躁郁。他、乔丹和奥拉朱旺同样生在1963年，但比起家庭中产的乔丹和父母双全的奥拉朱旺，巴克利命途坎坷得多。出生时太瘦，输了半年的血；他和老妈从小被父亲抛弃，多亏外婆帮护才被养大。到高三才170公分，只好拼命在后院跳篱笆，还要被外婆扯着嗓子喊"小心扯到裤裆！！"。高中四年级时他还不想打职业篮球，"就找份工作老死家乡吧"。在大学，他遇到一个法西斯般的篮球教练索尼·史密斯。师徒俩争吵了两年，最后史密斯屈服于巴克利的天才：他拥有火焰般的热情、炸弹般的爆发力、魔鬼一样的篮板球功夫。

问题是，选秀前，巴克利被1984年奥运会代表队裁出来了。鲍勃·奈特教练是个注重权威的人，而巴克利最受不了权威。他公开嘲笑教练，然后被踢了出来。可是离开了奥运队，巴克利还是躲不开全国媒体的窥探。他像个娱乐明星一样每天被问两个问题：

A. 他198公分的身高是不是注了水？

B. 他体重究竟有多少？是不是传说中的130公斤？——如果他跟乔丹一样高，却比乔丹要重30公斤，是不是太可怕啦？一个乔丹背辆自行车才和巴克利等重？——虽然他打的是大前锋。

冈萨加大学的约翰·斯托克顿则有些惴惴不安。他185公分高，一个唱诗班男孩似的普通白人。他聪明但瘦小，他的小学教练相信他能当个国际象棋冠军，但，"他能打职业篮球？"他是个自控狂，很少微笑，外表谦和但骨子里有一种可怕的骄傲。他打着最合理的、最精确、最无私、最教科书、最朴实无华的篮球，但却可以为了赢球不择手段。

1984年6月19日到来之前，有许多猜测已开始进行。手握状元签的休斯顿火箭队，上一年刚选了223公分高的拉尔夫·桑普森。可是休斯顿一向有热爱巨人的传统，多多益善。80年代初，他们坐拥摩西·马龙，进过总决赛；很多年后，他们将选择姚明，让他成为史上第一个外籍状元……但那是后话了。其他球队或者会想："内线有了桑普森，那我们来选个外围吧……"

可是火箭的思维方式是："如果桑普森身边再配一个巨人……我们可以让别的队没活路！"

IV

当然，火箭很明白，奥拉朱旺是全美焦点。如果他们没获得状元签呢？他们给迪恩·史密斯打了电话，咨询了乔丹的问题……随后，当他们获得状元签后，乔丹的问题就被抛诸脑后了。

"选奥拉朱旺！"

1984年6月19日，奥拉朱旺走上台，和大卫·斯特恩握手。1984年NBA状元，身属火箭。打尼日利亚远道而来的父母热泪盈眶。奥拉朱旺说："这是我一生中最快乐的日子。"

随后，发生了NBA历史上最著名的"如果上天再给我一个机会，我一定要××××"的时刻：波特兰开拓者用榜眼签，选择了……肯塔基大学的萨姆·鲍维。

很多年后，你可以这么假设：因为1983年，开拓者已经选中了德雷克斯勒——1982年乔丹的半决赛对手——如果再于1984年绑上乔丹的话，开拓者将拥有NBA历史上最能飞的两个怪物。滑翔机德雷克斯勒+飞人乔丹？开拓者的每一次快攻都会像喷气式飞机起飞一样雷鸣般地动，波特兰的医院会因为大量倒卖"助您永不眨眼药"而大发其财。NBA会不得不调整篮筐高度，以便矫正乔丹和滑翔机在篮筐上喝下午茶的习惯……

但这个假设永远只能是"如果"了。

萨姆·鲍维是个不错的白人中锋。大学二年级，他场均17分9篮板3封盖。他能得分、抓篮板、封盖、传球，罚球也不错。当然，他左腿受过伤，动过手术。但开拓者为他进行过7小时的检查，觉得问题不大。开拓者对巨人有天生的钟爱：七年之前，就是史上最伟大白人中锋之一比尔·沃顿，引领开拓者拿了队史仅有的一个总冠军。开拓者迷信中锋，哪怕他们有伤——实际上，沃顿夺冠后就因伤倒下了。

此外，如果你潜到开拓者管理层大脑内部，可能挑得出这两个想法：

——这是80年代，NBA依然是巨人为王的时代。鲍维不如乔丹那么璀璨华丽，但他是个大个子，这就够了。

——开拓者并不太喜欢飞天遁地的球员——前一年，他们选来的德雷克斯勒，被老派教练拉姆西放在板凳上，晾凉做替补。乔丹？嗯，据说他能跑能跳，但开拓者连德雷克斯勒都用不到，更不提他啦……

1984年美国奥运队主帅鲍勃·奈特明白乔丹意味着什么。他对斯图·因曼——当时为波特兰开拓者工作——说："选乔丹！"

"我们需要鲍维做中锋。"因曼答。

"那就选乔丹，哪怕让他打中锋呢！"奈特说。

可是，开拓者的手划过了乔丹，指向了鲍维。接下来，探花签握在芝加哥公牛队手里。本来，公牛队认为乔丹必被选走，想保留选秀权到次年去摘乔治城的尤因。但此刻？狂欢的忙碌中，他们告诉了斯特恩，于是斯特恩宣布：芝加哥公牛队，用第三号选秀权，选择了迈克尔·乔丹。

但乔丹不在现场，没法来和总裁握手。第四位达拉斯小牛选择了萨姆·帕金斯，但他也不在——他们都在奥运队集训呢。费城在第五位选择了查尔斯·巴克利。马刺在第六位选择了阿肯色大学的阿尔文·罗伯逊。如此一路流淌……

巴克利为他被费城选中而心头不爽。此前，费城已告诉他："我们给你的合同是一年七万五。"而且，"下次体检前你最好控制在122公斤以下。"巴克利直截了当地回答："见鬼去！"为了让费城不选他，巴克利特意把自己吃到132公斤，奔赴体检前，他还不忘在飞机上一路狂啃披萨……结果：他还是被费城抓走了。

斯托克顿第16位被犹他爵士队选中。他心潮起伏地接电话，听到

IV

电话那头一片呜呜声。他问爵士的工作人员："球迷在嘘（BOO）我吗？"对方赶紧回答："不不，他们只是在问：这是谁（WHO）？"无论如何，他还是成了冈萨加大学的英雄。队友为他开派对，还雇了个脱衣舞女——当然，以斯托克顿沉静的个性，他在那姑娘完成工作前，就把她请进了游泳池，让她在那儿呆着了。

乔丹没有到现场，他是通过电话才知道自己进了NBA——当然换个角度，NBA从此拥有了乔丹。1984年选秀将永垂史册，但当事的诸人——或者说，诸神——没人猜得到这点。他们还年轻，他们离开学院，进入了职业篮球界。青春热血，各奔前程。

当然，顺便，从这个夏天开始，无辜的1984年榜眼萨姆·鲍维，成了乔丹的又一个假想敌。

———————————————————

每一代NBA球迷大多如此：因为知道了某个球员——乔丹、邓肯、科比、阿伦·艾弗森、鲨鱼、勒布朗·詹姆斯、姚明，或者其他星辰散布般的明星——才开始了解某个球队，了解NBA，了解NBA的历史，以及其他时代那些伟大巨星。然后知道了数据，知道了球探，知道了主教练，知道了理疗师，知道了交易筹码、奢侈税、三分线、联防规则……当NBA的版图在你的知识范围里日益宏伟之后，你才能多少明白那些巨星的不朽。当NBA在我心目中是座无木之山时，乔丹只是个山大王；但日子渐久，NBA成长为绵延不绝、山木繁茂的巨丘后，我才大概明白过来：站在这峰顶的乔丹，意味着一些什么。

第五章 篮球 · NBA · 芝加哥公牛

(V)

4　5　-　5　4

1891年，奈史密斯先生发明了篮球。那时侯，他不过是想让学生们尝试把一个球投进筐。世界上第一批打篮球的人，也与你第一次触碰篮球一样，狂热、慌乱而又紧张。奈史密斯教授站在一边，看着他的学生们在争夺并投出世界上第一个篮球。

后来，一切风起云涌。

20世纪20年代，篮球在美国普及开来。跟早年足球一样阵线拉开，二后卫在后场，一中锋在中场，二前锋在前场。1932年，瓦特·兰伯特倡导全场攻防，篮球2-2-1落位。位置是二后卫外、二前锋翼侧、单中锋在内线。至此，篮球的基本功能出现了：后卫主导运球、传递、组织、中远投；翼侧前锋主导内切、攻击篮筐；中锋则主掌内线。

1946年，NBA（National Basketball Association，全美篮球联盟）开始正式运营。和所有草创的体育联盟一样，开始几年，一片杂芜。实际上，1946年时，这联盟还不叫NBA，而叫BAA（Basketball Association of America，全美篮球协会）。最初只有11支球队参加，分为东西部，常规赛打完打季后赛，东西部决出冠军后再争总冠军。1949年，BAA吞并了另一个叫NBL的联盟，才正经叫做NBA。

直到1954年之前，NBA都是个乱七八糟的联盟。1947年，即将统治NBA的巨人乔治·麦肯初次进入湖人更衣室时，戴着厚达6毫米的镜片，披挂着老式风雪大衣和卷边帽；不知者以为是个阿拉斯加猎户。和他争吵了一整个职业生涯、一起统治50年代前期NBA的吉姆·波拉德，看了看他，心中暗想："怎么23岁的人看上去这么老？！"相仿的岁月，保罗·阿里津——后来的两届得分王、50年代最伟大攻击手之一——像老北京京剧院跑龙套一样，一夜跑几个舞厅打篮球；在某个舞厅，地板太滑，为免摔倒，他开始像许多臂力不足的姑娘，耍起了跳投——如果不是他50年代的两个得分王头衔，我们得诚实地说，他起跳时双腿的摆动像只青蛙。

　　50年代的NBA，大多数球队还来不及有自己的球馆。好多场地，都是冰球馆改造的。想想就知道：场子里有水气，戴眼镜的球员们就苦了：镜片上常结起白霜。大家都知道，冰球场上，打架的事情特别多，一言不合，就能抡起来——这点习惯，也在NBA流行开来了。名宿唐·巴克斯代尔的经历，听起来像恐怖小说。他说他50年代，开始混NBA时，进更衣室发现，哎，怎么有那么多小盒子……做什么用的？打开一看：里面全是牙齿——倒不是NBA都是变态杀人魔，而是大家都拿来装假牙。50年代中期，一半NBA球员没有门牙。如果你肘子上没沾过血，都不好意思说自己在打职业篮球。比如吧，乔治·亚德利老爷子说自己脸上缝过80针开外，一辈子搭档过40个队友，没哪位牙齿完好无缺。60年代初，NBA球员打一架，只罚款25美元。

　　50年代第一巨星，篮球史上第一位巨人乔治·麦肯，为湖人拿过五个总冠军，逼NBA扩大三秒区的伟人，在这样的环境下，九年NBA生涯，缝过169针，双腿都骨折过，眼镜被打碎无数次。1954年之前，一场比赛双方得分平均不到80。一位意大利后裔比阿松，担当着锡拉丘兹民族队老板，看不下去了，于是和哈里森一起上访到NBA总部，设一个新提案：24秒进攻限时。这是NBA开山裂石的一招：提高观赏性、加快比赛节奏。1954年夏天"24秒进攻限时"法案通过，乔治·麦肯立刻退役，湖人王朝齐腰而折。

　　那时NBA的不世枭雄红衣主教奥尔巴赫，独自在波士顿租了个单身公寓，抛妻弃子，专打电话，坐火车去全国各地看有前途的大学

V

生，为他的波士顿凯尔特人队积累人才。1950年，后来的八届NBA助攻王鲍勃·库西对他提出一万年薪时，他不假思索就把价码压到了九千——这就是那时的工资：乔治·麦肯在赛季期统治NBA建立王朝，放暑假了就自学考律师执照。1996年他自己承认，一辈子没有过球鞋合同，所以打球归打球，退役了还指望当律师赚钱呢。他最高的一份年薪，不过三万五千美元。

1956年夏，红衣主教揽得了史上最伟大防守中锋比尔·拉塞尔，然后创立了空前绝后的凯尔特人王朝。拉塞尔用他场均22个篮板球、上帝才知道有多少次的封盖、每场比赛前都要激动紧张到呕吐的斗志，13年NBA职业生涯拿到11个总冠军，包括1959-1966年空前绝后的八连冠。

1958年埃尔金·贝勒来到湖人，成为NBA史上最伟大攻击得分手之一。1961年杰里·韦斯特——那个成为NBA logo的西弗吉尼亚大学毕业生——来到湖人，和贝勒组成空前绝后的双刃剑，同年奥斯卡·罗伯逊被皇家队选中，开始刷三双。但最可怕的故事还是1959年，216公分的维尔特·张伯伦入行：这个后来号称睡过两万美女、大学时十项全能无敌、国际象棋乒乓球桌球都是天才的外星人怪物，职业生涯第一年就拿到常规赛MVP，场均接近38分28个篮板球。此后，"他的攻击VS拉塞尔的防御=史上最伟大的中锋决战"，要绵延一整个60年代。

1962年3月2日，面对稀稀拉拉的四千观众，威尔特·张伯伦得到NBA空前绝后的单场100分，然后拿着一张写着"100"字样的纸片对镜头傻笑；然后，他和队友们继续坐火车和大巴在全国游荡，无聊地玩牌，等待着和下个敌手对仗，那个赛季他场均50.4分。而埃尔金·贝勒在那一年一边服兵役一边场均轰下38分，在1962年总决赛第五场里拿到了创NBA季后赛纪录的61分。而他不在时，洛杉矶湖人的球迷与杰里·韦斯特的队友们，总是在终场前若无其事地收拾衣服，等待他完成绝杀一击，然后集体回家。几乎每年夏季，贝勒和韦斯特带领湖人去到总决赛，然后被波士顿凯尔特人干掉，看着拉塞尔按时领走冠军奖杯。直到1966年秋天，秃鹫汉纳姆对张伯伦说："如果你不服我的教练思路……咱们去体育馆外练练怎么样？"张伯伦屈从了，放弃了连续七年的得分王头衔，开始高兴地传球和防守。结果1967年，他的费城76人结束了凯尔特人的八连冠，总决赛击败了里克·巴里带领的勇士，拿到了总冠军。但随后，拉塞尔卷土重来。1968年拉塞尔带领凯尔特人击败张伯伦的费城和韦斯特+贝勒的湖人，复辟。1968年张伯伦西奔洛杉矶，和贝勒、韦斯特组成史上最伟大的三巨头——那时，他们是NBA史上场均得分最高的三大攻击手——但是1969年总决赛，拉塞尔和他的队友们经历七场决战，还是把湖人送回了家。13年，11枚戒指。巨人之战就此收尾。

　　1969年拉塞尔退役，同时另一个伟大中锋卢·阿尔辛多——几年后他会改名叫卡里姆·阿卜杜勒·贾巴尔，并被世界以"天勾"的绰号铭记——加入NBA。1970-1973这四年是张伯伦+韦斯特的湖人、天勾+罗伯逊的雄鹿、团队至上的纽约尼克斯这三国鏖战。纽约拿了1970和1973年总冠军，天勾在1971年二年级就带队夺冠并开始统治70年代，但1971-1972季的湖人打出了创纪录的常规赛69胜13负，总决赛击败纽约后，张伯伦终于拿到自己第二枚总冠军戒指。

　　收入在发生巨大变化。50年代NBA球员，穷到要打零工。球员们买车都得掂量，穷些的球员得合租睡地板。60年代中期，张伯伦取下划时代的十万美元年薪，拉塞尔要赌一口气，喊价到十万零一美元。可是1963年前后，老板们已经嫌球员们拿钱多了："居然喊价十万美

V

元？穷疯了吧？"终于逼到1964年全明星赛，张伯伦、拉塞尔、韦斯特、贝勒、罗伯逊们集体罢赛，才帮球员们骗来了养老金。1969年，斯班瑟·海伍德拿下三年45万美元的大合同，但实际上每年只拿到5万——其他的钱，是在他40岁后才分期付给他的。所以在60年代，底特律活塞的超级得分手、后来的NBA50大球员之一的戴夫·宾，每逢暑假就要去进修商业班、去银行兼职。他老人家后来利用在底特律打球的人脉，成了钢铁巨子——那是后话了。

60年代末70年代初，另一个篮球组织ABA（美国篮球联盟）开始和NBA互抢球员，侃价成风。里克·巴里、J博士和韦斯特这样的巨星，每年也就二十万美元上下。1974-1979年，NBA进入乱世。华盛顿子弹的昂塞德+海耶斯组合、比尔·沃顿支撑的开拓者、天勾的湖人、哈夫里切克和考文斯支撑的凯尔特人轮流夺冠。1976年ABA和NBA合并，把他们狂放泼辣的风骨带到NBA。NBA球员开始有绰号，开始在更衣室里整理胡须，和着爵士乐扭动腰胯，在场上异想天开地玩一个华丽转身，对着话筒编造一些美妙的招式名称。70年代流逝，天才们在更衣室里偷偷嗑药，散场后竖起高领，驾车钻入夜色去寻找美人。NBA第一代飞人朱利叶斯·J博士·欧文在1976年的扣篮大赛上，完成了传奇的"罚球线起跳扣篮"。同年，达里尔·道金斯一记怒扣震碎篮板，然后无奈地整理头发中残余的玻璃碎渣。

一切在1979年发生了转折。

1979年春天，世界见证了美国大学篮球史上最经典的决赛之一。拥有魔术师约翰逊的密歇根击败了拥有拉里·伯德的印第安纳，夺冠。同年夏，低迷的湖人队以状元秀得到魔术师约翰逊，这个206公分高、笑容甜蜜、热情花哨的年轻人的新秀合同是50万美元。随后，波士顿凯尔特人以60万年薪签约了伯德。要知道：那年联盟年薪最高的贾巴尔和J博士也不过65万。

拉里·伯德和魔术师约翰逊，从他们进联盟第一天，就被当作对手塑造——这甚至不是他们自己的愿望，而像是爱当媒人的媒体、爱看热闹的群众自觉的拉郎配。他们似乎也各自不自觉的，沿着人们希望的轨道前进。一样的身高（206公分），一样的聪明（他们可能是NBA史上最聪明的两个球员），一样的全能（魔术师可以打五个位置，也的确打过五个位置；而伯德，用1986年红衣主教的说法，"他来到世间是为了给篮球的所有技术制定新标准"）。在他们的第一季，各自让球队完成61胜和60胜；拉里·伯德作为新人入选赛季最佳阵容；魔术师则在1980年总决赛第六场，代替受伤的天勾出阵，轰下42分15篮板，助湖人夺冠，以20岁之龄成为历史上最年轻的、唯一的新秀总决赛MVP。然后是1981年，拉里·伯德的凯尔特人击败火箭夺冠；1982年，魔术师再次夺冠；1984年，伯德拿到自己第一个常规赛MVP，然后带领凯尔特人七场夺冠，成为总决赛MVP。

重要的是，他们使联盟重生。80年代初，NBA开始进入电视转播时代。206公分的魔术师打组织后卫根本是前无古人，而跑不快、跳不高的白人拉里·伯德能够完全靠投篮和传球统治赛场。但是，魔术师的视野、想象力、长传功力，伯德全面到毫无瑕疵的进攻技巧、未卜先知的判断力和意识，这些不属于身体天赋的才华，让他们可以打出漂亮的篮球。魔术师的华丽和伯德的聪慧，归根结底是出于他们对篮球的共同认知：你几乎看不到他们做出错误的选择，他们都拥有指挥官的决策能力。他们的对决，加上J博士、天勾、摩西·马龙这些伟大人物的存在，让1984年的NBA冉冉上升。这是世界第一次相信：

V

篮球比赛在电视上还蛮好看的；除了中锋们（麦肯、张伯伦、拉塞尔、天勾、沃顿、昂塞德）这些霸王龙，篮球还是有其他出路的，比如魔术师和伯德。

但是1984年的芝加哥公牛，情势不算太好。

公牛成立于1966年，在60年代后期总是季后赛首轮一飘而过。逢70年代乱世，他们威风过那么几年，甚至进过两次西部决赛。但他们没什么伟大球员。1984年乔丹入行时，公牛球馆顶棚挂着一件4号球衣：那是他们曾经的伟大蓝领草根杰里·斯隆，一个四岁丧父、农家出身、高中每天四点半起床、在NBA打了十一年、两次全明星、四次年度第一防守阵容、喜欢逛二手店、绰号"盖世太保"和"电锯"的蓝领硬骨头防守专家。

1983-1984赛季，公牛27胜55负，连续第三年缺席季后赛。他们队最好的球员是206公分、能跑能跳的前锋奥兰多·伍尔里奇，但他有个怪习惯——你可以从中窥见他的作风——喜欢去技术台溜一眼自己的技术统计。

选中乔丹时，他们的期望是？——总经理罗德·索恩说："我们想要个中路霸王，希望他有七尺高，但他没有。乔丹不是来拯救公牛的，我们也不会这样要求他，不想给他施加这样的压力。"远在北卡的迪恩·史密斯教练则认为，指望乔丹像魔术师或J博士一样使公牛脱胎换骨，太难为他了。

"这对迈克尔不公平，他更像西德尼·蒙克里夫那类型。"

——西德尼·蒙克里夫，阿肯色大学出产的双能卫，1980年入行。NBA史上最好的外围防守者之一，80年代NBA最全面的后卫之一。1983-1984季，他刚打出场均21分7篮板5助攻的漂亮表现，而且蝉联了NBA年度防守球员。说乔丹像他，当然是种赞誉，但依然意味着以下意思：乔丹是个很好的后卫，但不一定是超级巨星。

　　至少在1984年夏天之前，芝加哥对外的口径是这样的。

　　当然，他还是选择了芝加哥公牛的23号。他肯定想不到这会如何影响此后二十年的球衣销售市场，这只是一种延续：他还是那个北卡出来的、仰慕哥哥的少年。

20世纪90年代时，电视上的乔丹是个上身健美、光头略髭的芝加哥23号，是飞人。每逢他在电视屏幕上冉冉飞腾，我们就会欢歌一片。实际上，那个时代，真有球迷会讨论："乔丹能不能空中迈步？""乔丹在广告里扣了那个一百米高的篮筐，是不是真的？"

但后来，直到目睹了80年代末乔丹的录像带，我才大概明白了飞人是什么意思。那时的乔丹留着寸头短发，双肩瘦削，投篮时脖子前伸。但他每次双脚离地，都是一次飞翔：他真的能够在空中自由摆舞，而非直上直下。那真的不是跳跃，而是飞翔。

第六章 "我希望自己职业生涯，
至少进一次全明星赛"

(VI)

5 5 - 6 2

1984年夏天，乔丹、帕金斯、尤因、克里斯·穆林（那时他还只是个出色的左撇子白人射手，还没获得上帝之左手的美誉）们代表美国参加了奥运会，过程并不惊险：美国人轻松夺冠，每场都有二位数领先。乔丹以场均得17分领先全队。1984年秋，他到芝加哥公牛，看着这支27胜、老弱病残的队伍，发现队友们经常搞些烂醉如泥的派对，他摇了摇头。

　　这是他职业生涯头几年的基调：他是北卡出来的，他习惯了严谨端正的训练风骨，他完全无法接受和这批打球不尽心的家伙一起混日子。1983-1984季，芝加哥主场每晚只有6365个观众。他们皱着眉，看着公牛被对方踩踏，偶尔靠奥兰多·乌尔里奇的扣篮提提神。

　　如此这般，1984-1985季开始了。

　　常规赛第一战，公牛109比93轻取华盛顿子弹。乔丹处子战16分6篮板7助攻。第二天，对垒密尔沃基雄鹿，对位他的人是西德尼·蒙克里夫——刚蝉联两届年度防守球员的、史上最好的防守后卫之一。

　　开场，乔丹右侧后场鬼魅般断球，游到前场，踏进三分线就起步，从两人之间滑过，上篮得手。然后是一记左翼底线突破，仿佛化身成一片纸，划过底线，反身上篮。接下来是左翼拿球，一步晃过对手突到篮下，起飞，空中低头，浮在空中，滑过防守者，继续浮在空中，到达篮筐另一侧，起手擦板——这是雄鹿第一次见识到乔丹之后在NBA纵横无敌的凌空挪移，一时特里·卡明斯、蒙克里夫们茫然不知所措，雄鹿后场发球的三位球员相顾失神，满眼睛都是："你看到刚才那一下了吗？！见鬼！"然后是下一回合，乔丹从身后盖掉蒙克里夫的上篮。确切说，不是盖掉，而是像抓篮板球一样飞起、从对手手里把球摘了一过一来。解说员一片惊呼："你看到了吗？！你看到了吗？！？！"再下一回合，他空中接力扣篮得分后，解说员开始怒吼：

"乔丹先生驾临NBA了！！"

这一场，乔丹得了21分，公牛最后输了2分。乔丹记上了仇。两天后，再战雄鹿。他空切到翼侧，中投得分；他切到篮下接吊传，上篮；他右翼突破，空中滑过防守者左手上篮；他切出右翼接球，突破，急停跳投；他在罚球线断球，快攻前场，大摇大摆单手抱球，一记头顶齐篮筐的挥臂砸扣，直接打到雄鹿暂停。他从身后盖掉了223公分的布略尔；他切到左翼中投得分；他在篮下接球，扛着高他半头的对手滞空上篮；他断球，疾飞前场，在蒙克里夫的追击下上篮得分；他弧顶直接运球突破到左腰，翻身中投得分；他突破到右腰急停跳投得分；他快攻中突破前场，过罚球线起跳，在空中悬停，在三人包围中把球一抛，点到篮板，得分。连裁判都随着球迷一起疯狂起来：得分有效！加罚！！比赛剩34秒，他中路直进，再一次穿越雄鹿三人防守，强行上篮得分——全场37分4篮板5助攻，其中第四节得到22分。

他的对手是两届年度防守球员、史上最伟大防守者之一蒙克里夫。

而这仅仅是他第三场NBA比赛。

常规赛第九场，公牛对阵圣安东尼奥马刺，乔丹对位的是乔治·冰人·格文，四届NBA得分王，史上最好的得分后卫之一，至今NBA单节33分的纪录还由他保持。而乔丹的回答是：

他开场第一球就是抓到篮板、奔袭前场、起飞、在被撞出底线前把球一抛，然后全场看着球滚进篮筐。然后一记假动作后投篮得分，随后是右翼三分球远射得手为第一节收尾。前场断球，扣篮。右翼急停跳投。快攻中在马刺211公分长人奥泽尔·琼斯头顶强行劈扣。随后是一记空中接力扣篮，一个翻身后仰中投，一记空切接球，悬空，被犯规后调整身型，继续悬空，中投得分。随后，他罚球线中投，他

VI

后场篮板后行云流水越过马刺全队后一记飞翔扣篮。他可以轻松地中投得手，变向突破后随意上篮。马刺已成惊弓之鸟，全队都在被他的投篮假动作耍弄。第四节关键时刻，他切出后中投得到第41分打破僵局，再快攻上篮，用冰人最擅长的绕指柔上篮得到第43分，让公牛115比111领先基本锁定胜局。两记罚球后，他得到第45分。公牛赢球。职业生涯第一场单场得分40+。

全美国轰动了。

很多年后，许多传记都直言不讳地说，1984-1985季的芝加哥公牛并不比前一季改头换面许多。希尼·格林、奥兰多·乌尔里奇和大卫·格林芜德有天赋，但他们——尤其是赛后爱去瞟数据统计的乌尔里奇——职业程度都不如乔丹这个大学生；大卫·科辛不知道怎么打比赛；公牛算是可靠的全能球员，也只有罗德·希金斯而已。

但是有了乔丹，一切都不一样。

1984年11月13日，乔丹得到45分后，公牛完成7胜2负的开局。之后是一波1胜7负，但随后又是一波5连胜。11月底，公牛去到洛杉矶客场打球。乔丹得了20分——这时候，能把他防到20分，已经是非常惊人的成就了。乔丹在比赛开头，面对史上最伟大中锋之一比尔·沃顿，玩了个"右晃、左晃、悬在空中，右侧出手投篮"；随后是一个"起跳，身体已经在篮板后面，滑过尼克松，左手上篮"。然后，比赛最后时刻，乔丹又一次鬼魅般摆脱了快船。最后时刻，快船100比98领先公牛，乔丹一记18尺跳投扳平比分，然后闪电手断下快船的球，急奔前场。快船的德里克·史密斯追上，用一记熊抱勒住已经起跳的乔丹，裁判哨响：犯规。

——但一切还没结束。

——乔丹依然悬在空中未曾落地，他的胳膊还来得及扬起，把球抛向篮板。球进，得分有效，加罚。乔丹罚中球，103比100反超。洛杉矶的球馆里飘荡着这么一种声音：唏嘘、赞美、感叹，以及"我们的球队落后，但那又怎么样？这个球真他妈太棒了"的感觉。史密斯，作为这一球的背景人物，赛后感叹："匪夷所思。被我那样抱住，别说得分了，绝大多数人连球都没法抛出手！"

两天后，在洛杉矶，乔丹得了20分，带领公牛干掉了湖人——上季西部冠军、这一个赛季最后的赢家、不可一世的湖人。实际上，乔丹在另一个舞台上也击败了湖人——在乔丹击败快船那晚，快船球迷多到了14366人——而湖人，"表演时刻"的湖人，王者之师，对国王的观众人数是12766。公牛队医马克·普菲说："乔丹在底特律打比赛时，当众在特里·泰勒头顶扣了个球——底特律那些穿西装的球迷都在为他击掌庆祝！"

好了，问题在于：他怎么从一个大学时场均20分的后卫，顺利过渡到NBA，每场得25分眼都不眨的？

首先，是他惊人的运动能力。奥运会决赛被他击败的西班牙队球员费南多·马丁，一听到乔丹的名字就眉飞色舞，操着不流利的英文念叨："跳！跳！跳！非常快，非常快，非常、非常棒！跳！跳！跳！"

底特律的伊塞亚·微笑刺客·托马斯，史上技术最灵异的小控卫说："乔丹……也许他能发明一个新位置。"

韦曼·蒂斯代尔——那个被帕金斯问"那厮是谁"的大学明星，奥运会乔丹的队友——说："跟乔丹打球就像去马戏团。你都不知道他下一步会干嘛。"

VI

他究竟有什么呢？

他匪夷所思的速度和运球。他大学时苦练的40码内4秒3的冲刺速度。他大一到大二那年暑假练出的"试探步+突破"。他大二时几吨汗水苦练的控球能力，左右手均衡的运球。他喜欢伸出一步作为试探，或是向右侧做一个极细微的、三米外看不清突破的假动作，然后是向另一侧起步。压重心，第一步快如闪电，你回过身，他已经起飞了。步行者的吉姆·托马斯这么总结："我不知道他第一步有没有违例——太快了，我都看不清！"

他那匪夷所思的弹跳。他能飞。队友罗德·希金斯简单总结："拉里·南斯（NBA首届扣篮王）单脚起跳出色，奥兰多·乌尔里奇双脚起跳出色。乔丹？他单脚、双脚起跳都能突破天际。"

如果你跟上他的速度、跟他一起飞翔？他可以在空中翩然起舞随意戏耍你。奥运会上，西班牙队主教练安东尼奥·迪亚兹·米格尔说："他不是人——他是个橡皮人！"纽约的达雷尔·沃克补充："最惊人的是，他出手总是那么柔和！"

乔丹自己的看法是："在北卡，我在体系里打球，许多球迷喜欢看我打球。所以如果我任其自然发挥，可以很轻松地让球迷高兴。现在是我职业生涯最放松的时段。比赛来得很快，我来不及去想那些糟糕的发挥。"

的确，在史密斯手下，他是一个团队成员。而在NBA，他可以飞。当然，对手根本不知道这些。劣质的球探报告坑了乔丹的对手们。"有些球探说我只会突破，而且不会用左边换手突破。他们根本不知道我的第一步突破、我的跳投和我的其他招式。"

1984年12月，乔丹的职业生涯仅开始五周，世界已经朝波特兰张望。选了鲍维放弃乔丹的开拓者，看到了吗？乔丹很绅士得体地回答了这些问题："鲍维对他们更合适吧。他们已经有一大堆高个后卫和小前锋了。"

对芝加哥人来说，重要的是，他们有了来现场看球的理由。对公牛队来说，亦然。乔丹说，他刚到公牛时，希金斯和乌尔里奇跟他聊过："这个队好多人都是，一旦领先10分，就开始忧心忡忡对手会追上来。"乔丹带来了新东西：赢球的热望。他疯了一样想赢每场比赛，每个球。公牛以往在客场总是得过且过，但乔丹在客场沐浴着所有球迷的鼓掌，只想尽全力赢每一场比赛。乌尔里奇总结："他的态度像一种，嗯，良性病变，在球员之间传染。"

还有什么缺点呢？

虽然他抢断和封盖数据惊人，但他自己承认："防守稳定性是我的第一目标。我希望能每晚都封杀对位进攻者。"他在大学里打了太多的游弋、包夹、协防，要适应NBA还需要时间——但是，已经够了。

还有什么愿望呢？

1984年12月，21岁零10个月的乔丹被问到他的职业生涯会如何结束。他想了半天，回答："我希望我到时候能说，我尽了自己的努力，完成了许多事情，拿到冠军。"然后他斟酌了一下——他那时根本不知道，今后自己会有多么伟大的职业生涯，只是琢磨着自己的愿望，又补了句："我希望，自己至少打一届全明星赛。"

VI

一个数字：在离开篮球十年之后，乔丹的商业帝国，依然能保证他的年收入超过4000万美元。

第七章 危险的，邪恶的，红色

6 3 - 7 0

1984年入冬，迈克尔·乔丹已经成了芝加哥上空飞翔的神话。芝加哥的孩子都相信，超人、蝙蝠侠、蜘蛛侠、闪电侠加起来，都不如迈克尔伟大。可是对乔丹自己，虽然芝加哥给了他五年400万美元的合同和王子的礼遇，他还是对北卡念念不忘。那是梦开始的地方，他从一个北卡招风耳小孩起飞的所在。

　　所以在芝加哥，每场比赛前，他都得换上北卡的球裤。NBA球员普遍迷信，乔丹也不例外。他对北卡招牌的蓝色念念不忘，而对芝加哥的红色略有微词。

　　"红色是地狱的颜色，蓝色是天堂的。"

　　可是，他即将慢慢远离清冷明澈的蓝色，陷入地狱的、危险的、邪恶的红色。

　　NBA的明星们得应付数以百万计的美元和排队上门的商人。詹姆斯·乔丹夫妇虽然精明，毕竟不是此道中人。多勒莱斯·乔丹觉得大卫·法尔克不错：他是个铁腕经纪人；他关心乔丹的长期形象经营，而非急功近利为一两个短期合同斤斤计较；他在1982年成了乔丹师兄詹姆斯·沃西的经纪人，说起来都非外人；最后，黑人父母会着意关怀的细节：法尔克——一个白人——任用的助理是个黑人律师。

　　"嗯，很好，他不歧视黑人！"

　　法尔克不歧视乔丹。恰恰相反，他欣喜若狂。沃西是1982年的状元，乔丹是1984年的探花，但法尔克嗅到了乔丹身上匪夷所思的部分。他联系了Nike——1972年成立于俄勒冈的一个品牌，当时并不算成功。然后，Nike请乔丹去俄勒冈的波特兰签约。

　　乔丹不太愿意。他对Adidas有好感，他对Nike——那时还远非球他喜欢伸出一步作为试探，或是向右侧做一个极细微的、三米外看不清突破假动作，然后是向另一侧起步。压重心，第一步快如闪电，你回过身，他已经起飞了。

鞋巨头——印象泛泛。但是父母深明商业之道，劝他："孩子，这很重要。"他去了，踏进Nike的会议室，看到所有的Nike老总都在里面。老大罗伯特·斯特拉塞建议："每年25万美元，合同期五年！"

乔丹并不太积极。

实际上，只有法尔克在一开始就坚信他会成功。他跑去找Nike时，Nike正为他们的股价跌到只有6美元而寻死觅活。法尔克的口气猖獗无比，但不是出于傲慢，而是激动。他怒吼："乔丹应该有他自己的鞋子，拿到分红！"Nike的人认为他吃错了药，他们警告法尔克：这是20世纪80年代，所有拥有球鞋品牌的人都是网球手、高尔夫球手，总之，是那些中产阶级以上有闲钱的人接纳的白领偶像。

而且，他们大多是白人。

法尔克对这些论调充耳不闻。他知道球鞋品牌们都固执地相信，白人市场无法接纳黑人，他只是张牙舞爪地说服Nike，把所有的资金押在乔丹身上。Nike认为太冒险了，不能把所有鸡蛋放在同一个篮子里。嗯，把资金分配一些给查尔斯·巴克利和帕特里克·尤因如何？不，不行。巴克利太胖了，尤因长了一张大猩猩被死神附体的脸。好吧，好吧，法尔克说服了所有人，Nike决定投资乔丹。

而乔丹怎么会接受Nike的呢？

法尔克给乔丹看了宣传的录像带。此前，乔丹只关心Nike会送他一辆什么新车，但在看到这组录像带时，他震惊了。他同年的好友弗雷德·惠特费尔德后来说："我想这是他第一次对自己感到震惊。"

法尔克认为，该给乔丹的鞋起这么个名字：Air Jordan——美丽动人的双关义，"气垫乔丹"或"飞人乔丹"。"乔丹可以飞"，这就是法尔克的概念。在那盘录像带里，乔丹的球场动作被剪辑了，特技效果被大量采用。在慢动作里，乔丹看上去不再像是在打篮球。他在飞。

VII

在此之前，他无数次看过自己那1982年著名的绝杀。那个23号主宰了大学篮球的命运，强大到令人不可逼视。但这个广告里的23号是另一回事。他脱离了人间，他像神。他在飞翔。

第一代Air Jordan出产了。红色+黑色。地狱的颜色，邪恶而艳丽，张扬得几乎不该容身于NBA这个还古朴端庄的赛场。NBA总裁大卫·斯特恩很生气：新官上任三把火，他得震慑一下球员。他宣布：禁止球员穿彩色鞋子。乔丹在场上穿Air Jordan？不行！

如你所知，美国人统统一生不羁爱自由。现在放在他们面前的，是这么双鞋：代言的是个能飞的家伙，是个黑人；颜色艳丽而邪恶，仿佛地狱般危险；很昂贵；还被联盟禁掉了——太刺激了！一年后，乔丹被告知：Nike靠Air Jordan，一年达到了13亿美元的销量。

当然，那是后话。

1985年到来，乔丹临近他22岁生日。他拿了1984年11月的月度新秀，然后是1985年的月度新秀。奥拉朱旺在火箭呼风唤雨，巴克利在费城拿篮板当饲料吃，但谁都及不上他的风光。他被球迷选进了NBA全明星首发。当然，在全明星前49场，他场均得到恐怖的27.4分这点的确令人震惊，但重要的是，这是球迷的选票：他获得了全美国的爱。他提早完成了自己的目标：至少进一次全明星。

接下来的事就不大美好了。

很多年后，关于1985年全明星"冻结事件"有几百万种说法，有心理学、社会学、哲学等千多种学科的解读，但最靠谱也最朴实的一种如此叙述：乔丹去了1985年全明星周末，那是一年一度NBA明星汇聚、给观众上演春节晚会的场合；乔丹穿着一身邪恶而艳丽的红色，Nike的标识几乎要刺瞎人眼。乔丹还戴着金项链，就像个——实际上他也是——刚发财的小地主青年；乔丹在电梯里看见了伊塞亚·托马斯。

伊塞亚·托马斯，比乔丹大两岁，地道的芝加哥人。1981年NCAA决赛，他带领印第安纳大学干掉迪恩·史密斯的北卡，荣膺冠军，然后成了1981年榜眼，加入底特律活塞。185公分高的他是NBA史上最好的小个子精灵之一。他顽强、坚韧、技艺完美、好胜如狂、锐利、灵动，爱微笑，但连他的队友都承认他表里不一。"微笑刺客"，这是他的绰号。1983-1984季三年级，他场均21分11助攻。1984-1985季，他四年级，连续四年被选为东部明星队首发控卫。他也是个明星，确切地说，明星中的明星。

而乔丹没有和他打招呼。

当然，其他的说法是：微笑刺客看不惯这小子的红——无论是他张扬的球衣颜色、他的金链子，还是他在常规赛让全美国球迷癫狂的劲头；微笑刺客讨厌乔丹穿戴Nike的装束。总之最后的结果是，乔丹听到小道消息，微笑刺客决定联手乔治·冰人·格文，给乔丹点颜色看看。1985年全明星赛，乔丹感受到了所谓颜色：刺客不给他传球，或者只在窘迫情境下给他球；防守端，刺客不去协助乔丹，任他丢人。乔丹被刻意孤立，22分钟内9投2中7分6篮板，就此结束了他第一次全明星之旅。

屋漏偏逢连夜雨。他报名参加了1985年的扣篮大赛，和多米尼克·人类电影精华·威尔金斯、史上第一代飞人J博士、老熟人德雷克斯勒、1984年扣篮冠军拉里·南斯——被罗德·希金斯认为单脚跳无敌的大家伙——列在了一起。他进了决赛。但第二扣失误了。大他三岁、以暴力美学见称的威尔金斯拿到了扣篮王。

在乔丹一帆风顺的职业生涯里，这是第一次阴影。刺客刁难了他，这尚在其次；他感受到了其他人的敌意：乔治·格文的，魔术师

VII

的，所有人。这个联盟的明星们有自己的圈子、团体和行规。而他是个危险的家伙，艳丽的、危险的红色，而且能飞，而且——在刺客们眼里——非常、非常，傲慢。

未来生涯的腥风血雨，忽然提前在他的人生里出现了。NBA不是课堂，你勤奋学习，获得好成绩，获得老师的赞美。有人会对你使绊，会落井下石。那个被扔进校二队的、深觉自己被羞辱的年轻人复活了。1985年2月12日，全明星后第一场，公牛就在主场对阵底特律活塞。

太完美了。

乔丹抓到后场篮板，招牌的吐舌，一条龙突破上篮；乔丹右翼晃动后中投得分；左底线连续变向后上篮得分；抢断后直奔前场，空中悬停扣篮；罚球线接球翻身跳投得分；晃倒刺客后急停跳投得分；抓到后场篮板后奔袭前场，变向晃人后在三人包围下上篮得分；变向突破后被犯规低手抛射得分兼造犯规；半场结束前起速突破劈开防守，在活塞防守合拢前扣篮得分；下半场一开始就是切出接球突破内线，高飞之后等对手落地才抛射得分，快攻中一记罚球线前一步起飞扣篮；投篮失手后把对手的传球像排球拦网般挡下，再强行上篮得分。第三节末，刺客运球突破，乔丹低头俯冲割草机一般把球抄掉，第四节开始又是一记快攻中身上挂着一个防守者上篮得分兼造犯规。加时赛最后时刻，他抓到自己全场第15个篮板球，锁定胜局。

公牛139比126加时取胜，而他31投19中、13罚11中轰到49分15篮板5助攻。刺客则15投5中19分，6次犯规出场：乔丹就这样，让

14次NBA全明星球员：1985、1986、1987、1988、1989、1990、1991、1992、1993、1996、1997、1998、2002、2003

刺客在他自己的故乡芝加哥，听到家乡球迷为另一个人击败他而山呼海啸，还有比这更完美的复仇吗？赛后，刺客跟乔丹有过一次会谈，道歉，但直到两年后谈起这事，乔丹还是没完全原谅他。这段冤仇，就此结下了。

这是乔丹新秀季常规赛最高分，最好的表现。这也是第一次，NBA略微感受到，那个前兰尼高中校二队男孩，残忍的报复之心。他并不是一个蓝色的天使，而是，一如芝加哥公牛的队标一样，皱眉的，红色的，地狱火焰般的复仇者。

VII

1997年10月31日，卫冕冠军芝加哥公牛作客波士顿凯尔特人，85比92败北。当晚，乔丹手感不佳：虽得了30分，但23投仅7中。而对面阵中的安托万·沃克26投13中31分。此外，凯尔特人替补凳上坐着布鲁斯·鲍文和1997年探花新秀控卫昌西·比卢普斯。那时乔丹当然不知道，这两个年轻人，一个会是21世纪前十年最好的防守者之一，一个会是2004年总决赛的MVP。

　　但这像命运的咒语：公牛以一场在波士顿花园的败北，开始了1997-1998季，乔丹最后一个作为神的赛季。而他开始成为神，也是在波士顿花园输掉一场球之后。只是，那是遥远的1985-1986季了。

第八章 "上帝"

(VIII)

71 - 80

1984-1985季结束，公牛38胜44负，较前一季进步了11场。乔丹出战全部82战，场均28.2分联盟第三，仅次于纽约的伯纳德·金和常规赛MVP、凯尔特人的拉里·伯德。场均2.4抢断联盟第四，此外每场还有漂亮的6.5篮板、5.9助攻。全面完美的数据。此外，因为金和伯德都有缺阵，乔丹总得分2313分联盟第一。虽然奥拉朱旺也有伟大的场均21分12篮板表现，但乔丹还是当选了年度新秀。

实际上，乔丹还入选了联盟第二阵容，和蒙克里夫并列联盟第二阵后卫。第一阵容是魔术师、伯德，以及刺客的舞台——乔丹憎恨刺客，但对刺客那年以场均13.9助攻封王也无可奈何。

季后赛，公牛遭遇雄鹿。过程谈不上什么惊喜：乔丹在季后赛处子秀得了23分10助攻，第二场回过神来30分12助攻但有7失误。公牛二连败。第三场他发威35分8篮板7助攻4抢断率领公牛扳回一阵，但第四场他的29分也无可奈何了。击败公牛的是雄鹿，限制乔丹的正是蒙克里夫。

这是蒙克里夫最后一个巅峰赛季。从来没人真正把蒙克利夫称为"乔丹阻挡者"，但在这一年的交锋中，乔丹在他面前得了职业生涯第一个20分、第一个30分。乔丹的第一场败北，乔丹的第一次季后赛，都是由他见证的。他第一次采用了聪明的"堵塞乔丹突破，允许他跳投"的策略对付乔丹。而关于他的防守最有名的一段评价，也是乔丹给予的："与蒙克里夫打球，就注定是一整晚的全方位对决。他像一条猎犬，无论在进攻端还是防守端，他都会竭力撕咬你。"

乔丹的新秀季就此结束。有伟大开始，有壮丽传奇，也有全明星赛开始的血红阴影。然而何如之：他们比前一打进了暌违三年的季芝加哥人民欢欣鼓舞，乐季进步了11胜；他们后赛。最重要的是，乔丹挽救了芝加哥篮球。每场观众人数从1983-1984季的6363人翻倍到了11887人；公牛的客场号召力几乎可与湖人、凯尔特人媲美。1985年总决赛湖人击败凯尔特人夺冠，但芝加哥人已经不羡慕了：他们有年度新秀乔丹，有这个星球上最迷人的球员之一。

1985年夏天，公牛发生了一些意义深远的变动。公牛老板杰里·雷恩斯多夫，雇了一个肥胖的芝加哥土著、前棒球手、篮球球探为公牛总经理：这家伙时年46岁，叫杰里·克劳斯。从此开始，公牛的"两个杰里"管理团队架起了班子。这两人一拍即合的类似处在于：他们都是控制狂。

1985年夏天，公牛来了两个俄亥俄球员。一个是选秀会上摘来的俄亥俄铁汉，铁骨金刚查尔斯·奥卡利。很多年后，他会成为NBA史上最有名的直性子粗鲁猛男。一个是圣安东尼奥来的俄亥俄白人射手约翰·帕克森。他是个非常聪慧、看战术板如电脑扫描的射手，大学绩点有3.17。当然，和绝大多数聪慧、射术精良的白人一样，他远算不上一个跑跳怪物。

最后，还有一个人：四届得分王、四年前还被杰里·韦斯特感叹为"他是我唯一愿意花钱买票去看的球星"的乔治·冰人·格文来公牛了。

很多年后，1985-1986季会被誉为史上最壮丽的赛季之一：烟花如瀑布般横陈夜空。群星奔涌，妖魔横飞，一百零八天罡地煞下凡。J博士逐渐飞不动了、摩西·马龙统治前场篮板近十年后也开始老去、天勾更是烈士暮年，正打算把湖人大权完全交给魔术师。多米尼克·人类电影精华·威尔金斯在这一年奠定了他的绰号，让世界相信他打比赛就是为了录制高潮集锦；1984年入行的奥拉朱旺——这时他已经叫响了"大梦"的绰号——以及查尔斯·巴克利急起而追。伟大

VIII

的拉里·伯德在这年完成了常规赛MVP三连冠，而二年级生大梦和巴克利，则列到排MVP选票第4和6位；底特律活塞队的恶汉流氓头子比尔·兰比尔这年拿到篮板王。这赛季的年度第一阵容是：天勾、伯德、魔术师、微笑刺客和得分王威尔金斯；第二阵容则是大梦、阿尔文·罗伯特森、蒙克里夫、英格利什和巴克利。1985年的新秀同样震慑人心：乔治城的大猩猩帕特里克·尤因终于入行加盟纽约尼克斯，而且不负众望得到年度新秀。

另两个名气略小的新秀则是活塞队沉稳早熟的后卫乔·杜马斯，以及犹他爵士队选中的路易斯安那州肌肉魔怪卡尔·马龙。

但这个赛季的真正高潮，要到1986年4月，乔丹来亲手推波助澜、燃放至顶——虽然，常规赛这些名单里，没他什么事。

因为他受伤了。

1985-1985季第三战，乔丹左脚舟骨受伤。CT检查证实有骨裂。乔丹不敢相信：他正在铺开远大前程，却被伤病击倒？父亲从北卡赶来，安慰痛哭的儿子。公牛队很谨慎：他们非常清楚，对乔丹这样能飞的怪物来说，腿骨意味着什么。

乔丹休养了七周，已经急不可耐。医生推三阻四，说裂痕尚未愈合，然后说了无数夸张后果。乔丹气疯了。他刚为世界划出一道彩虹，可是伤病阴雨，正在把他的伟大传说褪去。可是公牛队医告诉他：腿伤痊愈前，别指望比赛——训练都不行！

1986年2月，乔丹回了北卡罗莱纳州。他说他答应过母亲，要趁空闲修完学业的——左右也是闲着嘛！克劳斯经理很天真地相信，乔丹真回去念书了。然后，当他听说乔丹回了北卡、乔丹开始恢复性训练、乔丹开始找哥们一起练球时，克劳斯气疯了。让他不安的不只是乔丹受伤的可能，还有一个更可怕的事——一如刺客看见乔丹那危险的、难以驯服的红色一样，克劳斯感觉到了乔丹的可怕：

这家伙很可能无法控制。

1986年3月乔丹回到公牛，要求出战。他状态恢复得很好，医生也承认他伤过的左腿简直比右腿还结实，但还是强调：乔丹依然有10%的可能性伤势复发。克劳斯听到10%就如惊弓之鸟："我们不能冒这个险。"

乔丹看着两个杰里，两个精于计算的生意人。他想打比赛想到发疯。他生气了。"如果有一个投资，获利几率90%，你们难道会不干吗？"

两个杰里计算机般的头脑开动了。不是考虑乔丹给出的等式，而是权衡乔丹的态度。他们发现乔丹真的想比赛。的确有受伤的风险，但这个小子不太好控制，如果他真的生了气呢？既然如此，嗯……

1986年3月，乔丹重新出赛。但为了让10%的阴影不要重现，公牛限制了他的出场时间，开始是每半场不超过7分钟，然后慢慢扩展。就这样，乔丹慢慢熬完了15场常规赛。公牛以东部第八进了季后赛。

对手是正值拉里·伯德巅峰期、史上最强凯尔特人。

1985-1986季的凯尔特人是史上公认最佳球队之一。拉里·伯德在这一年三连冠常规赛MVP，而凯尔特人常规赛打出传奇的67胜15负，主场40胜1负。伯德在这年被赞誉为"他来到世间，就是为了一切篮球技术制定新标准"。他在巅峰寂寞到了跟人打赌，用左手打全场比赛；他无聊到了全明星三分球大赛前，特意去更衣室对其他人说："你们决定好谁拿第二了吗？"然后轻松夺冠。队上有四个NBA50大球员（伯德、麦克海尔、帕里什、沃顿）。

以及八度NBA防守阵容成员，被伯德赞为"我搭档过的最好球员"的1979年总决赛MVP丹尼斯·约翰逊。

VIII

193公分的丹尼斯·约翰逊和蒙克里夫一样，史上最好的防守者之一。比起蒙克里夫，他更全面，可以防守任何206公分以下的球员，比如1984年总决赛，他就搞定了魔术师。他翘着屁股伸着脑袋的防守姿势配着那矮短的身材，观赏效果相当不佳，只有被他盯防的家伙才对他的可怕心知肚明。他视防守为乐趣，能够在整整48分钟内都集中注意力与对手周旋——他的运动能力并不见佳，但这不妨碍他对进攻方的阅读——对他的对位者、对进攻方全部队员的跑位意图，他都可以猜得八九不离十。想要欺骗他相当困难：他就像一个谈判桌上缩着脑袋、一毛不拔的守财奴，而且整整48分钟都在琢磨怎么修理你。实际上，1985年1月21日，约翰逊缺阵，乔丹对凯尔特人得到32分后承认："我占了他缺席的便宜。"

　　而这次，1986年4月，乔丹躲不过了。

　　4月17日，在NBA的传说之地波士顿花园——头顶挂着14面冠军旗——公牛104比123大败给凯尔特人。但这晚的主题却是乔丹：他打了43分钟；他终于挣脱了牢狱；他像和时间赛跑一样疯狂得分，根本无视对面派来盯他的是丹尼斯·约翰逊、丹尼·安吉还是拉里·伯德。他扣篮，他抛射，他远射，他轰下了49分。凯尔特人主帅K.C.琼斯，自60年代一路对垒过张伯伦、韦斯特、贝勒们，久见风云，到此不免感叹："我只能站那儿，说，WOW！直接说吧，这是场不朽的演出。"

　　凯尔特人替补杰里·西奇汀很多年后回忆说，丹尼斯·约翰逊——如许多人所知，一个高傲不凡的防守者——默默洗完澡，把数据单订在墙上，看。他看着乔丹的49分发呆。他最后说："好消息是，我们赢了。迈克尔不会再来这么一场比赛了。"

　　可是，伟大的丹尼斯·约翰逊，没想到命运会怎么玩他。

　　三天后，第二场。

公牛以奥兰多·乌尔里奇、查尔斯·奥卡利、凯利·马西、戴夫·科兹尼首发，对面凯尔特人则是约翰逊、安吉、伯德、凯文·麦克海尔、罗伯特·帕里什（后三位全是NBA50大成员）。公牛派奥卡利对位帕里什，用科兹尼对付拥有史上最华丽内线步伐之一的麦克海尔，乌尔里奇对付伯德。凯尔特人则用伯德防科兹尼，麦克海尔对付乌尔里奇——当然，那年的伯德实际担当的角色，被比喻为橄榄球安全卫：他到处游荡，依靠旷世无对的聪慧和判断，为凯尔特人全队防守护航。

公牛的策略很直接：乔丹第一节就直接运球过半场，靠科兹尼的高位掩护，雷发电闪，直刺凯尔特人内线。这是他对蒙克里夫打出来的经验：许多球队都懂得，用高个后卫对位乔丹简直是拿木偶人堵野马，所以干脆放小个后卫，依靠速度卡住乔丹的突破。而对付小后卫，掩护墙和挡拆最妙不过。乔丹用掩护墙隔开约翰逊，突破。凯尔特人内线们保护篮筐，不让乔丹扣篮，而乔丹的策略是：近筐抛射——反正都是2分。科兹尼25年后总结："我们就是全场在玩掩护挡拆！"

公牛以33比25领先第一节，第一节末丹尼·安吉替约翰逊去对付乔丹。波士顿媒体后来自豪地认为，他任务完成得不错，"至少乔丹上半场只得了23分"。安吉自己后来开玩笑："我防乔丹的策略，只是对他犯规，然后等我犯规够多了，就会有其他人来替我干这苦差啦！"上半场，公牛58比51领先。

下半场，公牛以小阵容开局，事实证明这是昏招。凯尔特人开始追分，同时约翰逊已经完全把其他公牛球员置之度外，面朝乔丹，只守他一人——哪怕他手里没球——同时凯尔特人其他大个子随时注意，一旦乔丹拿球，立刻补防。拉里·伯德一看见乔丹翼侧拿球，就会过来对他包夹。可是乔丹依然能够鬼影飘荡地撕开防守，找到投篮

VIII

机会。第三节乔丹得到13分，至此已得36分。第四节一开始，伯德一记三分让波士顿花园沸腾。比赛剩七分钟时，公牛声势尽失：帕克森被盖，安吉上篮，公牛100比104落后。

但是乔丹发怒了。

乔丹突破，逼到NBA50大之一的比尔·沃顿6犯罚出。单挑麦克海尔，乔丹运球，下一秒就消失不见。麦克海尔转身，看到乔丹已到底线，一记扣篮。比赛走向最后三分钟。乔丹空降，盖掉216公分的帕里什，在比赛剩两分钟时投篮得到自己第50分。公牛反超一分。

剩27秒时，凯尔特人重新得到116比114领先。伯德右翼投失，帕里什抓到前场篮板，乔丹忽然出现敲掉帕里什手中篮球。还剩6秒，帕克森击地球传给乔丹，乔丹造麦克海尔犯规。他站上罚球线。波士顿花园在鼓噪。乔丹出手罚球。第一球。第二球。125平，加时。

第一个加时结束时，乔丹得到59分。双方战平，第二个加时。乔丹享受到了前所未有的待遇：他在后场拿球时，就遭遇凯尔特人双人包夹。剩一分半，乔丹在安吉头顶跳投得到第61分。至此，他平了1962年总决赛第五场埃尔金·贝勒的NBA季后赛单场61分纪录——那还是他出生前近一年的事。

但还没有结束。

乔丹晃过麦克海尔，面对补防的帕里什，一记短距离投篮。双方131平。乔丹个人第63分。NBA史上季后赛最高单场得分纪录就此易主。

——随后发生的一切通常被历史遗忘。西奇汀跳投得分，乔丹投失，伯德助攻帕里什射中跳投，乌尔里奇一记三不沾远射宣布比赛结束。公牛经历两个加时，131比135败北。世界会谈论这场比赛，全是因为23号迈克尔·乔丹，旷世无对的季后赛单场63分纪录。

"这场比赛呈现了：篮球与体育可以有多么伟大。"25分钟内得到10分15篮板的比尔·沃顿在很多年后说："乔丹能够对那支如此强大的凯尔特人，打出如此的表现。你知道，那支球队能赢所有类型的比赛：速度之战，力量之战，投篮之战，防守之战，肌肉之战，智慧之战。这支凯尔特人够平衡，有深度，有天才，执教得法，有伟大领袖，由红衣主教那样伟大的人物执掌，还有拉里·伯德这样已成为传奇的人。"

伯德，1986年三连冠常规赛MVP的，当时联盟的王中王。对他来说，就是有个小子冲到他的王座前，完全压倒了他的演出——那场，伯德自己得了36分12篮板8助攻，伟大的表现，但对比63分则黯然失色。伯德说："他外围投篮，突破上篮。我们用了队里所有的人防守他。他用一个又一个匪夷所思的投篮支撑公牛。我们无法阻挡他。我们尝试把他逼向补防，我们动用一切手段。你谈论的是另一种全然不同的天才。"

队友约翰·帕克森在最近距离目睹了神话。他说："让人恐怖的是，他之前打的比赛如此之少。波士顿把所有人所有招式都朝他扔去，他们把所有防守都指向他，而他独自面对两个人、三个人的防守，投进。"

伟大的丹尼斯·约翰逊赛后平静地说："如你们所见，没人能防住他。"

上一场后说"这是场不朽演出"的K.C.琼斯教练，这场后直接说："我对这场，无话可说。"

最后，也是最著名的一句语录，来自伟大的拉里·伯德。他做了篮球史上最著名的总结之一："今晚，是上帝假扮成了乔丹。"

那一晚证明了许多故事。飞翔的23号心里，依然是那个"不让

VIII

我干什么，我偏干什么"的北卡孩子，是那个越面对王者之师，越是被压制，越是在低谷，越会愤怒、腾飞、摧毁一切对手的偏执狂。他的人生仿佛就是为这种电闪雷鸣的戏剧性而生的。世界都抛弃了悬念时，只有他逆天而行，所有纷然如雨坠落的低看，都是他催动自己腾飞的燃料。

第三场，公牛回到主场，败北。凯尔特人横扫公牛晋级。东部半决赛，他们4比1干掉了威尔金斯的鹰队。东部决赛，他们4比0横扫了蒙克里夫的鹰队。总决赛，凯尔特人4比2干掉奥拉朱旺——同样二年级——的火箭，拿到总冠军。麦克海尔二十年后还念叨，如果上帝能给他个愿望，他只希望回去1985-1986季，再打一遍——就是在如此完美的赛季中，拉里·伯德拿到自己第三枚戒指，第二个总决赛MVP，达到他的人生巅峰。但他的这句话，预示了一个时代："是上帝，假扮成了，乔丹。"

也许在那时，他已经看透了命运的真相。

我和我那些朋友在年少时，是地道的被宠坏的乔丹迷。我们理所当然地觉得："乔丹就该拿得分王，无商量余地。"这种偏执，最后到了挑剔的地步，比如，1996-1997季，乔丹得到第九度得分王时，我的第一反应居然不是"他34岁了，还拿第九度得分王，真了不起"，而是"嘿，迈克尔，你居然没场均拿30分"。

但在1997-1998季，看到公牛开季6胜5负举步蹒跚，看到乔丹自揭幕战后到第11场才得了一场30分——公牛还输给太阳了——我们才慢慢接受一些事实，比如：1997-1998季，乔丹已经老了。其他巨星到这个时光，转型去玩组织的有之，退居二线的有之，还作为首席王牌挑战得分王的，少而又少。但是，当公牛对快船之战加时获胜、乔丹得到49分后，我们又开始相信了：迈克尔，会拿到得分王的。

——实际上，1997-1998季最后，乔丹的确拿到了他个人第十个得分王，但场均只有28.7分，命中率只有46.5%。那是第一次，我开始想这么个问题：迈克尔·乔丹可能是神——可能不是。好吧，他可能是一个会老去的神，所以他可能会场均得不到30分……但他依然必须是得分王。

第九章 飞翔

(Ⅸ)

8 1 · 9 2

1986年夏天，奥兰多·乌尔里奇和乔治·格文离开了公牛。杰里·克劳斯想法子把公牛变成了一支年轻球队：23岁的乔丹，23岁的奥卡利，26岁的约翰·帕克森，24岁的布拉德·塞勒斯。戴夫·科兹尼已是老将，不过30岁。新主教练道格·科林斯不过35岁，是个年轻干才，1973年NBA状元，打过四届全明星，1981年刚从NBA退役。前明星球员最明白：角色球员在NBA门外排队倒贴钱想进来混口饭吃，而明星球员在NBA有多么大的价值。

1986-1987季揭幕战，公牛在篮球圣地纽约麦迪逊花园对阵尼克斯。乔丹看到了老冤家，从乔治城大学到纽约始终一张冷脸的帕特里克·尤因。公牛前三节领先，但第四节，纽约反超。科林斯教练紧张起来，衬衫湿透：这毕竟是他第一场比赛。麦迪逊欢声雷动，刺痛了乔丹。他在暂停时对科林斯说："教练，我不会让你输掉你的第一场比赛的。"

那个偏执的、好树敌的年轻人又爆发了。乔丹愤怒到化为火焰，浮在麦迪逊球迷的狂欢声中，包揽全队31分中的21分，包括全队最后11分，全场50分。麦迪逊历史悠久，从未被任何对手砍得这样狼狈。赛后，纽约人理所当然问到了他那翼手龙滑翔于云端之上般的弹跳力。乔丹摇头。

"我从没量过自己的弹跳。有时我也思考自己能跳多高。我跳得高时，总喜欢张开双腿，好像，嗯，可以更晚一些着地……对纽约这场，我最后一记扣篮时，我觉得眼睛齐平了篮筐。以前我扣篮是手腕劈上篮筐，但这回，是我的肘子以上过了筐。"老爸詹姆斯·乔丹，从北卡特意到麦迪逊看这场比赛。在众声喧嚷中，爸爸问他："你究竟是浮在观众之上打球，还是在地板上？"

"我一直浮在观众头顶打球。"乔丹说。

第二天，他继续浮在天空。公牛造访克里夫兰，乔丹第一次遇到罗恩·哈珀：1986年第八位新秀，骑士的4号，选秀时被誉为"很像乔丹"。他和乔丹身高、打法都相似，但乔丹最不喜欢有人像他。哈珀全场23投10中23分5篮板4助攻，作为职业生涯第二场的新秀，堪称优秀发挥——可是乔丹得了41分，包括最后8分，公牛94比89干掉了骑士。两天后，公牛新赛季主场揭幕对阵马刺，他前三节18分，第四节16分，全场34分。之后对底特律活塞，他只得了33分。败给刺客实在太让人愤怒了，于是第二天他对凤凰城太阳队轰了39分。

当他如此行云流水地刷满数据单时，世界已经对数字麻木了。世界感叹他的滑翔扣篮，感叹他在空中变换一次、两次甚至三次的动作，感叹他可以单手抓球像拿苹果哄小孩般戏耍对手，感叹他可以有华丽的转身、在空中腾挪过三个人。他总是在扣篮时伸舌头？乔丹于是还得解释："我爸干活时习惯伸舌头，我遗传了这个。史密斯教练让我别这么干，但这可没法改……"然后他警觉起来："孩子们可千万别学，会咬伤舌头的！"

他谈到他的北卡短裤，谈到他喜欢短裤下梢更长一些，这样疲倦时可以弯腰揪住短裤下沿喘气。他的鞋子把全世界染成红色。他的一切都在被模仿。公牛总经理杰里·克劳斯说："他身上有许多埃尔金·贝勒，还有许多厄尔·门罗……贝勒有那种飞腾能力和紧张度，而没人比门罗更能让观众欢乐了。"

——埃尔金·贝勒，60年代和韦斯特一起支撑湖人的名将，史上最能得分的前锋之一。职业生涯场均27.4分，在1986年，这是历史第二的效率，仅次于张伯伦。实际上，1986年4月20日，乔丹得到63分前，他保持着NBA季后赛（也是总决赛）单场61分的纪录。

IX

——厄尔·珍珠·门罗，NBA史上最优美的舞蹈家之一。191公分的后卫，他像上帝捏造的橡皮泥一样，柔软，带有舞蹈家那样的细腻弹性。胯下运球、背后运球、佯突收球之后的趁势欺进。他是NBA第一个如此放肆地面对对手，做体前换手运球的球员。大幅度摇摆，然后用半转身的假动作诱惑你，须臾立刻滚向另一边，就像一个黑色圆球。他在任何地方都可以后转身，半场、罚球线、底线、禁区。1971年他自己说："我不知道自己下一个假动作或转身是啥……当然，对手就更不知道了。"所以，沃尔特·弗雷泽，纽约史上最伟大组织后卫、和杰里·韦斯特大战三次总决赛的防守大师，在和门罗成为队友前曾如此说："门罗就是个恶梦！我最不愿意防他！他不仅会在你面前得分，还会耍你，让观众觉得你是个傻瓜！"

爆发力。速度。迅疾。轻灵。柔滑。细腻。加上飞翔。迈克尔·乔丹在改变篮球哲学。在他之前，篮球是一项画地为牢的运动。教练们在2D的战术板上描绘线条，把球员当棋子用。当乔丹出现时，世界的茫然，正像人类用高墙四面围堵一只飞鸟，却发现他展翅飞走了。他把篮球变成了立体3D的故事。乔丹起跳，在空中决定如何腾挪。正常的篮球教练总是告诉球员：起跳之前，想想好做什么。而乔丹则说："我起跳前，都没有计划……我做的那些动作，之前都没有练习过。我只是随机应变。"

连他都不知道自己下一秒会飞向何处——对手当然更不知道了。

1986年11月14日，对波士顿，乔丹又得了48分。一周后，他面对尼克斯又轰下了40分，第四节他包揽了球队最后18分，NBA纪录。这场比赛，纽约的杰拉德·威尔金斯——多米尼克·威尔金斯的表亲——第一次试图挑战乔丹。最后33秒，他两次得分，两次为纽约扳平比分。乔丹生了气，在最后一秒，他一记20尺跳投，101比99绝杀了纽约尼克斯。

随后是11月28日，他开始了一段漫长旅途。对洛杉矶，魔术师30分9助攻，老大哥沃西27分。无敌的湖人队前三节就领先公牛17分。乔丹大怒，第四节发威，公牛第四节追袭10分，但终究力不能及。乔丹全场41分10篮板。第二天，转战金州，乔丹40分，但球队背靠背体力不佳，再败。12月2日在西雅图，乔丹打满全场40分，球队获胜。一天后公牛再战盐湖城，乔丹45分。两天后，在凤凰城，乔丹43分。再隔天，圣安东尼奥，乔丹43分。12月9日公牛终于回主场战掘金，乔丹40分。12月10日去亚特兰大，乔丹抖擞精神41分，但对面威尔金斯更霸道：57分。两天后，密尔沃基，乔丹41分。

在两星期里，公牛打了9场比赛，包括8个客场，4次背靠背。如此频密赛程下，乔丹完成了连续9场得分40+。

1987年2月，他第二次出战全明星赛，在西雅图。更让他快乐的是，可恨的伊塞亚·托马斯落选了全明星首发，只好在替补凳上朝乔丹干瞪眼……很多年后，这会被公认为史上最伟大的全明星赛之一：J博士的全明星告别战并得到22分；摩西·马龙得到27分18篮板；刺客16分9助攻；魔术师13次助攻；罗纳德·布莱克曼29分；比赛最后时刻，西雅图本土明星钱伯斯完成经典罚球，全场34分揽得全明星赛MVP。但重要的故事是：这一届全明星赛，三年级的乔丹是东部首发，而西部首发则是同年入行的大梦奥拉朱旺。加上东部替补席的查尔斯·巴克利，三年级的1984年明星在这里相遇了。

全明星赛前一天，乔丹参加了扣篮大赛。德雷克斯勒——这时他已经叫响了"滑翔机"的绰号——再次和他会面。首轮，乔丹扣得一般：一记低难度扣篮，满分50只得41分，一记弹地砸球接扣到第二次才完成，勉强进半决赛。但是，半决赛第一扣，乔丹退到了另一侧篮

IX

筐下，开始做长途助跑。观众看得明白：类似例子，只有1976年扣篮大赛，J博士完成的那记罚球线扣篮。鼓噪声中，乔丹踏到罚球线，起跳，横空凌越，在空中做出经典的滑翔，扣中，49分。第二扣，乔丹右侧篮下起跳，大手持球，在空中转体腾挪180度，目视篮筐，一个风车扣，再次49分。第三扣，乔丹从左侧起跳，双手持球，身体倾斜几乎与地板平行。他飞成了一条横线，直接切向篮筐，好像一记重重的亲吻——"亲吻篮筐"，50分。决赛，"亲吻篮筐"再次奏效。扣篮王。

对他来说，这是尊不轻不重的冠冕。轻，因为这毕竟是个半游戏性质的玩闹杂耍；重，因为他的飞翔和扣篮，得到了一个半官方的认定。1987年，J博士已宣布夏天要退役，而乔丹此时用一记罚球线扣篮为他送行，无疑是完美的交接。当然，唯一的遗憾是：1987年扣篮大赛，人类电影精华多米尼克·威尔金斯没来参加。

进入1987年后，乔丹不太满足于得40分了。1月8日，滑翔机随开拓者来访芝加哥，媒体又习惯性聊起了"1984年开拓者放弃了乔丹选了鲍维"的段子。乔丹，很自然地，被激发了杀心。开场就以跳投和断球上篮让开拓者措手不及，早早点燃观众，然后是左翼跳投，再拣到前场篮板劈裂开拓者防守上篮得手。包夹中翻身上篮打三分，下一次就换个花样翻身跳投。右翼接球后绕过三个人直扑篮下低手上篮造犯规，让科林斯教练跳起身来大力鼓掌。切出跳投，弱侧禁区边接球起跳，空中自如地转了圈手臂再轻盈投中。滑翔机表现出色得了27分，但乔丹得了53分。他拒绝休息，全场打了43分钟。最后关键时刻，开拓者照例双人夹击：乔丹直接把防守他的科西和滑翔机都打到犯规缠身，单人完全无法遮挡他。面对包夹，乔丹连续助攻了三次：

塞勒斯、帕克森和奥卡利分别得手，锁定胜局。

开拓者主教练迈克·舒勒赛后理所当然被追问了，他只好回答："乔丹在场上，随时都在制造麻烦。全联盟都在想法子防他。你问我怎么防他最好？——科林斯教练把他换下场去的时候！"

2月26日，新泽西网来芝加哥打球，又一次成了牺牲品——或者说，试验品。乔丹玩了左翼跳投，玩了左翼步伐晃动后翻身跳投，玩了右翼滞空跳投，玩了许多次偷下快攻——这场比赛，奥卡利有7次助攻，大半是抓了篮板后想都不想直甩前场。乔丹玩了快攻中后转身跳投，玩了一记急停后仰投篮，玩了右翼空切后接球扬手假动作骗得两个网队球员起跳，然后蜻蜓点水地上篮。下半场，一次快攻中，他伸长舌头，把扣篮大赛的"亲吻篮筐"玩到了现实比赛里。他用一记招牌的"起跳，身上挂着206公分的本·科尔曼，滞空，抛球，得分，加罚"结束了比赛，全场25投16中27罚26中，58分。

他学会了利用对手的恐惧。他知道自己的假动作有多大威力。全联盟都害怕他，他举手投足都能让对手杯弓蛇影。他不再需要每次都起飞了，只要他略振翅膀，对手就会纷纷溃散。

3月4日，公牛去底特律打比赛。又看见了刺客了。又看见NBA史上首席大坏蛋比尔·兰比尔了。二年级后卫乔·杜马斯也打上首发了。活塞第二轮摘来的新人10号丹尼斯·罗德曼则在板凳上盯着乔丹看。这些漫长恩怨是将来的事，当晚，乔丹只是想让刺客难堪。

滞空上篮得分。低位晃肩把对手吓得飞起后轻松上篮。投篮假动作晃飞一个对手后上篮。罚球线中投。扣篮兼造犯规让比尔·兰比尔生气地捶球。突破、空中晃过四条胳膊的追袭、从篮筐另一边左手上篮。右翼起跳悬在空中、低头、绕过刺客的胳膊再投篮得手。被乔·杜马斯拉住，空中侧身、调整、摆好投篮姿势，出手。比赛剩14

IX

秒时射中关键一球。全场他39投22中，61分。个人常规赛最高分。这年稍后，他承认这是他私人最爱的一场比赛。

"因为我们赢了。因为我在最后时刻去换防了阿德里安·丹特利。"

——阿德里安·丹特利，这场得了32分。实际上，他是历史上最好的得分机器之一。闪电第一步，招牌的晃脑袋假动作，试探步，投篮假动作，精准中投，全方位得分机器。他职业生涯有两个得分王，包括连续四个赛季场均得分30+。而乔丹防守他的成果是："我断了三次球，而且在我防他期间他一个篮都没进。这是防守的胜利。"

赛季尾声，他再次让全联盟颤抖了。4月12日对步行者，他用了一种更聪慧精致的打法。比如，开场面对包夹，他就助攻帕克森投篮。他左翼切出后干净地跳投得分；他在翼侧面对包夹时聪明分球；他断球后急奔前场扣篮；他原地持球后做完晃球假动作后直接跳投；他切出到罚球线后直接跳投；就这样一个接一个的跳投，夹杂以若干匪夷所思的快攻扣篮，他以恐怖的27投19中高效率得到53分。

他很早就明白，全联盟都忌惮他的速度，所以用小个子防守他，试图跟上他的脚步。1986年的63分大战，他是用无数掩护墙挡住对方小个子来突破；而1987年，他已经学聪明了。对开拓者53分那战，他的跳投无比犀利。因为他知道："对手都后撤一步，因为他们忌惮我的第一步突破。"

而他，一直在努力圆熟着自己的跳投。

第二天，密尔沃基。乔丹连续第二晚得到50+，31投16中22罚18中50分。老对手蒙克里夫大伤后，只能坐在板凳上看他胡作非为。赛后，雄鹿主帅、NBA史上最热情奔放胸襟坦荡的主教练之一唐·尼尔森，把他著名的鱼形领带呼啦一声扯将下来，刷刷写上"伟大的赛季，伟大的人"，然后递送给乔丹。三天后对鹰队，乔丹再次61分。至此，继前半季连续9场40分后，他又完成了连续三场50分。

1986-1987季常规赛结束时，乔丹打满82场，场均37.1分成为得分王——实际上，单季场均37.1分在整个NBA历史上都是第五高，而前四名，都是张伯伦在乔丹出生前的60年代初创造的。与此同时，乔丹单赛季得到3041分，历史第三高。至于他全季出赛3281分钟联盟第一、罚球972次罚中833次投篮2279次投中1098次这些联盟第一，或是差点成为抢断王，都已经没有那么可怕了。

他被选进了NBA年度第一阵容（并且从此霸占此位置）；虽然公牛只有40胜42负，但常规赛MVP的选票榜，乔丹排到第二。当年常规赛MVP被魔术师拿走——湖人65胜，魔术师职业生涯最好的场均24分6篮板12助攻演出。

季后赛，公牛再次遭遇凯尔特人。这一次，丹尼斯·约翰逊和他的队友们不会再让乔丹为所欲为了。乔丹三场比赛平均36分，但无力回天。公牛三败被淘汰。

但对他来说，这依然是一个成功的赛季：第一个得分王，而且是如此历史级的表现。自从1986年那场63分后，他已成为全美偶像，而这个赛季则继续奠定他的伟大。对自己的票房号召力，乔丹甚为明白："客场球迷买票进场，是希望看到我得50分，然后他们的主队赢球。"

他已经被联盟公认为当代最强——也可能是史上最强——的个人攻击手，所以他在1987年夏，开始在意些别的。跳投、传球、防守。1986-1987季，他有一个被低估的数据：世界只注意到他场均37分，忽略了他有236次抢断和125次封盖——NBA历史上第一次有人单季做到200抢断+100封盖，忽略了他关键时刻封杀丹特利的表现。

IX

公牛队史最伟大的防守者、被退役的4号球衣杰里·斯隆，这时还在犹他爵士做助理教练。作为70年代最好的防守者之一，他认为，"乔丹并不把你掐到死，但他太快了。他可以防守任何人"。国王队助教杰里·雷诺兹认为："问题是，每次你看到乔丹，总觉得他会做点别的什么。比如你去看威尔金斯和滑翔机，觉得他们和乔丹一样棒；下次你再看乔丹，你会说，哎，没门……"

雷诺兹顿了顿，说："如果你整晚只用一个人防乔丹，他会每场给你60分。其他人当然也能呈献华彩演出，但乔丹在另一个级别独舞。如果他专注于防守，他就是个伟大的防守者，不输于联盟任何一人。如果他每场的进攻任务只需要得15分，他就能省出体力成为联盟最好防守者。"

最后，是伟大人物的亲自总结。1986年，伯德包揽常规赛MVP、总冠军和总决赛MVP，封王天下，于是他那句"上帝假扮成乔丹"显得如此掷地有声。1987年，魔术师拿到了常规赛MVP、总冠军和总决赛MVP，在和伯德漫长的对决中胜出一筹后，他如此总结："人人都说这是我和伯德对垒。实际上，NBA只分为迈克尔，以及其他人。"

实际上，魔术师少算了一件事。1986-1987季，进NBA第一阵容的除了乔丹，还有大梦奥拉朱旺：他取代天勾，成了天下第一中锋。而查尔斯·巴克利以场均14.6篮板（以及惊人的23分），加上天知道是否靠谱的198公分身高，成为史上最矮的篮板王，入选联盟第二队。

换句话说，联盟最强前两阵容的十个球员，有三个是来自1984届的三年级生。

回到1986年11月，乔丹坐在世界谈论之声的中心，微笑。"我也许永远都不会长大。我不喜欢人们叫我'乔丹先生'什么的。我想永远年轻。所以我还保留着一点小男孩发型。我脸上只有一点小胡子，一点，不过，嗯，那可花了23年才长起来。"

很多年后，世界会注意到，那时他刚取得了一个伟大胜利。他说服了公牛的两个杰里，别阻挠他的"热爱比赛条款"——这样，在夏天，他也可以打球。在Nike和NBA眼里，他的手脚都已金贵到上亿美元，但他还是愿意在夏天，在那些不挣钱的场合冒险。就像他打牌、打桌球一样，他随时都想赢。两个杰里的阻挠，只会让他更想赢。

那种对少年时期的留恋，不断渴求胜利和安全感的热望，是支撑他不断飞翔的双翼。

IX

最初，我并不知道乔丹的敌人是谁。在90年代的漫长岁月里，我先相信查尔斯·巴克利是他的敌人，后来发现他俩是朋友；然后是加里·佩顿，以及卡尔·马龙，最后咬定是帕特里克·尤因……直到我开始明白，场上的对手与私敌是两回事，而乔丹确实曾经有过一个长期对手。他有一个非常动人的绰号，"微笑刺客"——嗯，听上去非常、非常、非常酷。

或者说，这是他真正的、有形的对手。而在他的1997－1998季，他在重新征服自己已经征服过的世界时，我总是愿意相信媒体的一句套话："迈克尔·乔丹唯一的对手，只有他自己。"

也许到最后，这句话才是真理。

实际上，1997－1998季，公牛前11战6胜5负，前15战8胜7负。1997年冬天，我的信仰开始动摇：也许芝加哥公牛没法拿到冠军了？——唯一支持我信仰的，是这个信念：斯科蒂·皮彭还没有出来。一旦他出来了，公牛会重新无敌于天下的。

当然，得到后来，我才知道皮彭迟迟不为公牛出场的背后，有多少旋涡：1997年，乔丹的工资是3000万美元，皮彭不到乔丹的1/10；而1997年6月24日，公牛总经理·杰里·克劳斯打算把他交易掉。他甚至没通过主教练菲尔·杰克逊，就下了决定。交易最后没能实行——公牛的老板雷恩斯多夫希望保持上座率，所以对《芝加哥论坛报》说，"我们得保住公牛的主力阵容，争夺第六个总冠军"，但那时，皮彭已经被激怒了。乔丹则在给菲尔·杰克逊的电话里说："我们被出卖了。"

是的，皮彭和菲尔·杰克逊，总是乔丹的盟友，而乔丹最后的、最大的敌人，也许就是芝加哥公牛的管理层。这场看不见的战争，才是1997－1998季，芝加哥公牛的真正主题。

第十章 敌友

(X)

9 3 · 1 0 2

1987年夏天，乔丹在全世界的广告里神出鬼没。他穿Nike鞋。他大口吃麦当劳，就着可口可乐。他开着雪佛兰车，手里把玩着威尔胜篮球。他好像能把白宫搬到北卡、把帝国大厦举到芝加哥，然后满天乱飞……而真实的那个他在圣迭戈、匹兹堡、夏洛特到处溜达，Nike把他的每次出场都当成天神降临。当然，有人不乐意。

"得了吧，现实点。穿Air Jordan鞋的小孩可不会真的变成迈克尔·乔丹。"

"的确不会。"乔丹回答，"但他们会有优势。我告诉他们：别尝试着像我，要尝试比我好——那是他们的目标。"

实际上，世上已经有了两个迈克尔·乔丹。一个在1982年春天六万现场球迷和全国电视观众眼前射中了绝杀球，然后一路飞进了NBA，对凯尔特人时仿佛上帝降临人间得到63分，然后拿到得分王。他一边做到这些，一边像一个理想的美国青年一样，喝可口可乐、吃麦当劳、坐雪佛兰车、微笑，仿佛一切都如此随心所欲。

而另一个，在70年代的北卡，他挥汗如雨地训练。在1982年的北卡，他挥汗如雨地训练。在1987年的夏天，他挥汗如雨地训练。他像只大象一样，永远不忘记那些让他痛苦的名字。所有的自如飞翔，都来自于这些疯狂训练。而实际上，世界见到的通常是第一个乔丹——就是第一个乔丹，挂着金项链、身披Nike，让微笑刺客觉得他藐视比赛。

实际上，他的确没有那么多朋友。

远在1984年夏，一支职业球员混合队和乔丹的奥运代表队打过训练赛。热身时，一个球滚到了伯德——那年刚拿到自己第一个常规赛MVP和第二个冠军——脚边。乔丹走过去，以为伯德会把球交给他。而伯德用一个动作展示了他的傲慢：他把球一脚踢飞。他的潜台词很明白，"欢迎来到我的世界，这就是我处理的方式"。

乔丹如此总结："伯德在告诉我，现在是实打实的斗争。我没有忘记。"

实际上，哪怕到了1987年，哪怕伯德已经公开赞美过"上帝假扮成了乔丹"，他还是对乔丹的比赛风格颇有微词。作为和魔术师并列史上最聪明球员的他公开说，"我不喜欢看到同一个球员投每个球。篮球不该是这样的。"乔丹则回答："我身边并没有一堆联盟级别的伟大队友。魔术师身边有天勾和沃西，伯德身边有丹尼斯·约翰逊和麦克海尔。"

而魔术师的思考方式，则是另一种。

虽然他说过"NBA只分为迈克尔，以及，其他人"，但1987年成为天下第一人的魔术师，和乔丹并不友好。众所周知，他和微笑刺客是好朋友——那种赛前会互相亲吻的好关系。许多人谣传，1985年全明星赛，刺客蓄意"冻结乔丹"那一战，魔术师有参与。乔丹并没把刺客事后的道歉当回事，"更像是场演出"。至于魔术师？乔丹更没看法："我不想针对魔术师。我只能猜，他单纯不喜欢北卡来的球员。"

——可能的确如此。魔术师和刺客交好，也包括刺客的哥们马克·阿奎利。有报道说，魔术师试图促成阿奎利和乔丹的北卡老大哥沃西交换——当然，魔术师自己否认了这事。乔丹的看法是："对魔术师来说，沃西太强了。"

然后，他拒绝了魔术师组织的一次慈善明星赛。他和魔术师的不和开始摆上台面了。

至于刺客与乔丹的不和，则通过各类细节逐渐放大。纪录片《天堂是个球场》的制片方来跟乔丹谈事请他出演，开价5万美元。经纪人

X

回答："拿笔六位数的美元来再说。"制片方恼了："微笑刺客只要5万就搞定了。""好啊！那你们去请刺客吧！"——最后，乔丹谈下来的价码是40万美元。

——你可以想象刺客知道这一切时，是何种心情。

在乔丹眼里，公牛当家的两个杰里，当然也是他的敌人。他们曾试图让他打不了比赛。他们发现乔丹已经无法控制，于是越发想控制他。1986年，乔丹想要公牛选择杜克大学的约翰尼·霍金斯做队友，而公牛找来了布拉德·塞勒斯。甚至在一开始，他还觉得道格·科林斯教练到任，也是两个杰里派来刺探控制他的。他给爱好甜甜圈的杰里·克劳斯起了个绰号：面包屑。

也许在这支公牛里，他真心信赖的朋友只有查尔斯·奥卡利。一条鲁直的铁汉。一个23岁就长了63岁煤矿工人老脸的内线，1986-1987季篮板联盟第二，而且他是乔丹的完美保镖。当联盟其他队起心想"给乔丹来那么一下，他今晚就别想飞了"时，奥卡利就准时伸出那副青面獠牙，摆出一身铜筋铁骨，吓退众人。1987年夏，乔丹指望杰里·克劳斯能把他的北卡旧友乔·伍尔夫和肯尼·史密斯搞来，结果克劳斯再次让乔丹失望了：他搞来了一个阿肯色州青年。乔丹生气了："我和'面包屑'……得保持距离！"

但是，乔丹不知道，这个阿肯色来的叫做斯特蒂·皮彭的青年，会在多年之后，与他成就一段怎样的奇怪友谊。

斯科蒂·皮彭生于1965年，小乔丹两岁。南部乡村出身，家境贫寒，上面还有十二个哥哥。美国南方的种族歧视比北方残忍，老皮彭只能在造纸厂拼死劳作。然后在斯科蒂高二时，老爸中风瘫痪。到高

正常的篮球教练总是告诉球员：起跳之前，想想好做什么。而乔丹则说："我起跳前，都没有计划……我做的那些动作，之前都没有练习过。我只是随机应变。"连他都不知道自己下一秒会飞向何处——对手当然更不知道了。

中三年级，斯科蒂还只是个175公分、腿细如铅笔的孩子，只能负责给球队看守毛巾。

那时他最远大的理想是：成为一家造纸厂厂长，再有辆二层房车——完美！

高三时他才加入篮球队，瘦到一阵风起会被吹走。他打控球后卫，混得一般。高中毕业时没有大学给他篮球奖学金。最后，阿肯色中部大学问他肯不肯去，他觉得天上掉馅饼：皮彭一家终于有人能上大学了！

他大一时根本没考虑过NBA。校队两个球员受伤，他才幸运地加入球队。他决心读完大学，找份工作，给家里寄点钱。之后上帝眷顾了他：大二的他比高中时长了15公分，多了36公斤体重。201公分，99公斤。

一切都变了。

他有后卫出身的技巧、速度和灵活，但他有了大个子。他开始打得自信了。大三时，他场均23分。杰里·克劳斯动了心，派助理比利·麦金尼去了阿肯色。麦金尼带回如是评价：臂展长，跑得快，大手。唯一的疑问：皮彭是否能经受NBA级别的压力？

克劳斯犹豫时，皮彭完成了大四赛季，场均24分10篮板4助攻，命中率是恐怖的59%，每场还有3个抢断。每到一个训练营，他就让所有人震惊。皮彭很清楚：上帝给他开了命运之窗，但只开一小会儿。他可以摆脱贫穷，还可能完成他的理想——一个造纸厂！

1987年选秀大会，杰里·克劳斯和西雅图谈妥了。西雅图第五位选择皮彭，然后拿来交换公牛第八位选中的奥尔登·波洛尼斯。连皮彭自己都震惊了：如此高的位置被选中？

乔丹更震惊："面包屑"选的这个人是谁？根本没听过！

X

皮彭接受了公牛的33号球衣。皮彭签了一份六年510万美元的合同。皮彭的妈妈在1987年夏天承认，这孩子当初并不是特别爱打篮球。他如今签这份长年限合同，是为了保障之后的人生。皮彭把大多数薪水寄回来，剩下的小心翼翼存进银行。他是百万富翁了，他看中了一辆保时捷，但他没敢买。他穷怕了。

首次参加公牛训练时，皮彭主动要求去防乔丹。就像一个刚进军队、被老兵油子们挑剔怀疑的小子，决定独自去打一头猛虎。他得证明自己配得起第5号选秀权。第一次训练后，皮彭这么说："迈克尔没在其他人身上干成的事……在我身上也没干成嘛。"

一点儿试图压制骄矜之意的谦虚，一点儿试图获得认同感的炫耀。33号斯科蒂·皮彭与23号迈克尔·乔丹并肩作战的岁月开始了。

1987年选秀会，公牛的第二收获是排第10位的大前锋霍勒斯·格兰特。这条大汉生在佐治亚州，在克莱姆森大学读了四年。在他之前，这大学一共出过四个NBA球员，两个是铁铮铮的防守硬汉：大树罗林斯和1984年成为扣篮王的拉里·南斯。格兰特到大四才打响名声，场均21分9.6篮板，能传球，会控制犯规，有208公分的身高和极好的骨架，但总有球探认为他"不太成熟"——对一个读到大四的内线来说，这可不是什么好消息。公牛选了他，是因为奥卡利需要个替补，而且指望他能打替补中锋。

最后一个新来者，比较不那么引人注意：公牛多了个助理教练，42岁的菲尔·杰克逊。当时谁能想到，这个在NBA边缘混迹多年、终于在NBA谋到份工作的瘦长教练，会在此后二十年间统治NBA呢？

他出生在1945年9月，二战结束的秋天。那时欧洲固然是一片废墟，美国却乐得恢复日常生活的秩序。查尔斯和伊丽莎白夫妇，在这年秋天有了个叫做菲尔的儿子，以继承杰克逊的姓氏。在蒙大拿，恪守教义至今仍是美德，何况这对夫妇在福音教会任职，父亲甚至是一个教会监督员。菲尔·杰克逊与他的两个兄弟以及妹妹一起，在严谨的父母、不断默诵的教义、严格准时的祈祷声中长大。

父母深知声色犬马的坏处，生怕孩子们与二战归来、身心疲惫的大兵们同流合污，于是严格控制着一切。蒙大拿多云的天色下，菲尔·杰克逊度过了自己的童年——犹如中世纪宗教画一样晦暗的色调，没有电影、没有电视、没有舞会。少年的生活比寡妇更沉闷。于是，当他去北达科他州的威利斯顿高中读书时，这个毛发旺盛、双臂奇长的青年才第一次在声光变幻的影院中看到电影，第一次——羞涩地——参加了舞会。在此之前，和所有教会家庭的孩子一样，读书占据了他生活的大部分时光。

高中时，菲尔骨瘦如柴，和所有憋坏了的美国年轻人一样，多余精力无处发泄，棒球场、田径场、篮球场到处钻。入了北达科他大学后，运气颇佳，遇上了比尔·费奇——80年代，此人和拉里·伯德一起为凯尔特人揽下过几尊冠军——于是颇得了些好调教。20岁，菲尔长了203公分身高，胳膊长如猿猴。靠着这点天赋，在大学里很是风光。离开了父母，青年逆反情绪一犯，就开始跟随潮流：留起大胡子，学驾摩托车，假模假样地找小酒吧喝酒抽烟。对于1967年的NBA而言，这些都不算事。费奇对菲尔钟爱有加，到处跑腿向球探介绍菲尔。介绍方式如下：

他指挥菲尔坐在1950年产的别克轿车后座，两手向两边伸展，同时开车门——"看，他胳膊就这么长。"

1967年大学毕业，菲尔被纽约尼克斯选中。纽约的老大雷德·霍尔兹曼，60年代除了红衣主教和秃鹫汉纳姆外首屈一指的人物，论起独断专横来不逊色于前两位，在球队理念上又格外偏执。霍尔兹曼崇

X

奉防守立队的方略，招来一群铁匠，把麦迪逊花园铸成一座坚城。菲尔不是天才篮球手，但他有长臂，有在那个时代不算差的身高，还有一身横练筋骨，不怕死的劲头。霍尔兹曼热爱这种气质：他重用的人物是嘴里垃圾话不停、加里·佩顿的前世沃尔特·弗雷泽，是瘸着腿上阵打总决赛力抗张伯伦的威利斯·里德，是NBA历史上最不屈的硬汉德布歇。菲尔·杰克逊愣头愣脑，舞胳膊如赖汉弄棒，正合纽约风格。于是，他在纽约站住了脚，身披18号，在板凳上观看比赛，一待召唤便生龙活虎蹦上场去，与数条比他壮硕的大汉互相推搡。这种不要命的精神为他谋得了饭碗，但也早早损害了他的健康。1969-1970季，25岁的他躺在病床接受脊柱手术，眼睁睁看着尼克斯打出队史最伟大的一季，卸倒湖人摘下总冠军——当然，他也没闲着。这一年养伤时光他编制了一本尼克斯夺冠图集，纪录下了夺冠的历程——从他之后的故事来看，这些图片编辑成书籍的勾当，只是牛刀小试。

重归尼克斯队后，他继续不遗余力地为纽约观众提供具有视觉冲击力的场景：飞身鱼跃救球、冲撞、蹦跳、贴身防守、凶猛的犯规。每场比赛前飞驾自行车或摩托车气势汹汹杀入球馆，与弗雷泽一起留蓬勃的大胡子，玩药喝酒，离经叛道地信奉禅宗，不亦乐乎。他赶着时代潮流，成了一个地道嬉皮士。这一切的叛逆行为，似乎是为了弥补在那沉重的宗教气氛中度过的少年时期。1973年，他随着纽约拿到了一枚总冠军戒指。身着18号的他热情地跟防每个湖人队员，从比他矮半头的17号帕特·莱利——当时显然没多少人能料到，这两个毛发茸茸的家伙会在日后成为所处时代最伟大的两名主教练——到比他高半头的威尔特·张伯伦。

怀揣着这宝贵的戒指，他退役了，那是1980年。他跑去做了一年评论员，但那显然不合乎他的个性——这个宗教家庭出来的小子身体里有无穷无尽的过剩精力。1982年，他去CBA联盟当了主教练，如此玩了五年，略有小成。早在1985年，杰里·克劳斯就想让他去公牛当助教，当时的主帅斯坦·阿尔贝克抬眼一看：这厮须发蓬乱，头戴一顶巴拿马草帽，帽上一根羽毛，身穿一件花里胡哨运动衫——这什么呀，走！到1987年，他才终于到来。菲尔·杰克逊自己承认，催促他当教练的是纽约的雷德·霍尔兹曼老爷子——70年代为纽约拿下队史仅有的两个戒指那位。霍尔兹曼很追根溯源："篮球有啥麻烦的，又不是火箭科技。进攻时找空位队友，防守时盯着球，可以了。"所以很简单，菲尔在意的是球员，是人心。

杰里·克劳斯最初安插杰克逊的想法很是简单：菲尔，我给了你份工作，你得站我这边。你在队里，要经常给我控场面啊——比如那个23号，他经常叫我"面包屑"！

——当然，此后祸福，远非克劳斯所能料及。

X

对我来说，乔丹和J博士是一类人，有别于其他扣篮手。对其他扣篮手来说，重要的是起飞的结果；而对他们俩来说，重要的是飞行的过程。他们也许不是最好的扣篮手，但他们心有灵犀：罚球线起飞开始，到扣篮结束，他们考虑的不是花样，而是如何在球进框之前，让自己在天上飞久一点，更久一点……那段时光被我们用摄像器材录下来，然后无限延长。于是就成为了记忆中的飞翔。因此，后两者的慢动作往往更美。你尽可以忘记他们的扣篮，把他们定义为"飞翔者"。

第十一章 飞翔的对决

(XI)

103 · 112

芝加哥公牛的1987-1988季开启了，芝加哥公牛继续扮演梦剧场的角色。他们有可以飞的超级巨星（乔丹），有满脸横肉嚼碎钢铁的机械怪物（奥卡利），有一个尚待检验但身段出色的年轻人（皮彭），而且他们年轻，他们爱笑爱闹，他们可以让比赛变成——虽然老派球迷未必会喜欢——华丽的杂耍场。道格·科林斯只有一点奈何不了乔丹："他不喜欢赛前出来热身投篮。他认为自己得新鲜活跳地踏上场。"

1987年11月，赛季开始。第一战对费城76人，没有了J博士，这里已是查尔斯·巴克利的天地。乔丹25投15中拿到36分，奥卡利添上12分21篮板，巴克利则回以34分10篮板7助攻。皮彭在他的第一场比赛里发挥一般：4次罚球中了2次；助攻了4次但也失误了4次。他又犯了高中时的颤抖病：他敢在训练里挑战乔丹，但真正的NBA赛场，迅速、凶猛，大家都像在玩速滑一样快，他有些犯愣。

这场比赛乔丹最可怕的并非得分，而是惊人的6次抢断和4次封盖。他不一定知道雷诺兹说过"如果他每场的进攻任务只需要得15分，他就能省出体力成为联盟最好防守者"这些话，但是，"乔丹只会得分"之类的话题，他听腻了——他长了双敏于批评的招风耳，批评有一分，他就会渲染成十分。

一星期后，公牛胜纽约。乔丹36分7篮板5助攻外，又顺手送上6次抢断。一天后对步行者，37分4抢断。11月20日对鹰队，33分7篮板7助攻4抢断4封盖，把数据框填得满满当当。11月21日，公牛遭遇底特律活塞。乔丹照例抖擞精神，砍了49分6篮板8助攻6抢断。虽然输了，倒也没太着急：公牛前9场7胜2负，11月25日晋升到9胜2负。成绩稳定着呢。

11月27日对达拉斯，乔丹20投8中只得25分。他那天的对手是罗兰多·布莱克曼——这位先生并非丹尼斯·约翰逊、蒙克里夫那一流防守大师，但他是个优秀单打手，通晓各类单打得分的阴谋诡计。他能够用一个单打手的读心术，去把握乔丹的心态。一个杀手，总是易于想象另一个杀手的心理世界。他198公分而且偏瘦，有足够的灵巧。他能把每场比赛转化为一对一的战局，与乔丹玩对战游戏。他会着意挑衅乔丹，进攻乔丹，逼迫乔丹消耗体力，变换节奏。他能够附骨之疽般贴着乔丹上篮，然后一派洞悉乔丹心思的用阴险的小招数破坏最后一击。

带着气，乔丹第二天在休斯顿面对213公分的大梦奥拉朱旺+223公分的拉尔夫·桑普森，尽情轰了34分7篮板6助攻，4抢断2封盖。

霍勒斯·格兰特这场替补大有发挥，19分12篮板4抢断。12月2日，公牛打客场到了盐湖城，遇到了犹他爵士队，遇到两个不一样的人：盐湖城的首发大前锋32号卡尔·马龙，首发组织后卫12号约翰·斯托克顿。

卡尔·马龙，和乔丹一样生于1963年。母亲谢里尔比男人更爷们，被她男人抛弃后，独自在伐木厂开叉车、在禽类加工厂砍鸡肉、为邻居做饭，养活了八个汉子。她肝火旺时嚼烟草，亲自钓鱼打猎，活得威武雄壮。她拒绝领社会福利，"照顾孩子是我的责任，这是我分内的事"。她嫁了个男人，一起开个日用品店兼餐馆过日子，做了条皮鞭恐吓孩子们。

就是在这样刚毅霸悍的环境里，卡尔变成了一个篮球铁汉。他拿了三次高中州篮球冠军。高中成绩太差，他延了一年才上了路易斯安那理工大学。三年级时，206公分的他离开了学校想进NBA，指望被达拉斯选中——那样离家近——可是他被犹他州的爵士队选中了。当

XI

着全国观众被采访时，他哭了。

很多年后，卡尔·马龙说，刚去盐湖城时，他曾环视周围，仰天一叹"天哪，我做错了什么……"。他的叹惋不无道理。爵士队最初在声色犬马的爵士乐故乡新奥尔良，搬到这西北苦寒、民风狞厉的盐湖城，真是名不副实。这里犹如初得开辟的天地，万物都很缺乏。娱乐、传媒、灯红酒绿，一律欠奉，只有一群爱上教堂、神情肃穆的白人在盯着你。十二年后，亚特兰大的电视评论员迈克·格雷恩补充说："我还在打球时，教练们经常威胁球员：'不好好打，就把你扔犹他去。'"

在这里等候他的，只有早他一届来的1984届第16位白人后卫，约翰·斯托克顿。

二年级时，爵士队主帅雷登要求马龙做爵士的领袖。马龙以他老妈那样的刚直承担了下来。练举重、跑步，变成了一个凶猛的怪物。他逐步成为NBA史上最健美的肌肉怪，他强壮、快速、粗暴、凶恶。二年级，他场均21.7分10.4篮板。三年级，他正在成为明星前锋。世界开始谈论：嗯，同为1985届的，他似乎比纽约的帕特里克·尤因表现好呢！

当然，令他得益的除了自己那残暴的训练态度，还有12号约翰·斯托克顿。

1984年夏，和乔丹同年入行的斯托克顿，在盐湖城日子不好过。乔丹风云纵横的三年间，斯托克顿坐了三年替补。直到1987年，他才坐上首发位置。然后就是山呼海啸的助攻。雷登教练发现，斯托克顿+马龙是足以成为传奇的绝配：他们俩一个聪慧精确，一个粗暴凶猛。斯托克顿传出，马龙终结，完美的挡拆组合。

就在这晚，斯托克顿送出11次助攻仅1次失误，马龙呼风唤雨，轰下33分，获得15次罚球机会，外加14个篮板。公牛第三节结束时还落后3分，全靠乔丹救场。这一晚乔丹27投17中轰到47分9助攻3抢断3封盖，而且留下声传后世的一球：当198公分的乔丹在185公分斯托克顿头顶扣完一记篮后，盐湖城球迷大叫："迈克尔，有种的去扣个大个子！"

乔丹听到了。乔丹在下个回合飞龙在天，朝211公分高的长人梅尔文·特宾——一个无辜的大个子——当头一记扣篮，熄灭全场鼓噪声。然后他朝场边球迷放话："这家伙个子够大了吗？"

于是那一晚，特宾成了话题中心。媒体没顾及到，这是斯托克顿、马龙、乔丹和场边替补凳上的皮彭第一次彼此凝望。在场边，爵士的助理教练、前芝加哥公牛伟大球员斯隆，当然也想象不到，多年之后，他们会在爵士主场，遭遇如何诡异的命运。

1987年12月12日，乔丹44分9助攻5抢断5封盖，助公牛再次干掉火箭。五天后对骑士，他得了赛季第一个50+，41分钟得52分，外加6助攻4抢断。骑士很大胆地用白人后卫埃洛一个人对付乔丹，于是乔丹也不便太客气。他越发精纯的走位和两翼接球后迅速中投，让他的得分流程愈加顺滑。下半场，他开始把苦练的"左腰位背身单打晃动+后仰跳投"秀给主场球迷看。偶尔他还是会上演扣篮、滞空穿越两人投篮、终场前大步突破在三人合围下空中换左手上篮之类，但他知道：对他而言，这些更像是让骑士队保持恐惧，"只要乔丹愿意，随时都可以结果我们"。

1988年前夕，这种恐惧如病毒般在全联盟蔓延。

公牛就继续这样赢着球，靠乔丹每场35分以及恐怖的防守，靠奥卡利恐怖的篮板球。格兰特作为替补篮板球很出色，皮彭却很让人担心。他偶尔能得两位数的得分，能断球，但他犯规惊人。他每场只打

XI

乔丹一半的时间，犯规数却和乔丹相去不远。

12月的另一个消息是，公牛搞试验，把208公分的格兰特、206公分的奥卡利和218公分阿蒂斯·吉尔摩三大内线一起放进首发。这套路打了段3胜3负后暗淡收场，之后年老的吉尔摩被替下，科兹尼重上首发。1988年1月，206公分的大蛮牛迈克·布朗和老将洛里·斯派罗进了首发。把帕克森、皮彭和格兰特列进首发后，乔丹的攻击任务重了，但公牛的厚度和韧性并不差。

转眼间，1988年全明星赛到了。

乔丹这一年心情不差。公牛以27胜18负进入全明星赛，战绩显赫；他自己在全明星前场均33.6分5.3篮板6.7助攻，还有恐怖的3.6次抢断、1.7次封盖。世界啧啧感叹他攻防俱佳，领袖群伦。何况，1988年全明星之夜在芝加哥。虽然站在他身旁的东部首发控卫是微笑刺客，但刺客也不能太不给面子。全场比赛，乔丹23投17中得40分，最后半节，他在芝加哥的山呼海啸中腾飞，一口气飙到16分，东部队138比133取胜，乔丹当选全明星赛MVP——单场40分也是NBA全明星史上第二高的成绩。

更美妙的，是前一天发生的事。

NBA三分球大赛，拉里·伯德完成了三分球大赛三连霸，而且是以一种匪夷所思的套路：以穿着外套的方式表达对其他人的轻蔑，最后关键时刻连续投中，球在空中时他就抬手指宣布胜利。世界为伯德欢呼，但比起稍后的扣篮大赛，伯德又稍逊一筹：

多米尼克·人类电影精华·威尔金斯和迈克尔·飞人·乔丹，终于又要对决了。

首轮，170公分高的1987年扣篮王斯巴德·韦伯发挥失常被淘汰；次轮，德雷克斯勒不负滑翔机之名，最后一击完成360度回转扣满堂彩，但他的第二记"打板空中接力双手扣"相当普通。论视觉效果，比不过威尔金斯雄浑壮丽的风车扣篮、力拔山兮的空中360度回转砸扣，也不及乔丹的"亲吻篮筐扣"和"俯视篮筐扣"。

于是进入了决赛，威尔金斯VS乔丹。

而他们恰好是扣篮风格的两极。

扣篮在70年代，被赋予了更多意义。与NBA先对立后合并的ABA，一向以华丽头带、袜子、发型、奔放风格和扣篮做卖点。篮球可以从学院书生气的点线面战术板上超脱出来，变成玲珑浮凸的性感运动。斯班瑟·海伍德，在NBA留下过若干华丽的滑翔空中接力动作的前锋，吹嘘自己在ABA时扣坏过篮筐，"玻璃片留在我头发里啦"。同代的康尼·黑鹰·霍金斯，和他的情况类似：身姿矫健的大前锋，能跑能跳，1972年NBA全明星赛上扣篮时俨然鹤立鸡群。大卫·天行者·汤普森使世界开始认真讨论"空中接力"这个词。1976年，ABA充满末日气氛的扣篮大赛将这一切推到顶点：乔治·格文的360度风车扣、阿蒂斯·吉尔莫的底线战斧扣，都未敌过他的360度转身扣。为了击败他，J博士送出双手反扣、小回环滞空扣和回拉反扣。最后，J博士被逼出了传奇的罚球线扣篮。从那之后，扣篮成为了一门神奇的艺术。1984年的扣篮大赛上，J博士输给了拉里·南斯。后者祭出了暴力、刚猛、使人窒息的反臂大风车。1987年J博士退役，把舞台让给了新的年轻人。

多米尼克·威尔金斯的扣篮充满刚劲雄浑暴力的颤栗美感。他能够以种种折磨自己的繁杂绚丽方式把球扣进。而乔丹则更接近J博士：他更重视飞翔的舒展和灵动。他们是华丽巴洛克和写意水墨的区别，一繁复一清空。1988年扣篮决赛，终于这两极要完成对决。

XI

威尔金斯持球，丈量步伐，起跑，抛球打板，罚球线前一步起跳，接到弹回的球，以恐怖的腰腹力量身体对折，一记飞鹰凌空滑坠的轰然砸扣。50分。毫无疑问。

乔丹出场，左翼助跑，侧面踏进禁区，起跳，侧身，把球往篮筐放去，收缩身体，然后，他停了一下，收球，把身体完全打开，张腿，再一次挥双臂砸去——记空中收球拉伸版本的"亲吻篮筐"。这一扣漂亮到这种程度：第一次扣完，太快了，球迷甚至没来得及看清发生什么。大屏幕第二遍重播时，全场才开始山呼海啸的二次赞美。50分。

威尔金斯第二扣，底线助跑，踏进禁区，起跳，挥臂、送肩，先把球举到头顶，然后收回，下垂，从肩后抡起，完美的满月风车，从天而降居高临下一扣劈落——又是50分。

乔丹第二扣前犹豫良久，最后右翼起跑。侧面滑过篮筐，空中右转体，张开双腿前后摆，双手扣篮——他跑过威尔金斯身旁时，威尔金斯甚至紧张得没回头看他扣篮的细节。芝加哥球迷先欢呼，然后咆哮不满：评委只给了47分。两轮下来，威尔金斯领先3分。

最后一战。

威尔金斯左翼起跳，双手抡圆篮球，上升中把球扭到身体右侧，继续朝篮筐滑翔，把球挥出满月风车到最高点，一砸劈下——依然漂亮，但只得45分。很多年后，这一扣依然被认为深有争议：是嫌这一扣和第二扣差别不大，还是芝加哥球迷影响了评委的判断？总之，在最后一扣前，局势一目了然：乔丹必须扣到49分以上，才能在主场夺冠。

乔丹在中场拍球。芝加哥全场球迷陆续起立。乔丹后退，再后退，再后退，直到另一侧底线。球迷明白了：世界上只有一种扣篮需要全场助跑。J博士就在场边，十二年前他完成了NBA史上首个公开罚球线扣篮。而这次：乔丹第一扣失手。他摇头。还有一次机会。乔丹退到底线后，威尔金斯摇头微笑，乔丹再次助跑，过半场后加速，四大步迈到罚球线，左脚起跳，起飞。在空中，他拉了一下举球的右臂，迈动双腿。从侧面看去，你能看见他斜斜地向篮筐横空坠去，在空中踩着不可见的台阶，飞翔——

　　球扣进。评委毫不犹豫给出50分。1988年扣篮王，迈克尔·乔丹。

1997-1998季结束时，乔丹拿到了个人第五个常规赛MVP。NBA史上，只有天勾贾巴尔的六个常规赛MVP比他多。如果你做一个数字游戏的话，1990-1993的公牛三连冠，他拿了两个常规赛MVP；1995-1998的公牛三连冠，他拿了两个常规赛MVP；而夺走他常规赛MVP的两个人——1993年的查尔斯·巴克利和1997年的卡尔·马龙——都被他在总决赛复仇了。

　　而他唯一一个没有以冠军为结尾的常规赛MVP，则是他开始获得全NBA敬畏的那个赛季：1987-1988季。他的第一个和最后一个常规赛MVP，其间长达十年。

第十二章 巅峰

（XII）

113 · 122

1988年全明星赛把世界所能想象的荣耀、赞美和华彩都演出一遍后，乔丹心满意足，继续屠杀全联盟。2月19日，他用一个49分3抢断3封盖干掉国王队，庆祝了自己25岁生日。

但公牛的情形并不算好。皮彭的表现依然随心情起伏。迈克·布朗的一身横肉有效期只到2月底。进入1988年3月，公牛又摆出了文森特+塞勒斯+乔丹+奥卡利+科兹尼的阵容，乔丹又进入了得分癫狂期。2月26日对开拓者，52分。3月18日对凯尔特人，50分5篮板9助攻5抢断。1988年4月3日，公牛去底特律打比赛。乔丹前两天刚在波特兰面对滑翔机拿了38分11篮板7助攻，意气风发，又看见活塞了，又看见伊塞亚·托马斯以及他手下那批蓝领了——他哪能客气？

——就在之前的2月13日，活塞82比73击败了公牛，乔丹22投9中27分。那场最让人震惊的不是活塞的防守，而是他们的摔跤作派。乔丹一次上篮时，大前锋里克·马洪横空一挥把乔丹砸倒，恶意犯规。乔丹的保镖奥卡利大怒，追着马洪要讨个说法；道格·科林斯也急怒攻心过来，可惜科林斯教练毕竟不是当年的年轻人，被马洪推到记分桌上，都伤了。马洪之后被罚了5000美元，停赛一场。乔丹赛后说："活塞是联盟最脏的球队之一。对他们来说，一记狠的犯规就能伤到你。"

为了这事，媒体特意开了话题。一部分人认为明星球员理该得到保护，不能任他人对他们拳打脚踢；另一部分人——比如，活塞的总经理杰克·麦克科罗斯基——就说："我觉得马洪被停赛太荒谬了，如果他犯规对象不是乔丹，根本没事嘛！"鹰队的著名铁汉罗林斯也说："我觉得马洪放倒乔丹的架势挺温柔的。"

活塞的态度，代表了联盟许多球队的心思："乔丹在羞辱我们……那他得为此付出代价！"

——所以，乔丹格外憎恨活塞。他们既然赤裸裸地挑衅，乔丹于是也恶狠狠地回应："我们不会后退的！"现在，他有机会给活塞点颜色看看了。

而且，这还是全国直播。在全国人民面前羞辱活塞和刺客？哼哼！

乔丹从一开场就拉长着脸，狠命嚼口香糖，好像那是托马斯的肉。乔丹篮下接吊传上篮。乔丹左翼跳投。乔丹罚球线跳投，乔丹反击中跳投。乔丹运球到左翼滞空跳投，乔丹突破中路空中闪过封盖上篮。乔丹右翼连续体前变向之后后转身跳投。乔丹单手举球假动作晃动后中投。公牛一度领先到55比37，乔丹上半场得分已超过30。但此后，活塞开始追分，比赛变成了乔丹和活塞的对决：投篮假动作后突破扣篮——NBA头号大恶人兰比尔都躲了。从第三节后半段开始，乔丹每逢接近禁区就是三人围夹，但乔丹很聪明地把球给空位队友，又或是快速空切后接球急速投篮。第四节最后关键时刻，乔丹连封盖带抢断破坏活塞进攻，自己两记罚球锁定胜局：112比110，公牛险胜，乔丹27投21中，赛季最高的59分。复仇成功。

——但是，这场比赛造成了另一个深远的影响。活塞主教练查克·戴利老爹受够了："我们决定了，不能再让迈克尔·乔丹独自周而复始地打败我们！我们要搞定他！"

——当然，乔丹那时还不知道，底特律的阴影正朝他而来。

赛季继续递进，公牛在3月底到4月19日打出一波12胜2负，期间乔丹在纽约尼克斯身上砍了两次40+。赛季收尾，他在凯尔特人身上砍了个46分，称心如意地结束了1987-1988季。

82场全勤。场均40.4分钟联盟最多。场均35分蝉联得分王，论得分不及上季，但其他极尽完美：命中率54%比之前的48%进步了，

XII

场均5.5篮板5.9助攻的成绩也令人侧目。最重要的是：他场均3.2抢断1.6盖帽，全季合计259抢断131盖帽。

用很多年后，他自己的话来说：世界一直在讨论他如何还及不上魔术师与伯德，他先是成为了得分王，然后，好吧，既然魔术师和伯德的防守都不算超卓，那就试着成为超级防守专家。如果你还记得乔丹如何从北卡大一那个"队里防守排第四"进步到大二的"全国顶级防守后卫"，你就知道了。他球路判断精确、一双长臂大手、移动迅速可以防外围三个位置。他可以轻易洞悉对手的动机，横飞纵跃地断球、补防封盖。而且最关键的是，他有记仇的本质，不把对手掐死决不撒手。这些资质，让他成为了最好的防守者。

于是荣耀铺天盖地而来：他成为了得分王和抢断王——还是史上第一个同年包揽这两项头衔的人。

然后，他以悬殊票数击败了爵士223公分的雷神马克·伊顿和火箭的大梦奥拉朱旺，获封年度防守球员——这是NBA至今的纪录：他是唯一包揽得分王和年度防守球员奖的人。攻防两端的个人表现，都达到了最高峰。

最后呢，是他去年没能获得的常规赛MVP奖。

1986-1987季，乔丹以场均37分惊世骇俗，但公牛只有40胜。魔术师以壮丽的场均24分6篮板12助攻以及65胜战绩夺魁。而这一年，对手依然强劲：同年入行的巴克利在J博士退役后接掌费城，场均28分12篮板3助攻——虽然76人只有36胜。

多米尼克·威尔金斯扣篮大赛和得分都只输乔丹而已，天下第二，场均31分6篮板3助攻，鹰队50胜。

大梦继续把持天下第一中锋的地位，场均23分12篮板2助攻2抢断3封盖，火箭46胜。

卡尔·马龙和斯托克顿则是爆发之年：犹他爵士队47胜，马龙场均28分12篮板，斯托克顿则在第一年正式首发就场均15分14助攻——还夺走了魔术师把持多年的助攻王。这是一个伟大的细节：从这一年开始的漫长岁月，乔丹和斯托克顿这1984届的一黑一白、一飞扬一冷静、一得分一助攻，将长期把持得分王和助攻王的位置。

魔术师照例是场均20分6篮板12助攻的稳定表现，湖人62胜。

伯德宝刀未老，依然场均29.9分9篮板9篮板6助攻，凯尔特人57胜。

但最后，选票还是排山倒海地倾洒给了乔丹。他的数据始终出色，这一年很大程度上，是因为公牛最后17场赢了13场，最后50胜32负的成绩帮了忙，使联盟许多批评家也得承认"乔丹表现出色，同时还能为球队赢球"。就这样，1987-1988季常规赛MVP，芝加哥公牛的四年级后卫，迈克尔·乔丹。加上得分王、抢断王和年度防守球员，1988年25岁时，他就成为了NBA个人攻防最完美的球员。

但遗憾的是，两个1987年的新人常规赛发挥不佳。皮彭场均21分钟里得到8分4篮板2助攻，格兰特场均23分钟里8分6篮板。虽然科林斯教练试图找些新花样，但公牛大体上，依然是乔丹得分、奥卡利抓篮板的球队——虽然他们都比去年成熟多了。季后赛首轮，他们要对阵的是克里夫兰骑士队。

话说克里夫兰骑士，是支和公牛一样年轻的队伍。1987年他们在选秀大会上摘得了白人后卫马克·普莱斯，但到1988年2月，他们觉得阵容有问题：有擅长远射、组织和罚球的普莱斯（后来普莱斯是NBA史上罚球王），后场又有射手库里和小乔丹罗恩·哈珀，堪称

XII

人满为患，放着七号新秀闪电控卫凯文·约翰逊，实在无处安置。内线方面，自家中锋布拉德·多尔蒂是个典型的伟大白人中锋：高大娴熟，白嫩绵软——怎么才能给自己的内线补补钙呢？

另一边，西部的凤凰城太阳，队上有1984年扣篮王、208公分的风车怪物拉里·南斯，外带埃迪·约翰逊、沃尔特·戴维斯、霍纳塞克这大堆射手，可是独缺一个控卫。看骑士多个控卫，于是双方对送秋波，立刻成交：约翰逊换南斯！

骑士得到拉里·南斯后，阵容颇为完美：哈珀虽然在这季中途受伤，但普莱斯、桑德斯、埃洛、南斯和多尔蒂，阵容整齐。首先多尔蒂和南斯发生了完美的化学反应：前者是意识出众、216公分的白人中锋，但移动略慢；后者是208公分、封盖晴天霹雳、移动迅疾的大前锋。这对"白面包+黑巧克力酱"的组合堪称完美。另一方面，南斯是条纯粹的西部好汉：爱车，爱速度，爱狂飙，爱扣篮和封盖这些干脆利落的勾当。每次和人聊天，他都聊车——实际上，后来他退役时还改装汽车参加职业比赛，那是后话了——他爽直干脆，没有争当老大出风头的心思。打好篮球，做好本分，改装车，谈论车，这些都适合骑士这支平民防守球队的本色。所以看到骑士这档交易完成后，魔术师都惊叹："骑士是属于90年代的球队！他们很平衡。等他们集体成长起来的话，会非常可怕。"

好吧，90年代的球队，来试试吧。

骑士队人如其名，甚有骑士风范。他们不用其他球队各类蝇营狗苟的手段，而是派克雷格·埃洛或罗恩·哈珀单防乔丹，你来我往决个胜负。当然，此举被证明不算聪明。第一场，乔丹35投19中，50分。虽然皮彭在他首场季后赛表现不佳5投0中，但乔丹一个人足以解决问题了：公牛104比93获胜。然后是第二场，骑士依然不包夹乔丹。好吧：第二场，骑士方面普莱斯19分、南斯27分8助攻、多尔蒂21分13篮板，加上哈珀出场，骑士已尽全力，但乔丹变本加厉地残忍：45投24中，55分。公牛106比101再胜，2比0。

但骑士依然相信，他们可以搞定公牛：因为公牛只有乔丹一个人。杰里·克劳斯经理最不爱听这话："我听见'一人球队'这词，耳朵都要烧起来了！"但事实是：第三场，埃洛和伤愈的哈珀轮番死缠乔丹，而乔丹因为连续作战——从1988年4月开始，他只有三场出赛时间少于40分钟，实际上，4月14和15日连续两个客场，他已经获得了所谓"休息"，还是在96分钟里出赛了77分钟。到5月，他的体力终于出问题。第三场乔丹只得了38分，虽然有9次助攻，但他背部、膝盖都因疲倦而酸痛。骑士赢球。第四场，乔丹44分，但骑士五首发得分上双，哈珀更飙到30分，骑士再胜，2比2。一个信号是：这两场，乔丹无一扣篮。

就在这场后，奥卡利生气了。他公开嚷："我拼命打球，可是球队不给我叫战术。我是联盟最好的篮板手，我每晚在篮下拼命，我肯为球队做任何事，但球队对我毫无回报！"科林斯教练没法回应，乔丹只好出来圆场："教练在一直努力，让球队不要太依赖我。我们的进攻里，每个人都有均等的机会得分。但有时其他人就是不习惯自己接管。我们得需要更多的队友站出来。"

第五场，生死之战。科林斯做了个重要调整：33号斯科蒂·皮彭首发。

乔丹开场依然显得体力不佳，失误不少。骑士挟连扳两城的气势，第一节反客为主，一度领先18分，35比23进入第二节，公牛主场一片恐慌。当第二节进行到骑士39比29领先时，乔丹生气了，突破上篮，造罚球两罚全中，随后是后门内切，再被犯规，再罚中两球。

XII

下一回合，再突破，再罚中两球。19秒后再来一次，连续8记突破罚球，公牛的血气被一点点振起。接下来，皮彭一记高抛，乔丹空中接力扣篮成功，芝加哥球迷吃了续命金丹，猛然站起来欢呼：骑士只以41比37领先了。

但还是那句老话：你不能永远靠乔丹撑着。

第三节，乔丹体力下降，他连续三回合失误，最后投了一记三不沾。公牛知道情况不妙，把乔丹换下来休息。骑士看见希望了：芝加哥·"一人球队"·公牛队没有乔丹了！打垮他们！

但是，公牛还有33号皮彭。

这个阿肯色男孩，这个进NBA后把薪水都寄回家的、永远没有安全感的新人，这个紧张兮兮害怕犯错的青年，发现场上没有乔丹了，没有一个他可以"把球传过去，说一声嘿哥们看你的了"的人了。忽然之间，他找到自己了。

第三节还剩27秒，皮彭伸出他匪夷所思的长臂，断掉哈珀的球，迈开长腿，上篮。公牛78比77，全场首次领先。22秒后，文森特上篮失手，皮彭凌空飞起，展示了选秀时所有人赞美的弹跳、长臂和爆发力，补扣得分，公牛80比77。第四节还剩3分钟时，皮彭完成了连续华丽演出：一记跳投，一记篮下得手。

皮彭全场20投10中24分6篮板5助攻3抢断，最后拼到6次犯规毕业。奥卡利虽然嘴上抱怨，但8分之外还有20个篮板和5次助攻。老将科兹尼14分8篮板，加上乔丹第四节补足体力后发威，全场39分，公牛107比101击败骑士，晋级东部半决赛。

这是第一次，斯科蒂·皮彭这颗阿肯色挖来的钻石发出了璀璨光芒。他展示了许多可能性：跳投、传球、篮板、防守、上篮、断球。

他在场上无处不在，而且他选择了一个合适的时间发光。公牛面临被逆转的可能性，乔丹独力支撑已经遮拦不住时，皮彭过来了。公牛替补后卫斯派罗说："这是我所见过最好的新秀季后赛演出。"

而更重要的意义，不言而喻，只有场边激动到快喷鼻血的杰里·克劳斯明白：芝加哥公牛，终于，疑似，拥有一个人，可能可以让乔丹卸下"一人球队"的担子了。乔丹自己也说："现在我们知道，我们不再是一人球队了。"

但是，乔丹乐观得稍微早了一点。就在淘汰骑士十天后，公牛被淘汰了。

在东部半决赛。打了五场比赛，公牛1比4失利。

乔丹只有一场得分超过30。

被他所憎恨的，刺客领衔的底特律活塞。

一段漫长的、彼此仇视的恩怨，终于在1988年夏天兵刃相见，见了血。

XII

对底特律活塞的认识，是个漫长的过程。

最初，知道他们是乔丹的敌人，看见各类录像带里磨牙吮血的绞肉机行径，看见他们一身横肉的作派和诸般传说，你很容易觉得他们注定是反派，死有余辜，理当给乔丹做垫脚石。

但时候渐长，你会愿意去了解他们，看到他们的奋斗历史，他们匪夷所思的团队配合，他们看似狰狞的兽形机械，但骨子里依然是一批好胜成狂的人。实际上，换个角度想：如果没有底特律活塞，也就没有90年代的乔丹：那同样残忍无情、了解团队的秘密、关键时刻神经如机械般刚硬、好胜成狂不惜牺牲一切的乔丹。

第十三章 "乔丹规则"

(XIII)

1 2 3 · 1 3 1

1988年的底特律活塞，由查克·戴利老爹执教。实际上，他在NBA级别当教练，这才是第六年。

1983年夏天，查克·戴利52岁。当他被任命为底特律活塞队主帅时，全城鼎沸，纷纷互问：不是说新帅会是杰克·马基宁吗？为什么是这么一个老头儿？他做大学教练时不错，在费城做比利·康宁汉的助理教练，还做过电视解说员……但在NBA，他只有半季主教练经验：1981-1982季，骑士地狱般的9胜32负。

"我觉得，"接到聘书时还是费城解说员的戴利说："活塞是支'未来俱乐部'。"

他是个直截了当的人，讨厌繁文缛节。提出问题，解决问题。看日程，打比赛，赢下，输了也别找理由。

而他自己绝不对媒体多废话。每天工作16个小时，准备每场比赛，制订计划，和助理教练沟通意见。戴利是个疯狂的完美主义者。活塞队员叫他富翁老爹，因为他的打扮总是电影中百万富翁的煊赫派头，细致华丽又不失品位；饮食和家居，他都精挑细选，深通享受之道。而在战术上，他就像一个雕刻匠一样细密雕镂，引为乐事。康宁汉说，在费城时，他们俩出去吃饭，戴利会拿起勺子朝康宁汉比划："把这当作球员，我来给你演示一个战术……"

里克·马洪总结说："如果不知道他五十开外了，我会以为他32岁……不但他表现得年轻，那衣服派头也是！"

但是，当然，一个皓首穷经的书呆子，脑子里装满战术的老头儿，可并不等于一个好教练。查克·戴利有许多别的东西。

他上任时，活塞队队员像一群在俱乐部里喝酒抽烟打发时间的青年。伊塞亚·托马斯、比尔·兰比尔、约翰·朗、维尼·约翰逊。这些人都有才华，但却赢不了球。他们不知道凯尔特人和湖人是如何打出那席卷NBA的华丽攻势，不知道胜利的秘诀是什么。戴利来了，宣布了他那三条赢球秘诀。他说，球员做好三件事就能赢球：找准好机会投球，快速回防，卡位。

他命令队员们尽自己的本分。至于赢球，"那是教练的思考范围"。他非常直接，绝对不绕弯子。这不仅是他为人处事，同时也是与队员交流的方式。在他上任的第一个赛季，对阵骑士，伊塞亚·托马斯上半场漫不经心，让对面的琼·巴格雷得了9分。戴利把刺客叫过来："你想防另一个，嗯？"

刺客默默无言地走开，下半场犹如身背杀父之仇般锁死了巴格雷。

戴利老爹在高中和大学当了超过25年的教练，他了解如何应对青春期少年逆反心理。活塞队没有宿将，没有老迈昏聩的球皮，于是，他可以像教导学生一样对付他们。当活塞队开始赢球时，那些惊喜无比的年轻人信任了他。这种信任与不断到来的胜利，形成了良性循环。结束他的第一个赛季后，活塞队的青年就完全依附在他周围，令行禁止。他们有种盲目的信仰：只要依照戴利做的，就能赢球。

"那时我们都是小孩子，努力寻找着，想挖出一个洞来透进一点阳光……查克来了，用他的胳膊把我们拢在一起，教我们如何赢球，教我们竞争，教我们站直了别趴下。"刺客说。

戴利介入到了队员们的生活之中，和他们推心置腹。他说他当年做地理老师时曾经无比严格，但教学成果却比不过另一个貌似闲散、与学生亲密无间的教师。他在训练时有连珠不断的玩笑，穿着大短裤和队员们一起练投篮，他让活塞队们放松了戒备之情：他并不只是一个拿了合同、穿着西服在场边吼两嗓子的教练，他愿意和队员们交朋友，他是一个很好的朋友与老师，他不想比队员高一等。他制订无数严密的战术，然后在某些时候却放任伊塞亚·托马斯们自主去完成一些任务。

XIII

众所周知，活塞有许多坏孩子。言行不一、笑里藏刀的刺客托马斯；绰号"蜘蛛"、下手狠毒、每半节来次凶狠犯规的约翰·萨利；之前已和乔丹结过梁子的里克·马洪；巨人猛男爱德华兹。但最有名的，是以下两号人物：比尔·兰比尔，公认的NBA史上第一恶人，211公分的白人中锋。出色的篮板手，能投篮，同时是一切邪恶动作之王，包括假摔、威吓、挥肘、下绊、戳眼。他是拉里·伯德最恨的人。最著名的故事是当初全明星期间，他上大巴，企图和伯德修好，"你好，拉里"。伯德直接回一句"去你妈的，比尔"。他号称"谁在乎先生"，以恶行招摇过市，引得全联盟避之不及。实际上，他自己并不讨厌这个角色。他是个聪明的球员，懂得这副恶名可以给自己当鬼脸面具，恐吓其他人。他把他这套蛮横、凶残、恶劣的招式，倾囊教授给了底特律活塞的其他队友。

而他最好的徒弟，则是活塞的另一蓝领：丹尼斯·罗德曼。

很多年后，丹尼斯·罗德曼会成为体育史上最著名的嬉皮士，但在1988年，他还是个普通的悍恶蓝领。他25岁才进NBA，从小无父，被俩姐妹和老妈嘲弄，进高中时才168公分，连上篮都不会。野鸡大学出身，毕业了没工作被迫去看飞机场，还偷过手表。他从小缺爱，到20岁还是处男，长期觉得自己可能是双性人，不只一次有过自杀念头。所以，当他遇到戴利老爹时，就像获得了重生。他依靠防守和篮板绝活在NBA立足，擅长撒泼玩赖、善使小动作、假摔天才、表演大师。1988年夏，他和乔丹还不知道未来他们会站在同一战壕里，他只是聆听老爹的语录：

干掉乔丹。

1988年3月，被乔丹在那场全国直播的比赛中拿下59分后，戴利再也忍不住了。"我们决定了，不能再让迈克尔·乔丹独自周而复始地打败我们！我们要搞定他！"

于是，体育史上最传奇的针对个人的防守战术出炉。戴利老爹用他的细致和完美主义，制定了以下规则：

A.当乔丹一对一时，防守者尽量逼他朝左移动，因为根据录像研究，乔丹的右侧突破更为可怕。

B.当乔丹试图搞个挡拆时，就直接包夹他（经常是211公分高的黑手萨利或坏蛋兰比尔），利用身高限制他的传球，其间切记保持身体接触。

C.当乔丹背身单打时，用三人包夹，杜马斯在后，托马斯在前，内线巨人封锁底线。

D.当乔丹依靠掩护无球跑动摆脱时，杜马斯贴身紧逼，兰比尔上步逼迫乔丹远离篮筐。

E.当乔丹被迫在翼侧接球时，托马斯与杜马斯上前双人包夹。

F.当底特律运用乔丹规则时，托马斯会在外线来回跑动，造成一种"我会夹击你哟"的威胁。他并不总是直接来夹击乔丹(这样会漏空他防守的对象)，他的反复移动，确切地说就是非法防守，也就是2001年之后才被允许的联防。只是，他采取了一种擦边球的方法，用积极跑动来掩盖活塞用联防对付乔丹的事实。

戴利对付乔丹，并不只是残暴的身体接触，还包括活塞的整体联动，对防守策略的细致执行，快速轮转。最后一点点则是心理因素：底特律人偶尔会选择第一时间包夹，或是等乔丹开始运球后再包夹，也有时会等乔丹到达低位后再包夹……他们通过这种并不定期的恐怖手段反客为主，对公牛的进攻造成了心理阴影。这一切的非官方名称，叫做"乔丹规则"。

这就是1988年的，等待乔丹的策略。

XIII

东部半决赛第一场，公牛82比93败北。乔丹22投10中29分，而且竭尽全力拿到11篮板送出6次助攻。但公牛其他人都倒下了：除了霍勒斯·格兰特从板凳上站起来13投8中得到16分6抢断，公牛无一人发挥。奥卡利抓到13篮板但11投2中，皮彭6投1中，文森特9投2中。活塞霸占篮板球，57比43压倒了公牛。但第二场，乔丹独得36分11篮板，加上文森特神灵附体的31分，公牛扳回一城。带着1比1的比分回芝加哥主场，不算坏事。戴利赛后用一句话表达了对坏孩子们的不满："我就搞不懂这都是怎么回事！"

第三场，在芝加哥，一些细节改变了比赛。

赛前热身时，被淘汰的骑士队后卫哈珀来现场看球，跟刺客聊天。他俩对公牛后卫斯派罗挑衅："我们会把你们淘汰去过暑假。"斯派罗反唇相讥："你们才该打点行李……知道你们为什么赢不了？因为你们太骄横了。"

刺客生气了。他翻身回去找到队友们，跟他们说了这话，然后，活塞的野性被煽动起来。

兰比尔把自己化身为石墙造掩护，动作过大被吹犯规。但乔丹认为，兰比尔被吹犯规后，继续用大动作挑衅，于是他生气地给了兰比尔胸口一肘。兰比尔回手给了乔丹一下，乔丹大怒。在他们俩被分开前，互相挥了几拳。乔丹吃了技术犯规——之后，他自己承认，这是他第一次在球场上动粗。

不到一分钟，里克·马洪——被许多人认为"除非他和兰比尔打架时，没人会不讨厌他"的大汉——跟奥卡利摔跤抢个篮板时，给了奥卡利一肘。他吃了技术犯规，但火焰已经熊熊燃起。

活塞进入了他们惯常的节奏，他们两三个人围击乔丹，让公牛犹豫不决；他们发挥了自己的整体素质，犹如机械般运作不休。公牛首节落后12分，再未夺回优势。活塞101比79在芝加哥主场大破公牛。

20世纪80年代的NBA，球员们依然把自己当"篮球运动员"看，而非"运动员"。练健身、拼力量，似乎该是田径运动员或橄榄球运动员的事。针对乔丹增重，他的朋友里就颇有反对意见：增加体重，意味着乔丹的看家法宝——他匪夷所思的速度——会被削弱。但乔丹的看法是：

　　"得了吧，你们又不是那个被活塞撞得死去活来的那个人！"

活塞六人得分上两位数，公牛这里乔丹20投仅8中24分。实际上，公牛全队命中率都只有40％。公牛刚夺到的主场优势瞬间丢失，第四场再次溃败：活塞96比77再次大破公牛，乔丹22投11中23分7篮板5助攻6抢断，但无济于事：他是在试图以一个人应战一整架粗蛮凶狠、毫无人情的机器。戴利老爹看到活塞3比1领先，煞是满意："当我们专注时，我们就能打出最好的篮球。"乔丹承认："我独自击败一队的防守很困难。你不能指望我以一对五。"随着底特律第五场活塞102比95胜出，公牛的1987-1988季结束。

对公牛来说，这是一个成功的赛季。50胜，东部第三，东部半决赛，都值得赞叹。乔丹自己则拿到了第一个MVP、第二尊得分王、第一个年度防守球员。只是这次没有以喜剧收场，在他个人达到巅峰的时刻，遇到了史上最强硬的机械部队。

实际上，1988年的活塞正在进入鼎盛期，后世传说中经常会大幅度渲染此规则令人发指的肮脏，例如兰比尔、萨利和罗德曼对乔丹的上下其手。但查克·戴利后来为自己辩白："有人认为我们的策略是肮脏的，不是如此……我们仅仅是保持身体接触。"这一年的活塞在很多年后，被认为是史上最好的防守球队之一，最团结、最凶悍、最像机械的团队之一。他们一路杀到总决赛，他们在总决赛和湖人拼满七场，他们在总决赛第六场打出传世一战：微笑刺客伊塞亚·托马斯，那个口蜜腹剑、表里不一的小后卫，第三节在脚踝重伤之下独得25分。活塞取代伯德的凯尔特人成为了东部新王者，然后开始逆天挑战魔术师。虽然失败了，但基调已经定下了：刺客和他那些蓝领坏孩子队友，先按住乔丹和伯德，然后去挑战魔术师的湖人。

如果说，此前的伯德还是乔丹命运中过客的话，活塞的出现和"乔丹规则"的问世，则是乔丹遇到了第一个自己命中注定的对手。

XIII

1998年2月，查尔斯·巴克利35岁，离开凤凰城一年半，似乎已快要忘记他初到休斯顿时，"我要拿篮板王"的宣言。在凤凰城时时困扰他的背伤跟着来了休斯顿，深冬来临便不时折磨他。1996-1997季是他最后一个全明星赛季。1998年，他真的开始老了。

1998年2月，大梦奥拉朱旺35岁。前一年夏天，他最后一次成为了联盟第一阵容中锋，但在1998年2月，鲨鱼已经早早预订了那个位置。这一季的前七场，曾经可以用假动作骗过全世界的封锁、随心所欲的他，有四场没超过10分。在奠定了90年代第一中锋的宝座后，他也终于像所有中锋巨星一样，在35岁的生死线老去。

1998年2月，德雷克斯勒36岁。这季开始前，他已经约略提及退役的事。他想回休斯顿大学当主教练，在各种场合他都暗示，如果不是1983年波特兰选走了他，他本打算终生老死休斯顿。有人质疑他的去意，但当他向大梦咨询，打算从尼日利亚拐骗几个少年天才过来时，人们终于知道滑翔机不会再飞了。

1998年2月，大卫·罗宾逊32岁，正在逐渐让出他的领袖位置。他很喜欢身边新来的邓肯：这个年轻人可以代他担负起他不喜欢的低位强攻、对位防守敌方名将、控制防守篮板这一系列的工作。这是他最后一个场均"20-10"的赛季。他也不会在1998年就料想到，邓肯将背负着马刺队，在下一个夏天就夺下总冠军，然后开始漫长的十年霸业。

1998年2月，斯托克顿和马龙这对盐湖城之王，合计快70岁了。

1998年2月，帕特里克·尤因35岁。1997年圣诞节前一周，他受伤了。去年此时还是全明星首发的他，只得身披西装，左手托腮做个看客。即便十年以来，他一共只缺过20场常规赛，纽约人依然不依不饶，对他大加非难。1998年，他再未打上比赛。这是他职业生涯第一次大伤，也是他下滑的开始。和大梦一样，他们再没回到1994年统治联盟的地步。

1998年2月，丹尼斯·罗德曼36岁，正在持续关怀他《我行我素》的销量，关怀他身披婚纱出席签售活动的反响，关怀他泳装照片引来了多少卫道士的斥骂，顺便对着媒体调侃卡尔·马龙。

1998年2月，斯科蒂·皮彭32岁。他在看台上度过了1997年的冬天，然后在1998年为球队出战。这次伤病使1997年的全明星赛成了他的绝唱，但他并不在乎：因为失去了他，公牛在赛季的前两个月挣扎于东部诸强中。他需要让管理层看到他的价值，看到他拿400万年薪是多么荒诞。1998年1月10日，他开始为球队出战，然后公牛恢复到了往昔的神采。但是，他再也没能回到全明星水准。

1998年2月，迈克尔·乔丹满了35岁。这一季的他比以往任何时刻都要艰难：他的腿开始感受到岁月艰辛，重新扯远的三分线让他没有了过去两季的神射手感觉。这是他进入90年代以来最难的一季，他必须像30岁前那样，极力突破以博得罚球，尽量逼近篮筐背身单打以保持命中率，而且，自26岁以来第一次全季打到3181分钟。这个2月，公牛追上了步行者，并且开始领跑东部。他完全依赖着自己的心脏、记忆、精神、偏执和好胜在继续统治联盟了。

那是一代人的老去，是诸神的黄昏。但往前跨十年，就是这一代人跨上时代的天顶，开始这个不朽时代的。

第十四章 改朝换代

(XIV)

133 · 142

1988年夏天到来，世界忙着为乔丹数短论长。"得分王+年度防守球员+MVP"这一系列头衔，让世界只得承认，"这孩子在攻防两端都能统治比赛了"。但能力越大责任越大，世界为乔丹订好了新的野心：冠军，然后进入"魔术师和伯德俱乐部"。

也就在那几年，世界开始絮絮叨叨。比如，伟大的奥斯卡·罗伯逊认为乔丹"还没能让队员变得更好"，类似的话一遍遍重复，乔丹有点烦。当助理教练菲尔·杰克逊也摆出"兄弟当年在纽约拿过冠军哩"的老资格，诉说些纽约老王霍尔兹曼大爷的陈年旧事，所谓"真正伟大的篮球手，应该让队友变得更好"，乔丹就不爽。

"跟门罗、弗雷泽、里德这些NBA50大级别的巨星一起打球时，'让队友变得更好'，容易得多啦。"

1988年，世界已经没法对乔丹冲阵袭敌、斩将夺旗做过多评点，于是指望他变成元帅。以乔丹善于树敌的性格，自然而然，又会把听到的一分想象成十分。魔术师？伯德？他们聪慧、传球出色、善于带动队友？哼，可也要有好队友来带动啊！

杰里·克劳斯每天被乔丹箭雨般的目光戳脊梁骨，几成筛子。一半的世界在催促乔丹快点封王，另一半则在挑剔他的工作。击败骑士后刚沉没的"公牛是一人球队"质疑声，在败北活塞后再度浮起。克劳斯开始思考：活塞有兰比尔、爱德华兹、马洪、萨利和罗德曼这整套内线匪帮，而公牛的中锋只有老科兹尼；大前锋倒有篮板魔王奥卡利和新晋的格兰特，重叠了——让他俩一起上场打小个阵容？活塞的大象内线群能轻松碾压掉芝加哥。

所以，需要一个中锋。

对骑士系列赛口吐怨言的奥卡利，成了管理层的筹码。他是联盟最好的篮板怪兽，可以换到明星中锋。公牛看中了1988年参加选秀的224公分荷兰巨人里克·斯密茨，想拿奥卡利换选秀权摘之，未遂；好吧，去跟纽约谈谈看。那里有俩中锋：乔丹的大学宿敌尤因——这个想都不要想；比尔·卡特莱特？嗯，不错。

外界对这交易不太热情。卡特莱特时年已31岁，人生的全部辉煌，也只有新秀季场均22分9篮板进全明星的故事。1987-1988季，他在纽约打替补中锋，场均11分5篮板。他肩不宽手不大步伐不算快，优点主要是聪明，216公分实打实的身高，以及"努力工作，把嘴闭上，为球队奉献一切"的信条。相比起来，奥卡利的跑跳、篮板、防守压迫力、拼争和杀气，都要胜出——但他更多是个大前锋。

乔丹和奥卡利通过一种最戏剧性的方式知道了这消息：度假期间，他们通过媒体才知道奥卡利要走了。当事人奥卡利暴跳如雷不必提起，乔丹也深感挫败。奥卡利是他的保镖，每逢兰比尔、萨利、罗德曼们对乔丹大动干戈时，奥卡利总是挥起肘子亮起胸膛，把所有企图侵害乔丹的流氓们隔开。奥卡利是和乔丹从匪徒绞杀里出生入死的哥们，是安全感，而现在他要走人了。乔丹怒不可遏。他问助理教练巴赫："谁是我的新保镖？"巴赫半询问地答："霍勒斯·格兰特？"乔丹用一句夸张的话，表达了他的恼怒和对奥卡利的纪念："格兰特保护我？！我自己都能收拾格兰特！！"

至少在1988年夏天，乔丹被许多股感情冲击。世界对他的挑剔；他对克劳斯的不满；克劳斯送走了他的兄弟哥们保镖，扔给他一个大个子——在他眼里看来傻透了。而1988-1989季开始时，他试图做一些别的。

1988年11月，公牛以文森特+乔丹+塞勒斯+格兰特+卡特莱特的首发，开始新赛季。11月4日公牛揭幕战就遇到活塞，又是第三节结

XIV

束时即落后18分，最后一节努力追赶无力回天。乔丹28分5篮板7助攻，新来的卡特莱特14分10篮板，但活塞显然齐整得多。第二天在华盛顿，乔丹29分7助攻，格兰特25分16篮板，终于表现出他有资格顶替奥卡利了。公牛轻取子弹队取胜，可是卡特莱特又不稳定了：5投1中，2分，4失误。

这是公牛队公开的秘密：因为对奥卡利的怀念和对卡特莱特的成见，乔丹会让队友"别给卡特莱特传球"，他自己，偶尔会故意传些极用力的球，让卡特莱特接起来困难。

赛季第三场，公牛又排怪阵：卡特莱特、科兹尼双中锋首发，加上格兰特，大个锋线出阵，结果不敌对面纽约尼克斯的快打。尤因被卡特莱特防到14投6中，但还是抓到18个篮板；纽约貌似忠厚实则奸猾的地堂功后卫马克·杰克逊20分13助攻，让约翰尼·纽曼这名不见经传的人物居然35分。乔丹31分9次助攻，但公牛还是输了。乔丹大怒：前三场他送出了25次助攻，就为了1胜2负？于是第二天在波士顿花园，乔丹不管不顾，42分钟内33投18中52分9次抢断，完全摧毁了、打飞了凯尔特人，出了口鸟气。赛后，公牛只上场一分钟的新人杰克·哈利开了个经典的自嘲玩笑："我反正会记得，今晚我和乔丹合计得了52分！"

以前，公牛没人得分，乔丹必须得分；后来，球队需要防守，他必须防守；在这一年，他发现球队需要篮板手，于是他每次外围防完，还得杀回禁区补后场篮板：1988年11月23日到30日这一周，他连续四场得到两位数的篮板，包括对丹佛一战27投19中52分——这是开季三个星期，他第三场52分了。讽刺的是，公牛这四场四连败。12月初，公牛好歹五场里胜了四场——乔丹在这四场里平均38分11个篮板——但依然辛苦。后卫文森特的组织指望不上了，乔丹得独自得分、组织、篮板、防守。每晚上，他都得在起码三项上做到顶尖，保证球队赢球。

进入1989年，乔丹以一场41分10篮板11助攻6抢断的超级三双带队击败快船开局，过了一周在亚特兰大，他48分10篮板9助攻。这段时间，公牛出了两个调整：1988年圣诞节后，皮彭进了首发；1月初，帕克森进了首发。

于是，我们看到了：帕克森+乔丹+皮彭+格兰特+卡特莱特的首发，终于成型。

那时，他们谁都不知道这个阵容将成就王朝。他们只知道帕克森善于跳投但组织欠佳。于是1989年1月11日起连续四场，乔丹送出两位数助攻。公牛顺利四连胜。这仿佛是个好兆头，连只会做数字统计的媒体都发现了："如果乔丹依靠自身恐怖的威慑力，在对方二三人围夹中分球给队友，公牛队不就顺遂了吗？"

时光推进到1989年2月，全明星周末又来了。乔丹以1003062票冠绝联盟，无争议入选全明星，当晚得到28分。但东部队不给劲，西部的卡尔·马龙26分钟得到28分，带队击败东部，自己荣膺了全明星赛MVP。

这是变革的一年，魔术师和伯德双双因伤没出席全明星。41岁的天勾贾巴尔最后一次出席全明星得了4分，但西部已经改朝换代。乔丹一眼望去，发现西部都是年龄相仿的熟人：约翰·斯托克顿、卡尔·马龙、大梦奥拉朱旺、滑翔机德雷克斯勒、1984年奥运会队友克里斯·穆林、北卡大哥詹姆斯·沃西，加上东部的巴克利、尤因们，他们的时代，真的要到来了。

但在芝加哥，另一个时代走向末日。

杰里·克劳斯是面包屑，是控制狂，是吸血鬼。他喜欢在教练

XIV

组安插"自己人",比如菲尔·杰克逊。乔丹深明他的脾性,所以当年科林斯刚上任时,乔丹一度心生疑窦,以为科林斯想监视他。实际上,克劳斯的确事必躬亲。其他经理坐办公室打电话谈交易时,他却爱坐在球队大巴上,跟着公牛队全美国打客场,丝毫不管他肥硕的身躯往大巴前排一坐,队员们会齐刷刷觉得咽喉里卡了脂肪球。

与此同时,科林斯教练也不是清闲主子。他是明星球员出身,有其孤高之处;他聪明,有头脑,但情绪化。他可以上一秒怒吼咆哮,下一秒给你个拥抱。他骨子里依然是个球员,而非老奸巨猾。最后,他有强迫症似的赢球欲望——当年的明星球员,大多有这毛病。这就上触了克劳斯的独裁欲,下忤了球员们的斗争心。

NBA本不是托儿所,没那么多和声细气的阿姨,名帅里爱唱黑脸的强迫症相当不少。湖人的帕特·莱利酷爱砸黑板鼓励士气;活塞的查克·戴利虽然是温厚老爹,但也是"每一场比赛都要赢下"的细致苛责主儿;往上推率领凯尔特人开王朝的红衣主教,更是铁腕枭雄。但他们有严酷的资本:他们本身大多是枭雄之姿,聪明绝顶,且有人格魅力,既善使手腕、翻云覆雨,又能宽严相济、哄住球员;他们手下的球员成熟老到,懂得应付。而公牛这里,科林斯不算一个好相处的教练,而公牛的球员又实在年轻。尤其是,乔丹经历过迪恩·史密斯那样的一代名帅后,曾经沧海难为水,很难指望他甘心服谁。用他自己后来的话说,科林斯是一个"非常情绪化的年轻教练"。

因为赢球强迫症,科林斯很执迷于一场比赛、一两个战术的得失。萨姆·文森特和约翰·帕克森的首发控卫位置倒换了许多次;皮彭和格兰特也时常在替补和板凳间流转;老科兹尼三年间替补首发电梯上下不知道多少次。科林斯永远把球队当试管，把球员——除了乔丹——混合来去，想翻弄新的化学反应。球员们只好摇头："这是个一天一战术的教练啊……"

与此同时，前嬉皮士大胡子助理教练菲尔·杰克逊，以及年已66岁的老助理教练特克斯·温特，静静地在旁看着这一切。

1988年12月17日，公牛客场应战密尔沃基雄鹿。克劳斯理所当然地坐大巴去了客场，还带着太太塞尔玛，顺便把菲尔·杰克逊太太朱恩带上了。公牛前一晚刚打完步行者，乔丹追步行者的二年级射手雷吉·米勒都追累了；这一战，公牛上半场就46比55落后。科林斯大怒咆哮，被裁判罚下场。

于是菲尔·杰克逊代为指挥。

杰克逊给了替补射手霍杰斯大把时间，让皮彭、帕克森们别多考虑体系，只顾强攻。公牛士气昂扬，第三、四节连续打出33比19的高潮，112比93大破雄鹿。皮彭17分8篮板3抢断，霍吉斯19分钟内5投全中14分，乔丹轰下36分6篮板5助攻3抢断，卡特莱特15分8篮板。公牛用到九人轮换，皆大欢喜的胜利。

除了科林斯。

他看着杰克逊指挥球队赢了球。他看录像时注意到克劳斯夫妇和杰克逊太太在客场席位上安坐。这些材料加上他和克劳斯之间旷日持久的战火，轻而易举地就发生了爆炸：他认为克劳斯试图拉拢杰克逊，一起阴谋对付他。大闹小吵一段后，科林斯和杰克逊基本决裂。克劳斯没公开发布什么话，他只简短地告诉杰克逊："不要，错过，公牛，本赛季的，任何一场比赛。"

全明星后，公牛进入状态，以一波7胜1负进入1989年3月。然后，乔丹以连续8场里6场助攻上两位数，带了公牛一段4胜4负。对步

XIV

行者一战，乔丹送出21分14篮板14助攻，得益于他的传球，替补射手霍吉斯9投7中包括三分线外6投5中，19分。四天后，乔丹对纽约33分9助攻，霍吉斯再射落18分。科林斯教练又来了个"一日一战术"的新创意：既然萨姆·文森特表现平常，霍吉斯手感滚烫，不如把霍吉斯推上首发，帕克森去打第二阵容组织后卫？——首发传球怎么办？交给乔丹。

1989年3月18日，霍吉斯首发，乔丹连续两场送出合计26次助攻——尤其是3月21日作客洛杉矶，对面魔术师20分8篮板12助攻，乔丹则还以21分8篮板16助攻，霍吉斯和皮彭则各得21分。这像是乔丹的宣言："谁说我无法像伯德和魔术师那样，让队友变得更好的？"

也从这晚开始，恐怖的竞赛开始了。

由于伯德的背伤，1988-1989季常规赛MVP真正的热门，其实只有乔丹和魔术师二人。魔术师在此前，已经打出了13场三双。败给公牛后两天，魔术师25分10篮板14助攻带队击溃国王。乔丹成为球队实际主控后，助攻上双如家常便饭，也看出点感觉了：不是比全面吗？好！

1989年3月25日，乔丹在西雅图对超音速送出21分12篮板12助攻的三双，取胜。第二天魔术师34分10篮板18助攻三双，带湖人推倒太阳。

3月28日公牛回主场，乔丹33分12篮板11助攻4抢断，三双。同一天魔术师对太阳10分3篮板14助攻。

3月29日乔丹在密尔沃基32分10篮板10助攻，连续第三场三双，公牛再胜。第二天魔术师对马刺8分9篮板10助攻，又差了一筹。

3月31日乔丹对骑士37分10篮板10助攻，连续第四场三双。第二天，魔术师在丹佛20分17篮板15助攻，回了一个三双。

4月2日，乔丹对网27分14篮板12助攻，连续第五场三双。然后是两天后对黄蜂，33分10篮板12助攻6抢断，连续第六场。美国轰动了。乔丹像在打电子游戏一样垄断数据榜。4月6日在底特律，乔丹31分13篮板10助攻连续第七场三双。

第二天再战活塞，乔丹终于没再打出三双：40分7篮板11助攻。之后，乔丹又顺手连打三场三双——对鹰的40分10篮板12助攻，对步行者的47分11篮板13助攻，对网的29分10篮板12助攻，然后就偃旗息鼓了——魔术师早已退出了这场半闹剧式的对攻，但乔丹还是在连续11场里打出10场三双。近古罕有的伟业。这有些像赌气："谁说我无法帮助队友更好来着？"

很多年后，乔丹这么认为："我可以看到整个球场，对手不再能把防守精力集中到我一个人身上。那是我职业生涯第一次，我们队有了其他的得分选择，对手必须尊重我的队友。"的确如此。他在用自己的方式来帮助队友，让他们获得空位进攻机会，执行重任。他不再是球队的首席小提琴手，而尝试担当整支球队的指挥官。

赛季收尾，公牛47胜35负，比前一季退步了三场。乔丹则创下了匪夷所思的全面表现：场均32.5分继续得分王，同时场均8篮板8助攻2.9抢断，无争议的继续联盟第一阵容和第一防守阵容。他在所有能以技术标注的领域，都统治了一遍：进攻端个人单挑、防守端单防和协补、篮板球、传球，这是他数据上最全面的一个赛季。只是，魔术师同样打出伟大赛季——22.5分7.9篮板12.8助攻，湖人57胜。于是，魔术师常规赛MVP，乔丹票数次之。

而在MVP得票的第三到八位，则是四年级的卡尔·马龙、四年级的尤因、五年级的奥拉朱旺、五年级的巴克利、五年级的斯托克顿、二年级的凯文·约翰逊。伯德受伤后，真的到了他们这一代人改朝换代的时刻了。

XIV

这个赛季的小插曲：乔丹怀念远走纽约的哥们奥卡利，不喜欢新来的卡特莱特，所以他耍了个小心眼。他在更衣室里拿卡特莱特笨拙难看的罚球姿势逗乐，他让队友别给卡特莱特传球。赛季尾声时，卡特莱特找到了乔丹，做了一番很短的谈话。用卡特莱特自己后来承认的事实，他当时说："我不喜欢你说我的内容……如果我再听到你对别人说不能把球传给我，你就永远也打不了篮球了。"

他们俩从来不是太好的朋友，但从此之后，他们似乎达成了——很难描述的——一种奇妙的和解。乔丹对卡特莱特产生了一种依然不爽，但多少有些敬佩的感情：这家伙，至少是条硬汉子。

2009年5月，NBA东部决赛第二场剩一秒，骑士主场93比95落后奥兰多魔术队。此时此刻，骑士的救世主出现：当季常规赛MVP、23号勒布朗·詹姆斯弧顶接球，出手。球划过土耳其人希度·特科格鲁的手指尖，与此同时终场哨响。全克里夫兰的心脏随着那个球落去，仿佛需要一万年之久——然后，球进了。

"我后来只听到了一片尖叫。"勒布朗说。

一秒绝杀，克里夫兰队史上最伟大的一球产生了。

而在此之前，克里夫兰最有名的一记绝杀，也是一个23号投进的——只是，那个绝杀毫无喜剧意味，剩下的全是伤痛。

第十五章 THE SHOT

(XV)

143 · 150

乔丹的命运很是奇妙，仿佛总是会跟夙敌一再重逢。比如，1986、1987年连续两次首轮遇到凯尔特人；1988年首轮3比2淘汰了骑士后，1989年再次冤家路窄。狭路相逢老对手自然可以免去寒暄若干，但克里夫兰球迷还为去年被淘汰满心仇恨。

而且，1989年，高下易势了。

1989年的公牛比前一季的50胜退步了三场，由于阵容多变、队伍年轻，对乔丹的依赖有过之而无不及；而1989年的骑士，没辜负魔术师"90年代的球队"之赞美，常规赛战绩57胜联盟第二，防守效率联盟第二——第一自然是铁锁横江的底特律活塞——而且火力分布均匀：马克·普莱斯，全明星控卫，场均19分8助攻——多年后，他会作为NBA史上第一罚球手被铭记。

布拉德·多赫蒂，全明星中锋，场均19分9篮板4助攻。

罗恩·哈珀，入行时就被认为像乔丹的得分后卫，场均19分5篮板5助攻。

拉里·南斯，前扣篮王，全明星前锋，年度第一防守阵容成员，场均17分8篮板3封盖。

内外线阵容均匀整齐，攻守传投各有所长，常规赛从未三连败以上，可以排出九人轮换的靠谱阵容，而且比公牛多出10场常规赛胜利。相比而言，公牛像科林斯的情绪一样起伏不定，而且在常规赛，公牛的确没赢过骑士一场。简直可以说，克里夫兰媒体一边倒地认为：骑士的阵容，就是为了干掉公牛而定做的。

最后，公牛处境极其不妙：他们是以一波2胜8负——夹杂着一段六连败——结束常规赛的，而且赛季最后一场，公牛以84比90输给了三主力作壁上观的骑士。这波混乱的收尾，直接断送了乔丹蝉联常规赛MVP的指望。实际上，交战骑士前，公牛像个兼营病号房：射手霍吉斯膝腿不利，大前锋格兰特左肘带伤，皮彭右肩不对付。乔丹用一句话总结了他们的常规赛表现："我们如果不表现好一点，会被骑士横扫！"

于是，乔丹决定做点什么。伯德和魔术师不是都"让队友变得更好"么？他已经给队友传了足够多的球（他这赛季送出了650次助攻），他得给队友们的精神打一阵。乔丹听腻了"骑士可能横扫公牛"的口号，于是给了媒体一个声势浩大的宣示："公牛会击败骑士，四场内。"

他当然知道，这话会像飓风一样卷过克里夫兰，煽起怒火。他也知道一旦这话不能成真，就会被媒体提出水面，一边风干一边嘲笑。但这句话让公牛队兴奋起来了。替补前锋塞勒斯嚷嚷，建议全队穿黑色球鞋——乔丹在全明星期间穿过——来改善运气。然后，在去第一场比赛的大巴上，科林斯教练给了全队一个大意外。他从前排跳起来，大声对球员们说："下面，我们来做个骑士队进攻战术知识测试题！！"

公牛年轻，热血一煽就着。他们气势汹汹闯到克里夫兰，满头满脸都是桀骜不驯搞破坏小青年的气派。第一场在克里夫兰，看见普莱斯不在，公牛一开场就是个7比0。第一节公牛24比14领先，第三节结束时公牛领先到了77比57，最后是95比88的轻取。皮彭22分6篮板，格兰特13分13篮板。乔丹——全场31分11助攻4抢断——在第三节走到那记分桌旁，看着那几位"骑士可能3比0横扫公牛"的芝加哥记者——对待忤逆的口令，他记性永远那么好——他对记者们瞪了一眼："横扫？去他妈的。"

公牛先取第一阵，夺回主场优势，但骑士第二场迎回普莱斯。虽然按主教练雷尼·威尔肯斯的说法，普莱斯"只恢复到80%"，但够

XV

了。乔丹第二场30分5篮板10助攻，但有多达7次失误。南斯全面发挥16分9篮板5助攻2抢断4封盖，普莱斯15分，罗恩·哈珀惊人的31分11篮板4助攻5抢断。骑士96比88赢回一局。1比1。

比赛移师芝加哥，骑士球员惊讶地发现，公牛的赢球热情已近疯魔：球员们继续穿着"带来好运的黑色鞋"，连公牛队上下工作人员亦然。公牛101比94取到第三场，普莱斯被防到12投1中，乔丹则随心所欲：联盟第二的防守在他眼里没什么了不起的，44分7篮板10助攻5抢断，公牛赢球。2比1。

但第四场，骑士没打算让公牛真的"四场内淘汰骑士"。乔丹依然纵横无敌，全场暴风骤雨般50分，但出了点事故：比赛结束前9秒，乔丹站上罚球线，公牛98比97领先，两记罚球就能基本锁定胜局。但乔丹2罚1中，公牛99比97，多赫蒂翻身两记罚球，99平进入加时。加时还剩12秒时，公牛105比107落后，公牛中锋卡特莱特失误，被多赫蒂抄到球。骑士赢下，2比2。

第五场，得回克里夫兰打。

全芝加哥都在屏息凝神，等乔丹痛骂卡特莱特——他对卡特莱特的成见天下皆知，自奥卡利被换走以来就根深蒂固。依照常例，乔丹会活吞了卡特莱特，骨头都不剩。但乔丹没说什么。

"我不责怪比尔。我不责怪任何人。"乔丹说，"我不能责怪任何人——除了我自己。"

于是第五场，公牛重归克里夫兰，一决生死。

令人惊奇的是，因为乔丹这句"我不责怪任何人"，公牛其他球员没有被第四场败北挫伤。对他们来说，这场比赛似乎反而缓解了压力。也许他们发现了，乔丹也是人，他也会罚丢球导致败北。做乔丹的队友很不易，但这一晚，乔丹和他们是站在一起的——而没有被媒体分解开来，作为"乔丹"和"那帮让乔丹赢不了球的人"。

第五场上半场，乔丹表演得像一个传统的组织后卫，展开阵形，转移球，甚至给卡特莱特传球。当卡特莱特漏接时，他还是会大声斥责"接住球"，但他还是不断地把球抛向内线。上半场，卡特莱特就得到了12分。乔丹自己半场只得了14分，但公牛全队展开了节奏。骑士主场山呼海啸，但公牛没退，半场下来，46比48落后。

下半场，决胜时刻。

上半场只抓到1个篮板的霍勒斯·格兰特，下半场发了威，第四节连续抓到前场篮板得分，下半场4篮板。赛后他自己说"上半场那是我兄弟哈维·格兰特出场，下半场才是霍勒斯自己呢"，霍吉斯开始投得进三分球。卡特莱特在比赛还剩2分06秒时点进前场篮板。皮彭在比赛还剩1分13秒时一记关键三分。公牛97比95领先。

但骑士没有歇。普莱斯已经弹尽粮绝，但球队第七人埃洛在这场撑起重任。一记关键的三分球，骑士98比97反超。乔丹在右翼45度角，面对拉里·南斯，射中他下半场第28分、本场第42分。公牛99比98领先。还有6秒。

骑士跑了一个成功的战术：埃洛界外球给南斯，急速内切闪过霍吉斯。南斯传球，埃洛接到，上篮。骑士100比99领先公牛1分。

成王败寇，还剩3秒。

很多年后，当人们说起这个球时，说法众多。一种最著名的说法是，科林斯教练想给骑士一个意外，于是想安排老中锋戴夫·科兹尼投篮。但乔丹一拳砸在战术板上，怒吼一声："把那个该死的球给我！"——这是很多年后的故事了，当时的描述要平静得多。科林斯给出的战术是：塞勒斯中线发球，卡特莱特给乔丹做掩护，让乔丹摆脱埃洛接球，投篮。乔丹走过去对霍吉斯——他刚漏防了埃洛——说：

XV

"别担心，我会把球投进的。"

全场人都知道乔丹会投篮，骑士更明白。

开球。骑士没有人去拦边线球，而是全力围剿乔丹。208公分的南斯绕前防乔丹，埃洛在乔丹身后。乔丹先给卡特莱特做了个背掩护，挡开多赫蒂。埃洛后来承认："有一秒我觉得那可能是个诱饵。"——但不是。乔丹变向，闪开南斯，奔向边线，接到了塞勒斯的传球，在右侧三分线外。

时间开始走。

乔丹不太想突破造罚球——上一场他27罚22中，包括关键时刻罚丢；这一场，他13罚丢了4个——乔丹以闪电般的速度向左爆发，埃洛在那一瞬间错误地选择了伸手抄球，抄空。巨大的错误。乔丹获得了一步空间，来到了罚球线正面，起跳。

时间还在走。南斯在乔丹右侧鞭长莫及，埃洛急飞而起，从右侧企图封盖乔丹，克里夫兰球迷看见埃洛的手抹过乔丹身前。线路已经封死，乔丹无法出手了。

不对。

埃洛开始下落，乔丹依然没有落地。时间还在走。埃洛从侧面滑过了乔丹，克里夫兰几万双眼睛看着公牛的23号摆脱重力浮在空中，弯腿，屈臂，然后，把球投了出去。

你听得见时间慢慢走完、克里夫兰几万颗心一起粉碎的声音。

"我没有看见球最后怎么了。"乔丹说，他投完那球后失去平衡，身体滑向左侧，"但看见球迷的反应，我知道球进了。然后我就做了一些我不该做的动作。"

乔丹完成了绝杀——很多年后，这个球被温特教练称呼为"天使的飞舞"，或者更著名的，"The shot"——101比100，公牛击败骑士，连续第二年3比2淘汰骑士，进入了东部半决赛。埃洛沮丧地倒地，而且几乎永久地成为了乔丹最伟大的背景之一。很多年后，他的孩子都经常边看录像回放边问："爸爸，你当时在做什么？"——乔丹挥臂，狂吼，失去理智地咆哮："结束了！！"塞勒斯扑上来，然后是其他公牛队友。他们像拥抱神一样拥抱乔丹。

他的NBA生涯里不缺伟大的绝杀，但这一次，是足以和1982年他一击拿下大学冠军媲美的故事。一个标志性的、NBA史上最匪夷所思的绝杀之一。而这一次，和1982年"我不断祈祷"不同，他咆哮，发泄愤怒和骄傲。他自己这么说："我觉得，正义终于得以伸张！"

"第四场罚丢球后，我心情很差。第五场来到这里，我又被球迷嘘。我在罚球线上时球迷对我招手。我听见他们在不断朝我喊'是放暑假开茶话会的时候啦'。我觉得我得证明些什么。"

他没什么好证明的，实际上，这只是又一次，他把一切的逆境转化为了愤怒和动力，让他又一次和普通球员拉开了距离——用魔术师的说法，NBA就是"乔丹和其他人"。在这一晚，他是乔丹，是一瞬间摧毁整个克里夫兰的人，而不是NBA的其他任何一个人。

XV

"伟大的球队"是个很难理解的概念。实际上，很长一段时间，我都相信，"好球队就是几个杰出明星，越多越好；有人负责解决问题，有人负责做其他的——总之，好球队是好球员组成的"，但最后，往往并非如此。

　　一个出色的个体球员该是如何，一个伟大的团队领袖该是怎样，有许多东西，是许多年以后回看当时的录像带，才能明白的。1997-1998季，斯科蒂·皮彭只出赛44场，乔丹已经35岁，公牛的阵容望去并不比其他球队出色太多，但他们还是能在常规赛赢下62场。

　　伟大的球队是个奇妙的概念：他们是支活的团队，他们未必相亲相爱，但懂得在比赛的适当时候做适当的事。这种感知，可以击败其他的任何天才——一如当年，活塞一再击败乔丹一样。

第十六章 最强个人VS最强团队

(XVI)

1 5 1 · 1 5 8

1989年东部半决赛，公牛对阵纽约尼克斯。纽约常规赛52胜，有二年级的妖后卫马克·杰克逊，有多米尼克·威尔金斯的表亲，同样善于飞翔的杰拉德·威尔金斯，以及乔丹的老熟人帕特里克·尤因。自1982年NCAA大决战以来，这是乔丹第一次遇到尤因。纽约纸面实力仍在公牛之上，但经过公牛干掉骑士后，没人敢小觑公牛了。

而公牛，对骑士死里逃生后，正自心比天高，觉得他们能碾压世上的一切。

半决赛首战于3月9日开幕，公牛在最后一节落后时，一口气打出8比0，把比赛逼进加时。乔丹全场都在传球，到加时猛然苏醒，连得9分。公牛120比109取胜，乔丹全场34分10篮板12助攻，格兰特19分9篮板，皮彭15分9篮板6助攻，霍吉斯4记三分球全场24分。但卡特莱特才是功臣：自己18分14篮板4助攻，而且逼得尤因20投9中22分10篮板，老哥们奥卡利则受制于犯规，28分钟内2分3篮板就被罚下了。公牛1比0。

第二场，纽约115比97大破公牛，扳回一阵。但马克·杰克逊做了件错事：他从乔丹手里断球后，玩了个典型的纽约后卫嘲讽——回身朝乔丹玩个以彼之道还施彼身：亮舌头。乔丹全场只得15分，但这一个动作，他算是记住了。于是：回到芝加哥主场，乔丹全场轰下40分15篮板9助攻6抢断。公牛第二节轰出42比26的大攻击波，上半场已领先20分，全场111比88血洗纽约。唯一的不妙是：乔丹在上半场伤到了腹股沟。赛后，芝加哥媒体一片杯弓蛇影，尼克斯主教练皮蒂诺倒不当回事，还贸然发出置疑：

"乔丹真的伤了吗？"

然后他就后悔了。

第四场，乔丹带伤连续冲刺纽约防线，罚球

28次罚中23球，全场47分11篮板6助攻。更要命的是，卡特莱特自己21分6篮板不说，还逼得尤因15投5中只得10分。公牛106比93再胜，3比1领先尼克斯。赛后，乔丹锱铢必较地追究起了皮蒂诺。

"我受伤后，不会多去想我的伤势。这是季后赛，疼痛是赛前赛后的事。"

皮蒂诺则心服口服："我想乔丹刚入行时，大家都质疑他能否让队友变得更好。但现在，如果要说一个联盟最佳球员，你得说是乔丹。不只是他自己超卓出群，而且他在让所有队友冉冉上升。"

的确如此。

第一场，公牛全线发威。第三场，格兰特15分11篮板，皮彭高效的12分7篮板5助攻2抢断1封盖。第四场，卡特莱特21分，皮彭12分7篮板8助攻。尤其是卡特莱特：前四场他把尤因防得场均不到19分，命中率不过45%。这是多年来卡特莱特和尤因在纽约做队友的好处：他知道怎么把尤因卡位，把尤因逼到底线接不着球。"尤因很危险，但只要把他逼出去，嗯，就好多了。"而他自己前四场平均15分7篮板："有机会的话，我也会刷点钞票哟。"

纽约擅长压迫式防守，实际上，第三、四场，他们祭出了43次前场领防，但只逼出公牛两次回场失误。乔丹可以轻松运球突破纽约的防线，然后找到队友。他能投、能传、能突破，而且创造力简直非人间所有。科林斯非常得意："皮彭和格兰特能跑，霍吉斯能远射，卡特莱特有空位也能得分，乔丹能直接突破篮下。我们有一群人，纽约无法封杀我们。"

第五场，尤因终于发威，32分11篮板4封盖，加上奥卡利的18分13篮板，纽约挡住了乔丹38分8篮板10助攻5抢断的攻击波，121比114取胜。但第六场，乔丹系列赛第三次得分上40，加上10助攻和4

XVI

抢断。皮彭19分，卡特莱特16分8篮板，纽约苦战到最后时刻，111比113败北。公牛4比2淘汰纽约，直抵东部决赛——一支东部第六的队伍，杀到东部决赛。了不起的奇迹。

然后，又一次遇到了宿命老冤家底特律活塞。

1989年的活塞，比前一年更为强大。他们衔着1988年总决赛七场败给湖人的余恨，卧薪尝胆。也许因为这个城市拥有世界上最擅长拼接零件的工人，机器鸣动、钢钉铿锵的声音也许回荡在他们梦里，于是在梦醒后，他们越来越像一台机器。他们的比赛充斥着强硬掩护、无球空切、机械化的中投、拖慢进攻节奏。他们残忍、凶暴、冷酷、傲慢、团结。尤其是1989年春天那次交易后。

1989年，活塞决定把阿德里安·丹特利——前得分王，曾在爵士连续四季场均30分的超级得分手——交易去小牛，换来同样位置的马克·阿奎利。丹特利相信这一切都是微笑刺客的阴谋，当他率达拉斯回底特律打球时，曾揪住伊塞亚·托马斯咬牙切齿："我永远不会原谅你。"多年以后，活塞经理穆斯博格挺身而出，为刺客一洗旧冤："刺客当然抱怨过丹特利要球太多，扰乱更衣室，但做交易的决定是我做的。"——但那是后来的事了。

这次交易，乍看很是诡异。阿奎利和丹特利都是低位得分手，阿奎利交易前，正被小牛当作毒瘤，交易来活塞，被检出体重超重了5公斤。但这交易，最后却让活塞铁板一块。其理由一：此前丹特利那种"每次进攻都要球单打"的打法，已令伊塞亚·托马斯恼火了；而阿奎利和刺客，恰是死党铁哥们；理由二：丹特利之前绰号"老师"（这词得用讽刺语调念），不太会教年轻球员学好，而且很在意自己的地位，阿奎利就无所谓些。于是交易之后，活塞能够多给丹尼斯·罗德曼一点上场时间，且不影响队内团结——结果这年，罗德曼就进了年度防守第一阵容。所以，这一个交易有前提：移了丹特利，招了阿奎利，串联了他和刺客的友谊，又激活了罗德曼。毫无疑问，1989年的活塞是联盟中最强团队。

然后他们输掉了主场开幕战。

连续三个系列赛，公牛先声夺人，先取对方主场。乔丹领衔的防守，让伊塞亚·托马斯、乔·杜马斯和维尼·约翰逊合计45投11中，公牛94比88取胜。这是场艰辛的防守拼争战，乔丹手感不佳29投10中32分，但11个篮板4助攻。皮彭14分11篮板6助攻。这场之后，刺客被媒体嚷嚷"乔丹把刺客封杀了"，大怒，第二场刺客席卷33分，活塞100比91取胜。但媒体依然认为：刺客太执迷于和乔丹对决了——作为组织后卫，他全场出手27次，只有4次助攻。活塞的大恶人兰比尔认为，这场胜利来得侥幸："我们的意识七零八落的。"而刺客及时地醒了过来："我也不喜欢自己这样打。这就像我四五年前的打法。我们的队伍太好了，我不该自己单打。"

最后，他的总结，暗示出他明白，自己得依赖团队了。

"如果比赛是刺客VS乔丹，我每场都会输。"

乔丹依然斗志十足，第二场虽然败阵，但他带病拿了27分。第一节末，他一次断球快攻，故意放慢速度，等他最讨厌的兰比尔追上来试图盖帽，然后猛然起速，劈头盖脸给了兰比尔一记扣篮。跑回自己半场时，乔丹回头盯着兰比尔，那意思是："来试试看吧。"

第三场回到芝加哥，活塞一度反客为主。比赛还余7分半时，活塞86比72领先。然后，公牛的血性发作。公牛发起了一波25比11的大追杀，比赛还余28秒时，格兰特两记罚球让公牛97比97追平活塞。还剩9秒，刺客在弧顶单挑乔丹，兰比尔杀出来做一个——用他自己的话说，"我做了一千遍的掩护"——被吹了进攻犯规。

XVI

于是，还剩9秒。全芝加哥的人都在等乔丹。乔丹接过皮彭的界外球，在三分线弧顶持球，朝防守他的罗德曼冲去，背靠到离筐8英尺处，刺客过来补防，晚了：乔丹一记擦板投篮，得到自己第46分，公牛99比97领先。只剩给活塞3秒。活塞最后一击未中，公牛完成第四节33比20的大逆转，99比97获胜，2比1。当然，最关键的数据对比：乔丹46分7篮板5助攻5抢断，而对面刺客虽然11次助攻，但只有8投2中，5分。

又一次，公牛2比1领先对手了。

但活塞的主教练，毕竟是查克·戴利老爹。

戴利在季后赛前，已经叫停了"乔丹规则"。他很忌惮格兰特和皮彭，知道如果全力封阻乔丹，这两个二年级生可能兴风作浪。但这一晚后，戴利再次坐不住了。

"我们决定了，不能再让迈克尔·乔丹独自周而复始地打败我们！我们要搞定他！"

结果是，第四场乔丹遭遇罗德曼和杜马斯轮番伺候，15投5中只得23分。

"乔丹规则"的一切，又被翻出来了：乔丹一对一时，逼他朝左移动；乔丹试图挡拆时，双人包夹加身体接触；乔丹背身单打时，三人包夹；乔丹无球走位时，贴身紧逼加内线围追；乔丹翼侧接球时双人包夹……具体到对位防守者，罗德曼依靠203公分的身高，紧逼防守乔丹的投篮，允许乔丹突破篮下，然后就是围追夹击。乔丹承认罗德曼脚步飞快，而且"他能够贴我那么紧，却做到不犯规"。

而杜马斯的风格则是另一种。

杜马斯191公分，一个诚实、厚道的老好人。他没有伟大天分，却是一个意识绝对完美的防守者。他的预判、横移、与队友的联络、细节调整，都如国际象棋大师般精准。活塞依靠全队来防守乔丹，而他是这组防守中的舵：他是背后这堆肌肉怪物的引导者，和乔丹玩一场斗智游戏。而且，一个常被历史忽略的因素：乔丹最可怕的地方，是他的仇恨和偏执。一旦惹怒了他，你会被他抛下地狱蹂躏。但是，杜马斯和乔丹却关系不错：他是个地道的君子。每次杜马斯领兄弟们来屠宰乔丹前，乔丹和杜马斯总会互相问候家人是否安好。乔丹也承认，"十四年对局中，我们从来没彼此递过一句狠话"。甚至当乔丹被底特律匪徒们撞飞时，杜马斯会过来问"你OK吗"。也许杜马斯并非有意，但是，让乔丹对他恨不起来，也是防守成功的秘诀之一。所以乔丹承认："杜马斯强壮、稳狠、扎实。他不做特别的事，但是他能完成任务。"

第五场，乔丹只出手8次，8投4中18分，送出9次助攻。借着他的传球，卡特莱特9投5中16分12篮板，格兰特19分。但活塞靠替补维尼·微波炉·约翰逊23分钟内22分，外加逼出公牛24次失误的防守，94比85取胜。3比2领先了。第六场，乔丹竭尽全力26投13中得到32分送出13次助攻，但公牛不行了：卡特莱特8投1中，皮彭只打了一分钟就被兰比尔"无意的"手肘击中，脑震荡下场。而活塞那边，刺客33分，兰比尔11分10篮板，全队五人得分上双。活塞103比94击败公牛，4比2晋级1989年NBA总决赛。然后，他们没再让机会错失：活塞4比0横扫湖人，拿下队史第一个总冠军。

XVI

那一代篮球迷，许多都有过类似的少年经验：1995-1998那些年，周末了，赶上场公牛的球，看，上半场双方不相上下，你很平静地等第三节和第四节，你知道"乔丹即将统治此处"，然后这一切就出现了。如果你看过那时的公牛和乔丹，你就会有类似的篮球审美：你会喜欢陡然全队开始施压的协作，喜欢靠团队防守把对手诱入死角的聪慧，喜欢看到协作完成断球反击，喜欢看到准确的空切和传球，喜欢看到寻找空位队友、快速转移球和空位中投，喜欢看到罚球间隙队友间老练默契的交流。你得出这么一套赢球的百试百灵方程式。那时你知道，伟大的篮球就是在适当的时候做适当的事，是所谓"得体"。

1997-1998季，公牛即是如此。他们平均32岁了；他们缺乏进攻火力，进攻只有联盟第九；他们完全依赖着一批老头子的防守细节和心。你不知道为什么，他们总是比别的球队显得老弱，但熬到比赛末尾，赢的却总是他们。

第十七章 不同的价值观

(XVII)

159·168

很多年后，刺客曾在不同场合，不断回忆起这一年的活塞。某个场合，他说，"篮球的秘诀，在于篮球之外"；另一个场合，他会眼睁睁看着自己不断跌倒、持续奋斗的情景，泪流满面，然后哽咽着对采访者说："你们不会理解……真的，你们不会理解……"底特律活塞在1989年，完成了他们最伟大的胜利：他们压倒了统治80年代的凯尔特人与湖人，压倒了魔术师和伯德，击败了最璀璨的新星乔丹。前不见古人，后不见来者。这支球队是如何锻造成的？你可以说：防守、铁血、杀戮、意志，但有以下细节值得玩味：1989年总决赛MVP，不是活塞的灵魂人物微笑刺客，而是敦实的乔·杜马斯。

1989年2月，活塞失去了80年代最好的得分手之一丹特利，但换来了与刺客情投意合的哥们阿奎利，而且因此激活了丹尼斯·罗德曼。

1988-1989季，夺冠赛季，微笑刺客打出了自己七年来最差的数据：这个以往年年场均20分10助攻、1984-1985季甚至打出场均21分14助攻的精灵，在1988-1989季，不过均18.2分8.3次助攻——比起场均32.5分8篮板8助攻2.9抢断的乔丹，比起三双如探囊取物的乔丹，刺客的个人星光黯淡得多。但讽刺的是，活塞这块铁硬的黑幕，仿佛是上帝之鞭，专门鞭挞各类数据吓碎人胆的天之骄子。

就在1989年11月，《体育画报》又给乔丹做了一期特写。确切说，是问答。比如，乔丹可知道哪支球队是他最经常刷单场40分的祭品？乔丹以为是波士顿，但答案是：骑士，已经累计被他砍过13次单场40+；在过去16场对费城的比赛里，乔丹场均得分超过40，两次得分超过50；只有在对阵湖人、子弹、小牛和超音速时，乔丹的场均得分才低过30……乔丹很认真地说起细节：

"如果有些球队能拦阻我，那是因为，他们会让我去防一个硬朗

乔丹在场上，随时都在制造麻烦。全联盟都在想法子防他。你问我怎么防他最好？——科林斯教练把他换下场去的时候！

——开拓者主教练迈克·舒勒

的、能绕掩护空切的大个子后卫。子弹队有杰夫·马龙，小牛有罗兰多·布莱克曼，超音速有戴尔·埃利斯。我没法很轻松地背身靠打他们，因为他们都跟我一样高而壮……至于对勇士嘛，很简单，他们有马努特·波尔。"——他说的是勇士那个231公分高、曾经亲手杀死过狮子的苏丹超级长人。

但是，乔丹对骑士队，他的祭品，他1988、1989年连续刺碎过心脏的球队——一如活塞干掉公牛一样——深表欣赏。

"我对阵骑士时打得好，因为他们就是派人单防我，基本上。罗恩·哈珀，他紧逼我，挑战我，想断我的球，有许多次赌博抢断，所以我能有机会突破他。我遇到这样的球队，总是很容易兴起。骑士，还有亚特兰大鹰，都是那种，贯穿我整个职业生涯，试图挑战的队伍。"

他描述这一切，就像猎人描述飞鸟和猛兽，像斗牛士描述被他戏耍、羞辱、最后杀死的公牛。他就是如此无坚不摧，呼风唤雨，仿佛有以一当百的魔法。世界也同样相信，他就是这样的人物。1989年夏天，迈克尔·乔丹26岁。他是这个星球上最好的个体球员，没有之一。而且，不只如此，他能够飞，他不是凡人，他有逸伦超群、超脱俗世的天姿。但是，底特律活塞和刺客，就像所有现实世界的铁幕一样，把他的飞翔扼杀在童话里。世界用飞翔、梦幻、天才、迅速、优美形容乔丹，但在底特律的词典里，是其他的词汇：防守、凶悍、谋杀、残忍，以及，团队。

1989年，他结婚了。妻子叫朱安妮塔。这段婚姻会在多年后出现问题，但在当时，堪称完美。早在1988年，朱安妮塔发现自己怀了乔丹的孩子，要求结婚。她不是普通的追星笨女人，而是在《太阳时报》工作的职业女性。她知道传媒的力量，她比任何人都了解，迈

XVII

克尔·乔丹，这时候正待成为世界的偶像，经受不起私生子、拒绝负责任一类的丑闻。这段婚姻的爱情里，多少混合着算计，但对乔丹来说，不是坏事：他生活里，的确需要这么个聪慧精明的女人。

另一桩婚姻，在1989年夏天达成。科林斯教练终于离开，然后，一如他之前担心的、媒体谣传的一样，菲尔·杰克逊成为了公牛主教练，时年44岁。

杰里·克劳斯教练心满意足：合作了两年，他觉得自己对杰克逊有提携之恩，而且，"菲尔是我的人"。公牛老板雷恩斯多夫更谨慎些，他给比尔·布拉德利打了电话——十五年前，布拉德利和杰克逊同在纽约尼克斯效力，拿了1974年总冠军。之后，杰克逊成为了嬉皮士教练，布拉德利从政当了议员。对前队友的教练前景，布拉德利回答："他考虑团队，但又能关注到个体。"

这就够了。

世界歌颂乔丹，克劳斯和雷恩斯多夫也无意阻拦，但他们总希望，公牛留给世界的印象是一支成型的球队，而不是"乔丹和那批克劳斯硬塞给他的垃圾队友"。杰克逊能够"考虑团队"，而且和乔丹合作过了两年，似乎很完美。

1989年夏，公牛做了调整。塞勒斯和文森特被开走，约翰·帕克森重回首发组织后卫；1989年选秀大会上，公牛招来爱荷华大学的B.J.阿姆斯特朗，担当替补控卫。如此一来，公牛的阵势是：

帕克森、乔丹首发后场，三年级的皮彭和格兰特担当前锋，卡特莱特继续担当首发中锋。加上二年级的替补中锋威尔·普度、新人替补控卫阿姆斯特朗，公牛与他们新来的主教练一样，换了套年轻阵势。当然，年轻化是用来给媒体写标题的，关键在于，乔丹怎么看？

乔丹从来没有公开说过，但自从奥卡利走后，他望向芝加哥新人的眼光里，总带着挑剔和仇恨。活塞给予他的败北之痛，只让他的眼光锋刃毕露。他承认格兰特有天赋，承认皮彭在进步，但他觉得格兰特有些笨，皮彭则不稳定。他不喜欢首发中锋卡特莱特，对替补中锋威尔·普度也没好感。在乔丹看来，范德比尔特大学毕业的普度的确传球不坏，投得进球，但慢，且软，而且他打篮球似乎纯为了谋生，缺少热爱。后来，媒体透露乔丹曾说道：

"这家伙还是叫威尔·范德比尔特好了，他不配姓普度。"事实是，乔丹在为北卡打球时，很敬重印第安纳州的篮球名校普度大学，其讥讽意味，正来源于此。

于是到最后，在球队里，他能信赖的，或者说，他肯信赖的，只有多年来陪在他身边，稳稳射进跳投的约翰·帕克森。

媒体总着力渲染说，乔丹是天纵奇才，却常忘记这件事：当年在北卡，他是个出色的团队成员。他经历过在沃西身边帮衬的岁月，他知道冠军团队该是什么样子。他对普度的嘲讽，暗示了他对大学篮球环境的记忆。恰是当年在北卡的辉煌岁月，让他对公牛的团队难以信赖：比起当年足以托付信赖、两肋插刀的北卡，公牛的球员们，更像一些柔弱、自卑的小孩子，在眼巴巴地看他。

然后，是些其他鸡毛蒜皮的事。

比如，在1989-1990赛季公牛队的宣传册上，乔丹发现：封面人物竟然不是自己，而是皮彭。

比如，乔丹明摆着不喜欢普度，助理教练巴赫也认为"普度这辈子也就是给卡特莱特做替补的命"，可杰里·克劳斯那面包屑认定，普度是"公牛的未来"。

比如，1988年，公牛每个主场有17794人到来。对比乔丹到来前那季的每场6365观众，天翻地覆。1988年春天，大卫·法尔克手

XVII

握这个数据，从公牛那里要到了八年2500万美元的合同。但是，杰里·克劳斯不喜欢"公牛管理层都是乔丹的跟屁虫"这话，更不喜欢耳边每天被叨叨"嘿，乔丹每年从Nike那里赚的是公牛的三五倍，究竟他和公牛谁欠谁啊"的话题。

就在这一片喧嚷声中，1989-1990季的常规赛开始了。

1989年11月3日，芝加哥人揭幕战心怀大畅：公牛主场加时苦战，有惊无险，124比119击败骑士。虽然骑士的哈珀得到36分10篮板6助攻，骑士的二年级射手斯蒂夫·科尔7分9助攻——那时芝加哥人还不知道，多年之后，这两个家伙会成为公牛的干将——但抵不过乔丹神威纵横：31投19中54分14篮板6助攻3抢断。令人激奋的是，这场比赛，公牛诸将都有发挥：格兰特17分7篮板，老卡特莱特17分15篮板，而皮彭则是19分3篮板，以及7次助攻——他是本场公牛的助攻王。

一天后，波士顿凯尔特人上门挑战，乔丹受犯规所苦，只打了34分钟，24分；皮彭接管了一切：24投13中28分8篮板5助攻3抢断2封盖。三天后，公牛主场击败凤敌活塞，略略浅出一口恶气。乔丹40分5篮板7助攻，皮彭17分10篮板。

菲尔·杰克逊负手在旁，看着这一切。

他开始掏一些锦囊妙计。比如，训练时，他会让乔丹和皮彭各带一队对抗。皮彭队当然总还是会输给乔丹队，但每一天，皮彭都得想法子去对抗乔丹，每一天，乔丹都得想法子继续压制皮彭，于是每一天，公牛的训练都像是场战斗。与此同时，皮彭的那些队友们，也得忍受乔丹的冷嘲热讽。乔丹不介意把训练搞得像场战斗：早在北卡时期，他就相信"倾全力练习=出场时间+队友的尊重"。

比如，在教练组安排下，皮彭的持球机会增加了。不，皮彭无法像乔丹那样随时随地得分，但他少年时打过后卫，有一个指挥官的大脑；他有201公分的身高，有蜘蛛一样的臂长，能够俯视对手阵线，担当指挥官。这不是什么新闻：1975年，金州勇士依靠201公分的巨星里克·巴里夺冠，那年的巴里开了"组织前锋"这位置的先河。80年代，密尔沃基雄鹿的长传大师普雷西、凯尔特人的拉里·伯德，都是身为前锋的指挥官。考虑到湖人队靠206公分的魔术师来呼风唤雨，杰克逊很明白：

皮彭大个子传球者们，能够高瞻远瞩组织阵线；且如此一来，乔丹、帕克森之外，公牛又多了一个持球者——比起得分、突破、组织、转移一切悉决于乔丹的单线思维，球队多一个大脑，总是好的。

然后，杰克逊，以及他的助理教练特克斯·温特，一起开始在乔丹耳边吹风，若有意若无意地提起这个词：三角进攻。

1989-1990季，公牛依然不是支防守强队，但在进攻端，他们焕然溢彩。皮彭成为了一个全面的前锋，格兰特的前场篮板和中投都很出色，卡特莱特也不像刚来时那么惹乔丹讨厌，帕克森稳稳地射进跳投，命中率高达52%，替补后卫霍吉斯是联盟里最顶尖的三分手之一。最后，是乔丹：

他达到了一种游刃有余的境界。六年级，他的跑跳能力依然在巅峰，投篮的成熟让他随时随地可以开火——比如，1990年1月18日对勇士，他取下44分。对面禁区依然伫立着足以遮挡篮筐的231公分巨人波尔，但那又如何？乔丹全场送出7记三分球，合计44分，干掉了勇士。

他拥有当世无对的速度，有全方位投篮的进攻火力，快如鬼魅，动如游龙。他可以随时一踩油门，让对手只看得见他背上的23号和球

XVII

鞋底——当然，大多数时候，他控制着自己。偶尔，他放纵自己接管比赛之后，总会开玩笑似地跟温特教练眨眨眼："特克斯，我又逃出体系来啦！"

他毫无悬念地当选1990年全明星，在全明星赛上随手拿了17分5次抢断。但让他感兴趣的却是：全明星后，公牛像台终于装配完毕的机器，开始运动。2月16日至3月6日，公牛完成9连胜，然后输给犹他爵士——那天乔丹独得43分无济于事，于是隔两天，乔丹在步行者身上砍了45分泄愤。3月16日，公牛主场81比105被活塞屠城，赛后，刺客不出意外地再次撂了狠话："活塞会永远挡在乔丹身前！"

乔丹赌着一口气，3月28日，公牛客场对骑士。开始，乔丹没打算动杀招：平常的左翼翻身跳投得分，平常的抓前场篮板后上篮得分加罚，平常的左翼突破后撤步跳投，平常的接传球空位远射……当然，那天乔丹手感不错，上半场就15投11中得到31分7篮板3抢断。如果一切如常，这就是一场平常的球赛：乔丹最后拿个45分，也许50分，然后带公牛回家去。

但是，骑士18号罗德·威廉姆斯做了个会让他后悔终身的选择：下半场，当乔丹一个快攻扣篮即将完成时，他用了一个野蛮的动作，把已经起飞的乔丹横肩拽倒在地。

乔丹后来多次谈到这一细节：他在场上倒了一分多钟，也许两分钟，听见克里夫兰球迷的欢呼声。这里头混合着理所当然的嫉妒、快乐和仇恨，而乔丹愤怒了。他可以接受对方球迷为自己投丢球而欢乐。可是，为对方球员被击倒而鼓掌？

——在这一瞬间，骑士闪现的暴力幻影，也许让他想到了底特律活塞。

——乔丹愤怒了。公牛队助理教练马克·普菲尔听到乔丹说，"他们会为此付出代价的"。

之后发生的一切是：乔丹两罚得手；乔丹右翼急速突破，后撤步跳投得手；在板凳上，他愤怒地跟每个队友击掌；骑士主帅雷尼·威尔肯斯对裁判大加抱怨，被罚出场，只让乔丹怒火愈烈。之后的比赛，他遍体火光缭绕，一举一动，都在试图把克里夫兰球迷的心脏准确犀利地剜出。他右翼要球，翻身跳投得手；借掩护突破对方两人后突破造罚球，两罚得手，至此已得到51分；运球急停超远三分得手，第54分；左翼切出接传球跳投，56分；左翼绕掩护跳投，第58分；右翼绕掩护晃过两人跳投得手，第60分。靠罚球得到第61分后，公牛105比102领先3分，但骑士射进三分球，双方拖入加时。加时赛，乔丹中路跳投得到自己第63分，随后造成拉里·南斯第6次犯规两罚全中，得到自己第65分。最后靠4记罚球得到4分后，胜局锁定：公牛117比113击败骑士，乔丹全场打了50分钟，37投23中、23罚21中，职业生涯最高的69分，外加职业生涯最高的18个篮板，以及6助攻4抢断。赛后，骑士的克雷格·埃洛——之前一年季后赛刚被乔丹在头顶完成"The Shot"的防守专家——对乔丹说："我们已用尽不同的战术和球员来对付你了。"

而骑士因伤未上的罗恩·哈珀，在多年后说："在替补席上看这场球，就像是一场……你再也不想重做的恶梦。"

很少有人注意的细节：比赛结束前，乔丹下场，大汗淋漓，与队友一一击掌。而菲尔·杰克逊却没有那么欣喜若狂。确切地说，他看上去不是不高兴，但在"我们赢球啦"的欣喜之外，他有些茫然，仿佛若有所思。比赛结束，他便匆匆离去，就像一个刚目睹自己所养的猛虎穿破牢笼、吞噬了狼群的主人。

只是那时候，杰克逊教练的价值观，还没有体现出来。

XVII

1990-1991开始，乔丹在公牛打了六个完整赛季，他自己拿到了全部得分王，公牛全部夺冠。而恐怖的一个细节是：在这些年里，公牛常规赛从未三连败。

这是他人格深处的偏执。他不管周遭发生了什么，只是会想尽一切法子，来让自己赢球。他对过去的自己——那个会输球、无所成就、无法将一切控制自如的自己——无比痛恨。他不会承认自己错了或者力有不逮。实际上，如果以贤良淑德论，他不算是个好队友。

1997-1998季，乔丹一如往常地虐待他的新队友。牌桌上、大巴上、飞机上、训练场上、球场上，他随时在怒斥队友，喝令他们。于是1998年3月，新入队的斯科特·布瑞尔要求和乔丹单挑。乔丹7比3胜出，而且扔了这么句话："你打败了我，许多年后，你可以对你的孩子说：'当年我打败了乔丹！'可我呢，我对我的孩子说什么？'我打败了布瑞尔！'谁知道你是谁？"

某种程度上，你可以相信，是底特律活塞使他成为了这样一个魔鬼。与底特律的漫长交战，令他明白了如何赢球，以及如何才能心如铁石。或者这就是上帝派那支底特律活塞来到人间的目的：给乔丹完成最后一记锤炼，让他相信，只有偏执狂才能常胜不败。

第十八章 最深的疼痛

(XVⅢ)

1 6 9 - 1 7 6

乔丹对骑士69分后，鼓其余勇，对纽约尼克斯49分，对迈阿密热47分，随后公牛一路连胜了半个月。1989-1990季结束，公牛55胜27负，自1971-1972季以来的队史最好纪录。乔丹场均33.6分，连续第四年得分王，外加场均6.9篮板和6.3助攻，此外，他场均2.8抢断得到自己第二次抢断王。第一阵容也理所当然。只是，常规赛MVP还是被魔术师蝉联了。

令芝加哥人欢欣鼓舞的是，这一年里，公牛诸将都得到了成长：霍勒斯·格兰特场均13.4分7.9篮板倒还罢了，皮彭场均16.5分6.7篮板5.4助攻的全面令人瞠目，尤其是场均2.6抢断，仅次于乔丹而已。全季下来，公牛只变过三套首发。若非卡特莱特和格兰特的伤病，公牛全季阵容会始终如一。换言之：他们找到了"赢球的组合"。

1990年季后赛首轮，公牛遭遇密尔沃基雄鹿。蒙克里夫已经归隐，但媒体无所不能，又找到了新话题：迈克尔·乔丹VS阿尔文·罗伯逊！

三度抢断王罗伯逊，191公分，蛇入草中般的爬行速度，杂技演员级的平衡能力，闪电手。敏捷、侵略性、意识，似乎都很精到。早年乔丹与他交手时，的确常被他干扰运球。只是，罗伯逊只能威胁到乔丹的运球，却无从全面阻止他：他并没有蒙克利夫那么沉稳的下盘，因此，他就像一个轻量级拳击手对付中量级，偶尔可以靠速度敏捷刺中对手，靠灵活步法避开对手的轰击。但是，整体而言，他只能在乔丹澎湃的攻击浪潮中偶尔刺击，造几个失误。季后赛第一场，公牛无惊无险111比97轻取雄鹿，乔丹27投15中38分8篮板7助攻，而皮彭完成了17分10篮板13助攻的三双。第二场，乔丹36分9篮板11助攻5抢断，皮彭32分7篮板8助攻，公牛再胜。第三场雄鹿虽胜，但乔丹砍出48分。第四场，公牛110比86血洗了雄鹿，3比1迈过首轮。又一次，又一个"乔丹封杀者"倒下了，公牛晋级。

东部半决赛对费城76人，乔丹遇到了好朋友查尔斯·巴克利。首战巴克利席卷30分20篮板，乔丹还以39分5篮板6助攻5抢断，而皮彭送上18分8篮板12助攻。公牛依靠防守96比85取胜。第二场巴克利16分19篮板，下半场他只得2分：公牛祭出了恐怖的全场紧逼，而且用皮彭来对位费城中锋格明斯基。乔丹自己射落45分，公牛2比0领先。

第三场前，巴克利聚集全队鼓励："殊死搏斗！"费城做到了，至少比赛前40分钟，他们完美地压制公牛。巴克利全场34分20篮板，大多数时候举着他旷古绝今的大屁股，和公牛的双人包夹搏斗。公牛一度落后到69比93。

但是，比赛最后10分钟，公牛发威：杰克逊放上乔丹和尼利、金、阿姆斯特朗、霍吉斯这四替补阵线，用乔丹的话形容，"四个快速的家伙，加一个硬汉"。公牛第四节得到45分，其中乔丹24分，全场比赛，乔丹49分。公牛险些完成大逆转，最后仅以112比118惜败6分。第四场，乔丹45分，第四节18分，公牛第三节一度66比80落后，但最后终以111比101击败76人，依靠的依然是他们捕鼠夹似的全场禁闭。杰克逊描述说："这是我们的基本战术：上弦紧绷式防守。"

这场比赛，乔丹再次对艾德·尼利——201公分高、122公斤、被他称为"硬汉"的家伙——大加赞美。但杰克逊认为，最伟大的依然是乔丹：他第四节不仅得了18分，还顺手把76人的神射手霍金斯锁死到只得2分。杰克逊教练如是赞美："比赛末尾时，没人能和迈克尔相比。奥斯卡·罗伯逊也是伟大后卫，但乔丹能在攻防两端都终结比赛。"

XVIII

第五场，乔丹没把比赛耗到最后时刻。公牛117比99解决了76人，乔丹37分，把霍金斯防得10投4中只得11分。公牛4比1击败76人，连续第二年晋级东部决赛。

连续第三年，遇到了命中凤敌：卫冕冠军底特律活塞。

熟悉的场景再现了：公牛VS活塞第一场第一节，乔丹突破篮下，然后倒地，是时也，他身边密不透风水泄不通，布满了乔·杜马斯、罗德曼、约翰·萨利这些敌人。活塞的大恶人兰比尔赛后如此形容乔丹的倒下："那只是万有引力嘛！"

中场休息时，戴利教练发现乔丹已得了26分，于是叫过罗德曼："忘了皮彭吧，做你的事！"活塞根本不在乎公牛任何人，他们就是要干掉乔丹。当晚，皮彭14投7中16分，乔丹得了34分，但用了27次投篮，下半场只得8分。公牛全队82仅31中，只得77分。活塞那边同样手感冰冷：刺客12投仅3中，爱德华兹11投4中，只有乔·杜马斯射中27分，但够了：活塞86比77，用与以往毫无二致的方式——残忍、凶狠、专注、团队和"乔丹规则"，击败了公牛。

第二场，乔丹带着受伤的右腕和腰背打球。他上半场只投了8次篮，只得7分，试图用传球把全队串联起来。但是公牛无人响应。活塞半场就领先15分，全场102比93取胜。公牛0比2落后，两个客场全输。赛后，乔丹发怒了：芝加哥的媒体交头接耳，说乔丹在更衣室里踢翻了椅子和饮水机，当然，除了踢打，他还说了些类似的、电闪雷鸣的话语，比如："我们打得像群白痴！！"

第三战前，乔丹提前20分钟到了球场。他哥们阿道夫·西弗敏锐地感到："迈克尔今天很不一样。"

乔丹的确准备好了。上半场，他独得16分，而且让公牛首节领先5分，但第二节，活塞反超，公牛以43比51落后进入半场。中场时，乔丹大发雷霆。芝加哥名记者萨姆·史密斯后来透露，他中场吼了如此决绝的句子："如果你们不想玩了，那也应当按照我的方式结束！"

"我想，迈克尔给了我们当头棒喝。"皮彭赛后说。

下半场，乔丹暴风席卷般得了31分。第三节后半段，杰克逊把他安置在组织后卫上，展开了传统的"乔丹引领一切，你们跟上"式进攻，于是第四节前8分半，乔丹独得16分，一口气把分差拉开，全场47分10篮板。虽然刺客得到36分、阿奎利得到22分与他分庭抗礼，但皮彭终于站了出来，29分11篮板5助攻。再加上格兰特的10分11篮板，公牛依靠21个前场篮板，107比102取胜，1比2。兰比尔全场0分6次犯规，但他一贯倒人不倒架，输人不输阵："这场是蒙的！"

可是第四场就不再是蒙的了。虽然罗德曼20分20篮板、刺客26分8篮板8助攻、杜马斯24分，但乔丹42分9助攻4抢断3助攻，格兰特11分13篮板，皮彭14分6篮板4助攻，帕克森17分7助攻，公牛108比101再胜一局，2比2。

到此为止，乔丹的怒吼似乎起作用了。但是，活塞没有溃。剩下三战，他们有两个主场。而且，他们没丢掉自己的精神。助理教练布兰登·苏尔说："当比赛很好看时，我们通常赢不了。"

第五场，活塞让场面难看起来。刺客第三节把皮彭操倒在地。乔丹被活塞诸将上下其手，全场只得22分，虽然送出8次助攻，但皮彭20投仅5中，格兰特12投5中。公牛83比94败北，活塞3比2领先。第六场，乔丹20投11中得到29分并抓到10个篮板，皮彭19分，格兰特10分14篮板，替补射手霍吉斯成为奇兵，9投7中包括三分球4投4中19分，公牛109比91大破活塞。

于是，进入第七场生死战。胜者去总决赛对决波特兰开拓者，败者鞠躬下台。

XVIII

这是乔丹第一次在NBA打第七场。他无愧为一个战士。全场比赛，他45分钟里27投13中，得到31分8篮板9助攻。他在活塞的渔网里独自游弋，等候他的队友给一个生还信号。没有。格兰特17投3中。霍吉斯13投3中。卡特莱特6分5篮板。

这场比赛，最大的话题是皮彭。开赛前，他站在格兰特旁边，忽然问了一句："灯光怎么突然变暗了？"他开始拼命眨眼，"我不能集中精神。"他吃了两片阿司匹林——然后感到脑袋里像有炸弹炸开一般：他发了偏头疼。整场比赛，皮彭10投1中。

皮彭成了整个公牛队——除了乔丹之外——的缩影。整个系列赛，活塞把全公牛防到只有40.7％的命中率，如果不算乔丹的46.7％，公牛其他球员合起来，命中率只有38.2％。而且在关键时刻，皮彭连同其他人一起倒下了。帕克森描述活塞的防守："他们总在阻拦你，总在朝你飞来，许多时候是他们最能跳的，比如罗德曼，比如萨利，所以他们就给你足够的心理阴影。"

但杰克逊的看法却是另一般：活塞没有一个伟大如乔丹的天才，但他们有车轮战法。比如第七战，乔·杜马斯和爱德华兹各得7分和6分，但阿奎利15分10篮板，刺客得到21分，罗德曼13分9篮板，萨利14分5封盖。刺客在一、二、五场合计只有31投8中，但他发挥黯淡时，杜马斯总能补他的班；第三、四场兰比尔合计13投1中，但第五场他13投7中。戴利教练总结说，活塞的策略就是："随时找匹可以骑的马。多数时候，我都不知道下一匹会跳出的马是谁。"

连续三年，公牛输给了活塞，尤其是，还输给了刺客。刺客和兰比尔一吹一唱的讥诮，不免令人如芒在背。连续两年，活塞踩着公牛进了总决赛，而且还拿了总冠军。1988年乔丹拿到常规赛MVP时，魔术师和伯德眼看即将退位，将时代王座拱手给他，可是他没法取下团队的最终胜利，就走不到最后那一关。底特律主场球迷举起的牌子，尤其刺人："也许明年吧，迈克尔！"

对乔丹而言，这就是最深的疼痛：他恨败北，恨败给刺客，恨自己在接近王座的时候输给刺客，恨自己在离王座只有一步之遥时输给最痛恨的刺客和活塞。但这一切就这么现实。1990年夏天，乔丹处在一个奇妙的维度里：他被认为是本星球最好的球员之一，但同时，也深处谷底。比失败更可怕的，是前方漫无目的。这是NBA巨星们普遍有的迷信和疑问。1969年，湖人总决赛败给凯尔特人。伟大的杰里·韦斯特，与凯尔特人鏖战了一整个60年代的韦斯特，不顾背伤、鼻伤、脚伤，简直把灵魂都用来打比赛，也无法阻挡凯尔特人。当时洛杉矶媒体透露过韦斯特一个朋友的言论："他都怀疑自己是不是被上帝抛弃了，是不是这辈子都不能再得冠军了。"

第七场败给活塞这晚，乔丹走出底特律奥本山，在停车场，他遇到了活塞总经理杰克·麦克洛斯基。根据一些传说，当时对答如下。

乔丹："先生，我们能赢活塞一次吗？"

麦克洛斯基："迈克尔，你的时代就要到了，很快了。"

谁知道呢？

XVIII

多年以后，当乔丹已经拿了一堆冠军后，他对"三角进攻"这玩意依然情感复杂。他知道这东西给他带来了总冠军，但也明白这玩意犹如穿在他脚上的芭蕾舞鞋——他可以凭此跳出美丽的舞姿，但毕竟疼痛不堪。

然而，他至少愿意接受这个，而且逼迫新队友们接受这个。态度有时重于细节，菲尔·杰克逊很明白这一点——或者，这才是他真正的目的。

第十九章 1990年夏天

177 - 182

1990年6月，活塞击败公牛后，轻取开拓者，蝉联NBA总冠军。乔丹在芝加哥的夏夜里蛰伏，像猛兽独自舔舐伤口。

前一年被活塞击败时，他已经受够了被底特律坏孩子们的肌肉碾压体罚，决定二度增重。此前，在北卡，大一到大三，他曾给自己加过5公斤体重，提升肩部肌肉。现在，他明白了：在NBA生存，飞鸟过于轻逸。想从活塞的血盆大口里夺食，你也得让自己牙尖嘴利、刀枪不入才行。

此前一年，公牛训练师马克·菲尔和队医约翰·海弗隆给乔丹介绍了个新人：年轻的蒂姆·格拉弗。这位先生其貌不扬，175公分身高，医学世家出身，却偏爱体育，放着医院不去，在健身俱乐部工作。他跟乔丹甚为相得。1990年夏天，他开始为乔丹实施他思虑已久的训练计划。

他计划让乔丹每年增重3公斤左右，最后，让乔丹的体重从90公斤提升到98公斤左右，脂肪比率则从5%减到3.5%。完成品的乔丹，肩膀、胸肌、三角肌、二头肌和背肌理当会更强健。他提醒乔丹，不能求短时间的提升，得思谋循序渐进："如果让你身体膨胀得太快，你会失去许多东西。"

80年代的NBA，球员们依然把自己当"篮球运动员"看，而非"运动员"。练健身、拼力量，似乎该是田径运动员或橄榄球运动员的事。针对乔丹增重，他的朋友里就颇有反对意见：增加体重，意味着乔丹的看家法宝——他匪夷所思的速度——会被削弱。但乔丹的看法是："得了吧，你们又不是那个被活塞撞得死去活来的那个人！"

自虐式训练的，并非只乔丹一个。实际上，1990年7月，总决赛结束后一个月，全世界都在度假，公牛全队则在训练馆挥汗如雨。你可以猜，乔丹那段踢椅拍桌的热血鼓舞，有效期还没过。但更多的，是球员们自己的尊严：他们曾经离总决赛只有一步之遥，他们肯定不只一次想象过冠军的样子；他们还年轻。

可是芝加哥公牛内部，并不那么万众一心。

败给活塞后，公牛的总结，无非是"我们需要更多的内线硬汉"、"我们需要板凳得分手"、"我们需要个高个后卫"。实际上，这些缺点，球迷都明白。但是具体解决，并不容易。

比如，森林狼正兜售铁血猛士里克·马洪，但要价是一个首轮选秀权，克劳斯放弃了。

比如，亚特兰大鹰有一个1990年第36号选秀权，一个41号选秀权。克劳斯去探问鹰总经理斯坦·卡斯滕的意思："白给我们这个36号选秀权如何？"卡斯滕震惊了，"凭什么？"克劳斯的逻辑是："36号选秀权是要给相应匹配工资的，你把36号给我，拿41号去选，这样你同样选个新秀，只要给他41号新秀级别的工资啦，省钱啦！"——你可以想象，鹰队听了这胡搅蛮缠、空手套白狼的逻辑，是何等反应。

然后，公牛的艾德·尼利——201公分高、122公斤、31岁、被乔丹称为"硬汉"的家伙——合同到期了。乔丹很喜欢这个堪称白人版奥卡利的蓝领，希望球队续约他。公牛给尼利开了两年80万，尼利摇头：他声称，有球队肯给他三年210万。公牛管理层根本不信：吓唬谁呢？然后，尼利以三年210万，签约了凤凰城太阳。

好吧，没法子了，公牛只好去跟亚特兰大的前锋克利夫·利文斯顿玩心眼。利文斯顿要四年560万，公牛含糊其辞，口头答应；等到1990年8月，看利文斯顿无处可去了，公牛才给出一年75万的合同报价，让利文斯顿大吃一惊。最后，公牛还是拍出了两年215万，签了利文斯顿。公牛自有理由：我们要留着钱，签一个欧洲球员哩！——可这不妨碍全联盟都琢磨透了：芝加哥公牛的克劳斯，就是个铁公鸡+

XIX

吸血鬼！

然后，是菲尔·杰克逊的鬼心眼。

杰克逊在纽约尼克斯的霍尔兹曼教练麾下度过球员生涯。霍爷爷那句话常被他拿来引用："篮球有啥麻烦的，又不是火箭科技。进攻时找空位队友，防守时盯着球，可以了……重要的，是球员本身。"他很知道，打篮球的是人，而非战术；一切篮球战术，都是为人服务。他看见过1970年和1973年两夺总冠军的、堪称团队典范的纽约尼克斯。1973年总冠军尼克斯有多达五个球员，多年后入选了NBA史上50大巨星，但那年的纽约，最大特色并非星光熠熠，而是团结浑融。例如，60年代最伟大大前锋之一的杰里·卢卡斯，可以接受替补位置；1970年总决赛MVP、尼克斯队长威里斯·里德，愿意担当球队第四号攻击手；全队有多达五人场均助攻3次以上。这是杰克逊理想中的团队，足以夺冠的团队。

打造这样的团队需要什么呢？嗯，说服乔丹。

1990年夏天，杰克逊不断给乔丹电话留言，陈述他对球队的想法。10月，乔丹结束假期与球队会合时，杰克逊跟他开诚布公聊了一次。根据后来的诸般传说，当时杰克逊说的依然是老一套"我们需要队友融入团队；你要更信赖队友；活塞就是依靠团队打败了我们"，然后图穷匕现："你可能得减少上场次数……可能得放弃得分王。"

根据杰克逊后来的说法，乔丹一声不响地听完了这一切。杰克逊自嘲了一句："起码他倾听了我的想法。"

随后出场的，是杰克逊早在前一季就约略演练过的"三角进攻"。当然，1990年秋天芝加哥训练营开始跑这个时，定然料不到，多年之后，这玩意会成为传媒历史上，最著名的篮球战术之一。

这战术并不新潮。公牛助教特克斯·温特先生，早在1962年就把这套路整理干净，出版成《三重背身战术》。具体法则，说来也很简单：靠近边线，三位球员，每人拉开一定间距形成三角，以便让对方无从包夹；翼侧一人，底线一人，围绕内线背身攻击手，展开一个三角；而弱侧，由另两个队友站位接应。这套战术没有定规，其核心思想就是：拉开空间，球尽量在强弱侧转移、避免被对手淤塞和包夹。具体进攻时，要求每个参与其中的球员，都具有阅读进攻的能力，有全面的传、跑、投的能力。但最重要的要求，还不止于此。

六年之后，即1996年，克莱门斯教练在达拉斯小牛试图教导三角进攻，失败了："队里人人都想当老大，都想多持球。"而三角进攻最忌讳的就是单一持球，最大的要求就是快速阅读对方防守、准确地转移球。实际上，三角战术的主题思想，例如大量强弱侧换边、空间拉开，都讲究球权流动、合理运转、每个人都参与其中。

所以，你可以这样猜测：杰克逊让球员们学一套近三十年前就被发明的战术，不只是让队员学习一种阵型，更像是，逼迫他们去学习一种打球的态度。

在实战中，最惯常的套路是：帕克森运球到前场，把球传给右翼的乔丹，然后自己走到右底线，乔丹不喜欢的卡特莱特在右侧禁区背身要位：如此，乔丹、帕克森和卡特莱特就形成了一个边线三角；皮彭和格兰特则在球场另一边。发动此进攻时，乔丹得把球传给他不喜欢的卡特莱特，然后和帕克森一起开始移动空切……在三角进攻里，没有正统的组织后卫，没有一个固定的单打进攻点，一切都在运转中进行。

很自然的，这战术没太受欢迎。利文斯顿新到公牛，本来就因为合同的事儿不高兴，还被逼着练这诡异战术——"啥，你们说什么双背掩护？我以前都没听过这个！"——恨得咬牙切齿："这玩意，真复

XIX

杂透顶！"主力控卫帕克森企图跟芝加哥记者解释这战术，解释了半天，自己糊涂了："算了我也说不好，你还是看温特的书去吧。"

乔丹对这战术的态度不咸不淡："就是那个三角玩意。"这年12月，杰克逊教练自己承认了："乔丹不需要三角进攻，毫无疑问，这东西限制了他。但我们得搞这战术，让别的队员得到进攻机会。"

多年之后，我们旁观者清，都明白1990年的夏秋之际，杰克逊千方百计，意图解开"乔丹独自接管，其他人站着看"的死结。三角进攻更像个噱头，一个幌子，更像是杰克逊的想法，让乔丹接受以下安排：相信队友，相信他们除了投投空位篮和防守之外，也能打点战术套路的；相信他们有资格组成一个体系，而乔丹可以在体系里打球。这个体系会剥夺掉一些自由，但是，乔丹会得到一个团队，而非一群茫然无助，不知道该如何追随他飞翔的家伙。

但是，这一切并不容易。

噢，还有，杰克逊设置了双队长。除了乔丹外，另一位队长是：乔丹一向不太喜欢的，又老又笨拙的中锋，卡特莱特。

1997-1998季第一个月后，乔丹提议球队开会。他的意见：公牛在前三节比赛，当以三角进攻为主，第四节则随机应变。如果情势危急，乔丹就接管一切，自由发挥。

于是1997-1998季第二个月开始，我们看到了久违的景象：乔丹开始更多和队友单挑，更狡猾地靠突破骗犯规，频繁沿底线强袭篮下，无视他35岁的年纪。事实是，1997-1998季，乔丹场均8.8次：这是他90年代以来的新高。

在35岁的年纪，他用了最笨拙但最生猛的方法，来拖着公牛前进。队友朱德·布伊奇勒承认："他生来就是为了胜利。没有斯科蒂，三角进攻难以发挥，迈克尔没法一个人包揽单打得分和组织队友。因此他选择了一种最简单的办法来赢球：直接攻击对方篮下。这看来很像十年前的乔丹。但现在他是在用心打球、冒着身体受伤的危险来追求胜利。"

他曾经为了赢球而顺从了三角进攻，然后为了赢球又放弃了三角进攻。他只是想赢，就是这样。

第二十章 磨合

(XX)

183·192

1990-1991季揭幕战，公牛主场对76人。芝加哥球迷绝望地看着巴克利横行无忌的大屁股攻下37分10篮板，乔丹有34分5篮板7助攻7抢断的表现，但公牛全然防不住76人，116比124败北。第二战，乔丹在华盛顿得了28分，但公牛全队22次失误——皮彭7次，格兰特5次——公牛102比103再败。第三战，伯德带凯尔特人来袭，乔丹33分8篮板12助攻，但公牛全队低迷，108比110输掉。开局三连败。

乔丹要爆炸了。

前一季虽然令人难过，至少离总决赛仅一步之遥；这一个赛季，听到的全是坏消息：强援未到；战术琐碎；教练逼自己改换打球风格——居然还三连败！虽然第四场公牛轻取明尼苏达森林狼，乔丹还是生气。第五场，在波士顿花园，乔丹烈火燎原的34分钟内41分5篮板6助攻，勉强出了口鸟气。再血洗了夏洛特黄蜂后，公牛战绩回到3胜3负。依然不好，但多少可以接受，至少足以平息芝加哥球迷山呼海啸"快把杰克逊绑上十字架烤掉算了"的呼声。

老板虽然放权，其实心里没底。赛季第六战后，老板雷恩斯多夫问杰克逊3胜3负怎么回事，杰克逊回答："我带的球队，从来慢热！"

——要不是考虑到1989-1990季后半段，公牛的确后发制人、打了一波24胜3负，这样倨傲的回答都能让老板起雇凶杀教练的念头。

杰克逊很稳，或曰，看上去很稳。他信奉禅宗，他不喜欢让人看透自己，所以总是泰山崩于前而色不改。在公牛的连胜里，他看到了自己想看到的数据：胜森林狼，乔丹14投7中17分；胜黄蜂，乔丹15投8中23分。没有他天矫如龙的飞翔，公牛似乎也能赢球了。

杰克逊信奉禅宗，所以他爱跟队员玩心理游戏。赛季开始不到两周，他就开始给队员送书看。乔丹得了本《所罗门之歌》。杰克逊不是小学老师，不要求交读后感，但是，当他一脸莫测高深、把一本书递给你时，你很难不去读这书，然后猜这家伙在想什么。

《所罗门之歌》，托妮·莫里森著，以"黑人会飞"这传说为主线，讲述了主人公与父母、姐姐之间的冲突。你可以认为这本书在谈论种族歧视，也可以认为这书塑造了这么个主题：人类在充满压迫的环境中，会如何自我变异。

杰克逊肯定预测不到，三年之后，此书作者托妮·莫里森阿姨，拿到了1993年诺贝尔文学奖。他给乔丹这本书，很显然，是要让他看书中的这段黑人民谣："吉克是所罗门的独子，扶摇直上，飞抵太阳，所罗门不要把我丢在这里，所罗门飞了，所罗门走了，所罗门穿过天空，所罗门回了老家。"

对能飞的乔丹来说，这段话像咒语一样。

11月中，西部客场之旅到来。在盐湖城对垒爵士，公牛的三角战术全面失灵：格兰特和皮彭合计25投5中，全队命中率39%。爵士那边，卡尔·马龙和斯托克顿招牌的挡拆打得行云流水，马龙28分19篮板，斯托克顿13分14助攻。幸而乔丹还有22投10中29分11篮板的表现，最后时刻，他一击跳投，公牛84比82险胜。

让公牛诸将诧异的一个细节：这个赛季，杰克逊叫暂停越来越少。无论对方如何追近，如何反超，他都坐在板凳上，一言不发，莫测高深。冷眼一看，好像他胸有成竹，很容易令对方发毛；但被对方逆转时，他又确实没拿出应对之法……但杰克逊自己的解释是："我要让你们自己学着解决问题！"

对这种散养放羊型玩法，全队自上而下地不予理解。助教巴赫和温特都觉得杰克逊玩火甚欢，队员们私下里，自然更客气不到哪里去。但赛程密集，大家来不及恼恨：11月15日，球队到了奥克兰，会战金州勇士。

XX

乔丹从来不喜欢勇士。1989年11月，被问及他屡战勇士都不尽如人意的缘由，乔丹答："马努特·波尔。"但他对勇士的奥克兰主场，别有一番错综复杂的感情，又不是231公分的巨人波尔能解释。一个经典的细节：1985-1986季，乔丹此生唯一的那次大伤——左脚骨伤——就是在对战勇士之夜，在奥克兰。

　　对战勇士前夕，乔丹在分心关怀别事。湖人现任二当家、1988年总决赛MVP、他的北卡老大哥、联盟最快的前锋之一詹姆斯·沃西，这一次快过了头：他被捕了。

　　在洛杉矶这个声色犬马的城市，沃西一向神色枯槁，犹如苦行僧。在魔术师这样的花花公子眼里，沃西的打扮和言行，简直像殡仪馆的工作人员。结果当日湖人去休斯顿打比赛，沃西不知怎的，老实人动邪念，在酒店打电话，要找姑娘到他房间服务，而且一要就是两个。可怜他老人家大概也不谙此道，完全不知道休斯顿警方已经禁了这事。警察们没派姑娘去，反派了俩警察杀到他房间去会见，等沃西一开门，悲剧就发生了……

　　但到了那天晚上，乔丹就发现，他遇到的问题不下沃西：公牛又在三角进攻里迷失，全场失误18次，命中率43%。皮彭18投6中，格兰特17投8中，乔丹只有12投6中，14分。球队下半场被勇士死死按住，毫无翻身机会，最后输了10分。乔丹大怒，克劳斯经理发现不对，打算亲自和乔丹谈，但杰克逊出场压住了一切。

　　他没让克劳斯进更衣室，同时在记者到来前拉住乔丹："不要说错话。"

　　那时节，箭在弦上，炸药堆积在公牛屁股底下。只要乔丹一句话，芝加哥整支球队可能被炸上天去，尸骨无存。

乔丹没有说错话。乔丹一字一顿，说了些记者无从挑剔的话，诸如杰克逊毕竟是教练，诸如这是杰克逊的选择，"我猜，他们觉得在我最初的六年中，我们没有取得他们希望的成功，所以他们认为，必须让每一个人参与进攻，我们才能成功"。乔丹不高兴，但他到底没当场拔刀，把克劳斯和杰克逊串起来烤吃了。

至于他私下里怎么生气，杰克逊不关心。

从奥克兰出来，球队往西雅图，应战超音速。赛季前，乔丹在这里多了个新仇家：超音速的新秀控卫，是俄勒冈大学的天才、1990年的榜眼加里·佩顿。这个193公分的家伙天生反骨，背身进攻一流，视野出色，运球突破凶猛，但最要人命的，是两样武器：一张NBA史上最毒的嘴；一身天下无对的防守。在大学时，他那张问候对方十八代祖宗女性的大嘴和他的防守一样残忍，到了NBA，他也没留情，大大咧咧对《今日美国》夸下海口：他能防住任何人。

"迈克尔？他包括在内。"

在传说中，他和乔丹初次相遇就擦了火花。乔丹揶揄嘲讽，整个80年代只有拉里·伯德可比；可是佩顿迎难而上，跟乔丹叫板："老子也买法拉利了！"

乔丹答："得了吧，我的法拉利是赞助商双手奉上的。"

B.J.阿姆斯特朗注意到，乔丹一到西雅图就神色不善；看乔丹掏出那份《今日美国》研究佩顿的说法时，阿姆斯特朗嗅到了血腥味。他大概猜到乔丹要对佩顿干嘛了。后来阿姆斯特朗说起此事，只有一个疑惑："他是这世上最有名的球星，为什么还在乎新秀们说些什么？"

有对手时就征服对手，没对手时就创造对手……这就是迈克尔·乔丹。

XX

公牛VS超音速一开场，乔丹连续两次断掉佩顿的球，又干扰逼出了一次失误，闪电战一般席卷了6比0开局。超音速教练乔治·卡尔嗅出空气里的杀气，换下了佩顿，但没法阻挡乔丹的屠杀：公牛第三节结束时已经83比66领先，乔丹27分钟里得了33分7抢断，而佩顿21分钟里只得2分。于乔丹言，这是一场漂亮胜利。他本拟乘胜进击，彻底干掉佩顿，剖腹摘心，给他留下永恒的心理阴影……可是，追击被止住了。

杰克逊教练起身，把乔丹换下，让他在板凳上看完第四节：公牛116比95取胜。对杰克逊来说，胜利已经够了，不必扩大追击。自然，他知道乔丹很扫兴。但他关心些别的，比如，离开西雅图往波特兰走时，他要求球队别坐飞机，而坐大巴："你们可以看一看周围的景色！"

景色没帮到公牛。在波特兰，半场下来，他们就以51比67落后。乔丹29分5篮板7助攻，但对面的克莱德·滑翔机·德雷克斯勒30分7篮板9助攻，这且罢了；开拓者的两大内线达克沃斯和巴克·威廉姆斯居然合计20投16中38分；开拓者大胜公牛。下一场，公牛在凤凰城败给太阳：第四节，太阳打出31比22的大反击，乔丹独得34分但无济于事。

乔丹又生气了。这次，他生气到了决定改变自己的习惯。

于是，公牛的转折点来了。

败给凤凰城后，公牛作客洛杉矶对阵快船。杰克逊叫过皮彭，叮嘱他："别在意投篮的事，你更应当做个组织者，而非得分手。"皮彭遵从了，全场13分13篮板12助攻，三双。这一晚之后，皮彭终于开始明白自己的角色。

之后一晚，也是西部客场之旅的最后一战，在丹佛，全公牛都被震惊了：乔丹，以往习惯在更衣室坐着，并声称"我希望自己新鲜活跳地踏上球场"的乔丹，在赛前练习投篮。他的旧习惯，可以理解为后发制人，可以理解为一点小迷信、一点小仪式感。而他的新习惯意味着什么呢？不知道。

但这晚对掘金，乔丹24投14中38分7篮板12助攻，公牛祭出华丽攻势，151比145取胜，末节完成42比25的大反击。回到主场对华盛顿子弹，乔丹首节15分，公牛39比26第一节就奠定胜局，最后118比94大胜，乔丹最后27分钟里得了24分7助攻，效率是惊人的15投11中；对步行者，乔丹19投15中37分，包括首节20分，公牛再度首节就41比24领先，最后血洗了步行者29分。对骑士，乔丹18投13中32分，公牛首节37比20领先，最后120比85大胜。

而这两场，皮彭收获了合计28次助攻。

乔丹还是不太买三角进攻的账，芝加哥媒体也猜测，乔丹屡屡先声夺人、首节就展开进攻飓风，是因为知道"杰克逊既然会控制我的出场时间，那我只好在有限时间里得分了"。无论如何，皮彭就位组织前锋，乔丹进入先发制人状态，公牛开始连胜了。24分大破子弹，29分血洗步行者，155比127大破太阳，又赢了纽约10分，完成了七连胜——对纽约一战中，乔丹33分7篮板9助攻8抢断，而且给杰罗德·穆斯塔夫留了件永恒纪念：一记多年后还会被反复重放、让穆斯塔夫的孩子说"爸爸，你被迈克尔骑啦"的超级扣篮。

12月中旬，乔丹撂了话："球队输掉那些比分接近的比赛时，我觉得球队体系妨碍了我们，相比我们为之牺牲的……我们赢球的时候，球队运作很好；但问题是，这进攻需要时间来磨合，我们还会犯许多

XX

错误。问题在于替补阵容，他们没太多时间演练磨合。"

　　他切中了要害：其一，公牛的替补，即，以斯泰西·金和利文斯顿为首的诸位，经常组不起三角进攻；其二，三角进攻确实让公牛牺牲了许多，比如，这一板一眼的半场攻防，让皮彭与乔丹这样本该风驰电掣的闪电战能手，只好慢悠悠地打。

　　但多多少少，乔丹似乎是接受三角进攻了。

　　12月18日，公牛对迈阿密热。热的两个新人——新秀威列·伯顿，二年级射手格伦·莱斯——跟乔丹打嘴仗，乔丹大怒：全场36分钟内39分9篮板6助攻抢断2封盖，比赛最后时刻抄伯顿的球、盖凯斯勒的帽、掐断道格拉斯的出球，攻防两端统治了比赛。这一晚，皮彭同样高效：30分4篮板6助攻6抢断。迈阿密媒体哀叹出声：

　　"我们遇到了蝙蝠侠和罗宾！"

　　不知不觉，皮彭正在时不时打出乔丹级的数据。

　　但是隔一天，皮彭又回到了1987年那个羞涩的阿肯色青年：公牛去了底特律，84比105被血洗。乔丹33分，但皮彭16投仅2中。

　　又两天后，公牛主场应战湖人。这一晚，皮彭又找到了自己：17投13中28分11篮板9助攻，乔丹则33分15篮板9助攻。公牛114比103击败湖人。然后就是1990年的圣诞之战：底特律活塞又来了。

　　这一次，杰克逊教练动手术了。

　　他神奇地把格兰特压进替补，让斯泰西·金担当首发前锋。此事一出，不独活塞大感意外，格兰特和金的女朋友都大为惊奇，互相争风吃醋。然而这一招起了作用：公牛98比86击败活塞，乔丹23投14中37分，皮彭14分8篮板6助攻，卡特莱特12分10篮板。

以一波五连胜结束1990年、拿到20胜9负后，公牛的喧闹暂时被按下了。乔丹依然不太高兴，但是，嘿，杰克逊这家伙，好像真的有一手呢。

也从这时候起，媒体开始正经把菲尔·杰克逊叫做"禅师"了。

XX

1998年1月10日，皮彭终于伤愈复出，为公牛首发出场。此前，公牛24胜11负；此后，公牛打出了38胜9负。

实际上，就在一个月前，公牛在洛杉矶加时大战快船、乔丹独得49分之夜，皮彭却对《每日先驱报》说了这话："我不是在开玩笑，我是非常认真的，请记住我的话，我不会为公牛队打球了，你可以把它写到文章里去。"他恨自己的低薪水，他恨杰里·克劳斯随时想把他交易出去的心思。他知道公牛王朝将在1998年结束，他不想被公牛榨干一切，然后被扫地出门，连丝毫尊重都无法收获。

是队友罗恩·哈珀、乔丹和禅师把他拉了回来。他们尽力劝导他，宽慰他，哈珀甚至还学禅师，跟皮彭聊起"珍惜此时此刻"的道理。于是皮彭回来了：就像来赴一场为了告别的聚会。因为养伤期间四个月缺乏运动，皮蓬的腿部肌肉萎缩得非常厉害，他的垂直弹跳只有原先的1/3。恢复很辛苦，但他到底挺过来了。你很难解释他的动力：求胜欲？友情？尊严？对篮球的爱？

禅师很明白：只要皮彭、乔丹和他能够达成和解，那世上的一切，都不是不可能的——即便还有无数问题要解决。

他最珍贵的特色在于，用当时的快船队后卫、多年之后的凯尔特人冠军教练道格·里弗斯的话："乔丹的每场球，每个回合，都好像在打自己最后一次篮球似的。"他的热情，他的好胜，他的穷凶极恶，他无限的创造性，随时都能让人跳出座椅来，而且他还能飞。

第二十一章 和解

(XXI)

193 · 200

1991年第一场常规赛，公牛在休斯顿输了22分——乔丹32分，但皮彭17投5中，对面的两大内线哈肯·大梦·奥拉朱旺和奥蒂斯·索普合计43分21篮板，而且统治了禁区。这场之后，格兰特诉了苦："他们这前场，实在难对付！"

但之后，公牛就是轻松的一波七连胜。

杰克逊曾对70年代的芝加哥公牛念念不忘，他描述当时的公牛防守为："芝加哥通过自己的脚步移动，封堵对手的传球路线，使得对手必须打半场进攻。他们孤立持球人，迫使对手必须走底线。和芝加哥这样的球队打比赛，不得不放慢速度，对自己的传球特别警惕，如同在和一只章鱼比赛。"

而他现在，有乔丹和皮彭这两个防守端章鱼怪。

从1990年12月起，公牛开始展现一种堪称经典的防守套路。

每逢战到难解难分，他们会忽然间摆出以下套路：边线夹击，对球施压，钳制对手，逼对手走底线自寻死路，或者传到空位去中远投。这招当然颇有点袒露胸膛、拍胸脯"朝这儿捅"的意思，但愣的怕横的，横的怕不要命的。何况，在乔丹和皮彭的残忍紧逼下，对方手略一抖，就是一个传球失误；一记中投失手，公牛就是一波快攻。为了训练这套压迫空间的防守套路，杰克逊的方略是：

每次训练，都尽量练四打四的攻防，逼迫全队——尤其是乔丹和皮彭——去更多地移动挤压空间。那时，乔丹和皮彭当然还意识不到这防守会如何影响篮球历史，但这套路一旦打熟，公牛的赢球便随之而来。

1991年1月底，乔丹听说了一桩传闻：公牛正打算从丹佛掘金交易沃尔特·戴维斯过来。乔丹很欣赏戴维斯：他是乔丹的北卡学长；他是个不会被岁月磨洗的射手，他能让公牛的板凳杀气充盈。但不久，交易被终止。乔丹大怒，决定他和杰里·克劳斯那死胖子势不两立。

"我一回芝加哥就跟雷恩斯多夫打电话！"

实际上，回芝加哥前，他已经对媒体吼过了："哪怕我是总经理，我们都将是一支更好的球队！"

杰克逊——现在我们该叫他禅师了——选择了冷处理。他平静地对每个球员做如下批示：他们可以和媒体说话，但是——"先告诉我一声。"

这一回，老板雷恩斯多夫出场了。

雷恩斯多夫知道，乔丹还不太恨他。也许因为他是个不错的商人，也许因为他高尔夫球打得好。他把乔丹请来，认真谈了谈。他提醒乔丹"公牛现在排名第一"，而且"毕竟杰里选来了皮彭、格兰特，找来了卡特莱特"。他知道乔丹更倾向一个打过NBA的前球员来当总经理，而非克劳斯这个死胖子球探出身的吸血鬼，但是——

"至少想一下队友的感受吧，迈克尔。当他们的队长说，球队还不够优秀，他们会怎么想？当你把自己的队友往外踹，你让我们如何和其他球队交易？当你说自己的队友还不够优秀，其他球队怎么还可能需要他们呢？"

战事又平息了，公牛开始1月份的西部客场之旅。在圣安东尼奥，面对二年级的超级中锋大卫·海军上将·罗宾逊，媒体又找到话题了：

乔丹VS罗宾逊，谁是联盟的MVP呢？

罗宾逊没有乔丹的杀气。用马刺掌门波波维奇的看法，罗宾逊用了太多的时间思考，而拒绝用直觉去杀戮。但这让他成为了一个——

XXI

用媒体的说法——更谦和的队友。大学读了四年、海军服役两年的罗宾逊温柔地说："迈克尔看上去总是很棒，但如果你对篮球比赛理解深入些，就会欣赏我多些……我做的更多是篮球的基本工作。"

这一晚，公牛输了：乔丹36分，但6次犯规出场，罗宾逊31分17篮板3助攻。下一场在达拉斯迎战小牛前，公牛助教巴赫发现乔丹独自坐在更衣室，一言不发。而且，他听见了乔丹这么说："我不想看这个世界。"

但世界，并不像乔丹想象得那么糟糕。

1991年2月，乔丹惯例首发出席全明星，随便得了26分收尾，而且他欣慰地看见：皮彭也入选全明星了，虽然全明星只得了4分；当然，好哥们查尔斯·巴克利拿了全明星MVP，也让人开怀。更大的喜事：公牛开始一波美妙的十一连胜。2月7日在底特律95比93击败活塞，尤其令人振奋：乔丹30分9篮板，皮彭20分8篮板，全队在活塞主场投出了51%的命中率。

虽然乔丹不太喜欢此时公牛的状态，但他们偏能赢活塞。这感觉就像你吃着一种难以下咽的食品，却发现这玩意对健康大有好处似的。

另一件多少能让乔丹欣慰的事：赛季第一个月，他场均不到29分。对连续四年得分王又争强好胜的他而言，这事如骨鲠在喉。但随后，他慢慢找到得分感觉了。1991年1月之后，他重回联盟首席得分手的位置。

但禅师没让他的头脑略加休息。

1991年正逢海湾战争，禅师又跟全队玩起了头脑风暴。3月5日，对密尔沃基雄鹿前，禅师又开始念叨了：战争很残忍；战争意味着总有人丧失亲人；大家想象一下战争的后果吧，比如，恐怖分子窜到美国来搞轰炸怎么办……好了，打比赛。

那晚，公牛打了一场均衡完美的比赛：他们在客场104比86大破雄鹿，他们把雄鹿的命中率压制到41%，逼出20次失误；乔丹30分，皮彭17分10篮板5助攻2抢断4封盖，球队送出28次助攻。

那段时间，禅师又想出了新招。他这么跟乔丹灌输：三角进攻，建立在中国的道教思想之上；实际上呢，就是平衡对方的力量，躲开对方的强势，攻击对方的弱项……你明白了吧，迈克尔？这就是五人太极！

三天之后，公牛主场战犹他爵士。格兰特带伤上阵，逼得卡尔·邮差·马龙21投8中19分；斯托克顿依然高效地送出13次助攻得17分，但失误5次。皮彭19分6篮板11助攻，但故事依然属于乔丹：第四节，他独得17分，全场37分。公牛第四节完成33比16的大逆转，99比89取胜。赛后更衣室，乔丹当着全体队友的面，对禅师说："这是因为，你相信我。"

乔丹自己后来的总结是："最初，三角进攻几乎杀了我，我剩的手段只有跳投；但在这场，我感到了三角进攻的自由……我有空间，我能移动。三角进攻提升了每个人的自信。"

他们和解了。不只是乔丹和禅师，还有整个芝加哥公牛队。他们在漫长的冷战、试探、猜测、议论中，依靠胜利和体验，最后获得了一致的价值观。1991年4月21日，公牛主场对底特律活塞，108比100取胜。这是一个赛季的最完美结局：刺客被防得8投1中，公牛拿到破队史纪录的单季第61胜。

完美的大丰收：乔丹在1990-1991季出场82场，每场只打37分钟——职业生涯以来第二少，仅比他脚骨折那季打得多——但依然第五度拿到得分王，场均31.5分。这的确是他五年来得分最低的赛季，

XXI

但是：他54％的命中率职业生涯最高，他场均还有6篮板和5.5助攻2.7抢断及1封盖。实际上，数据无法显示，但这是他攻防两端最均衡的一个赛季。

而皮彭则完成了大飞跃：他场均17.8分7.3篮板6.2助攻2.4抢断1.1封盖，命中率52％；他取代乔丹，成了公牛的助攻王和封盖王，以及次席篮板手。他开始成了这么个角色：防守端，他可以和乔丹发挥类似的效果；进攻端，他能够分球、组织、偶尔突击，来让乔丹自由控制比赛。这样做的结果是：1990-1991季，乔丹最高单场得分只有46——由乔丹包揽一切的时代，结束了。

这是第一次，乔丹+皮彭，他俩完成了一个"蝙蝠侠与罗宾"般的赛季。加上场均12.8分8.4篮板的霍勒斯·格兰特，公牛的铁三角正经成了型。

季后赛首轮概无意外：首战公牛126比85大破纽约尼克斯，乔丹32分钟内28分，皮彭25分，比赛在上半场就结束了。第二场，公牛89比79轻取，乔丹26分。第三战，纽约麦迪逊花园，乔丹没留机会：33分7助攻6抢断，加上皮彭的21分11篮板5助攻4抢断3封盖，公牛103比94取胜，晋级。纽约媒体一片哀怨，主教练约翰·麦克劳德随即卸任。巴赫助教私下里跟禅师这么评论尼克斯："他们是支没激情的球队，没有灵魂，没有愤怒，没有仇恨……他们应当找一个合适的教练，我觉得帕特·莱利会在纽约取得成功。"

那时候，公牛完全料想不到，巴赫这话会一语成谶。乔丹关心的是眼前：连续第二年遇到费城，对面又是死胖子巴克利，和他天下无敌的屁股。禅师给这个系列赛准备了一段美国开创者之一托马斯·杰弗逊的话："如果一个人拥有正确的态度，那么，什么事情都不能阻止他达到自己的目标；如果这个人拥有错误的态度，那么，什么事情都无法帮助他取得自己的目标。"

乔丹的正确态度是:"我准备在草堆上躺会儿,因为对手绝对想不到我这么做。"

对费城第一场,乔丹真就在草堆上躺了会儿。第一节,他甚至叫了几个针对卡特莱特的战术,公牛首节34比20领先茫然无措的费城,之后乔丹在第二节高效率地锁定比赛,最后,乔丹只打了31分钟,稳稳得了29分就休息了。公牛首节105比92无惊无险,让34分11篮板的巴克利徒呼奈何。第二场,霍金斯抖擞精神30分,但公牛全队行云流水,112比100取胜。76人取回了第三场——虽然乔丹带着左膝伤独得46分,但费城统治了内线。但是第四场,皮彭20分、乔丹25分12助攻、格兰特22分11篮板,公牛取胜,3比1。实际上,当你看到乔丹为了救一个球飞上二层看台时,所有人都明白了:"别从迈克尔嘴里夺食——哪怕你是查尔斯·巴克利!"

这一晚,巴克利尽其所能了:15投11中25分14篮板6助攻,鏖战44分钟,但是双拳难敌四手。乔丹为之恻然:"他们处境尴尬;媒体都指望他们阻止我们夺冠……查尔斯好像,怎么说呢,少了些联系。"

他对此格外敏感,因为他自己,曾经就像这时候的巴克利一样,必须独自对抗一个团队。

第五场比赛,在芝加哥,巴克利又一次感到了孤单。皮彭上半场就得了24分,全场28分;乔丹下半场接管比赛,全场38分,而且如饥似渴地要求胜利:巴克利是篮板魔王?很好!乔丹拿下个人职业生涯最高的19个篮板,外加7个助攻,压倒了对面30分8篮板的巴克利。比赛进入最后一节,76人大反扑,乔丹掌握局面,包揽球队最后12分。他和巴克利,一如两个重量级拳手在凶猛对轰。最后,76人的追击终于被时间追上:公牛100比95取胜。

XXI

与去年一样，击败76人晋级东部决赛。

与去年一样，遇到了底特律活塞。

这是芝加哥公牛自1988年以来，第四次遇到底特律了。

一个命运魔咒般的故事：1988-1991，连续四年，公牛在季后赛遭遇底特律活塞；可是1991年乔丹得到第一个总冠军、打破魔障之后，就再也没在季后赛和活塞相遇过。

第二十二章 别了，底特律

(XXII)

201·208

1991年5月，乔丹心情不坏，还能开玩笑。比如，当着记者，乔丹拿皮彭逗乐："斯科蒂，我们俩谁三分好？"

"……我？"皮彭怯生生地问。

"对，是你好。那三分线移进去几尺的投篮呢？"

"……你？"皮彭答。

"说得好！"

记者问："乔丹和皮彭都是下快攻天才……具体，谁好一些呢？"乔丹一时有些踌躇，"这问题很难。差不多。"最后，乔丹的好胜心占了上风："还是我！我运球比皮彭更低更出色！"

可是皮彭担着心事：他新秀合同快到期了，正打算续约；他依然是那个阿肯色州出来的、不敢买车的青年，随时随地都是一脑门子大家庭观念；他都是NBA全明星了，还丢不下少年时的幻想：开个造纸厂。他需要很多的钱，需要看得见摸得着的大合同，填补他的不安全感。他的经纪人已经和老板谈过了，原则上达成了五年1800万美元的协议，但老板还没落笔签字。

"那个，库科奇的事儿还没定呢。"

欧洲人托尼·库科奇，是皮彭心头永远的阴影。传说，这个巴尔干少年还小皮彭三岁；传说，他身高有211公分；传说，他能打五个位置；传说，他英俊潇洒，风度翩翩，在欧洲有"服务生"的绰号；传说，他还有"白人魔术师"、"欧洲魔术师"、"克罗地亚之精灵"、"巴尔干乔丹"的种种昵称；传说他虽然是左手将，但左右手都能投篮、运球、传球。而一些不是传说的事实是：19岁时，他代表南斯拉夫拿到了世青赛冠军，决赛对美国青年队，他三分球12投11中；1988年，他代表南斯拉夫拿到了奥运会男篮亚军；1990年，他跟随——噢不，是带领南斯拉夫拿了世锦赛冠军，而22岁的他，是那届世锦赛的MVP。

换句话说，22岁时，他就征服了NBA之外的世界了。

皮彭嫉妒这个素未谋面的天才。库科奇虽已和意大利联赛的贝纳通签约，每年拿400万美元，公牛依然对他垂涎三尺，想给他六年1530万，哄他来NBA。杰里·克劳斯那死胖子一毛不拔，可还肯亲自去欧洲跟库科奇谈。皮彭翻开报纸，发现全芝加哥都在谈论库科奇。还没签约的焦虑、库科奇的威胁、心理的落差，皮彭恼怒了。

可是奇妙的，这让皮彭和乔丹达成了某种同盟：他们都恨杰里·克劳斯那个死胖子。禅师感受到了这点。

让克劳斯后悔的最好法子是什么呢？嗯，干掉活塞，干掉西部出来的无论哪个对手，拿到总冠军，然后用冠军奖杯砸在克劳斯那张胖脸上，让他心甘情愿诚惶诚恐磕头如捣蒜地交出合同来！

其他球队不会想到活塞这种老对手，但乔丹却几乎是渴望着1991年东部决赛与活塞的对垒。助教巴赫说："我们要抓住活塞，杀了它，把它彻底终结。这是唯一让我们重获尊严的办法；这是唯一能让我们觉得自己是赢家的方法。"

对乔丹来说，活塞意味着太多东西。1988年他初遇活塞时，正是人生春风得意时：第一次东部决赛，第一次常规赛MVP，第一个年度防守球员，可是一次、两次、三次，他都被活塞干掉了。憎恨、愤怒，无济于事。为了击败活塞，他牺牲了多少，只有他自己知道；甚至，他不惜让自己变得和活塞一样，更残忍，更钢铁，更团队。

比如，东部决赛第一场，乔丹给了乔·杜马斯胸口一拳，把杜马斯打倒在活塞的板凳前。裁判愣了一下，但没响哨。

这是禅师的法则。他很知道活塞的策略、活塞的习惯：一开场就

XXII

用试探性的粗野动作，探测裁判的底线："如果某一下大动作裁判不吹，之后他也不会吹——我们就是要如此奠定比赛的基调，让对手知道，比赛的节奏是我们的！"这是种心理战术，毫无疑问。随之而来的，就是恐吓和挑拨，就是比尔·兰比尔的假摔、罗德曼的手部小动作、萨利和阿奎利那些"敢过来就弄死你"的呼啸。禅师的法则是："以彼之道，还施彼身。"

就在第一场，乔丹变成了一个他自己都会讨厌的球员，一个恶魔。他对杜马斯甩了肘子，他跟罗德曼对骂，甚至需要队友拉开。他逼着罗德曼的脸吼："我们就是要踢你们的屁股！"实际上，在赛前，乔丹杀气腾腾地告诉队友们："冠军另说，我一定要杀掉活塞！"

巴赫认为，这是种领导艺术，他暗示说，乔丹也许没他表现得那么愤怒，"他也许想让霍勒斯和斯科蒂更勇敢吧？"

乔丹命中率不佳15投6中，但突破篮下发了疯，造了13次罚球，活塞全队犯规达到28次之多。公牛山呼海啸抓到43个篮板，远胜活塞的26个，加上皮彭的18分和卡特莱特发挥出色的16分，公牛94比83击败活塞，1比0。

第二场开始前，联盟颁出1990-1991年度常规赛MVP：乔丹举起了自己第二尊常规赛MVP。61胜的东部第一战绩，连续五届得分王，联盟最华丽的个人数据，实至名归。乔丹领奖时饶有风度地赞美了队友，但重要的是这句："我不是保姆，你必须自己努力来赢得尊重。"

潜台词是："那些认定我不能让队友更好的家伙们：你们都去死吧！"

第二场，乔丹35分7助攻，皮彭21分10篮板。公牛第二节初一波14比2，让分差拉开到41比24。前三节结束时，公牛74比61领先13

分，第四节，活塞大反扑未遂：刺客对乔丹一次恶意碰撞，被吹了故意犯规。

这像是一种宣言：坏孩子们的时代，该结束了。

底特律们并不慌张：他们毕竟是两届冠军，他们还有奥本山宫殿的主场，公牛在这里的历史战绩是2胜13负。1990年东部决赛，活塞也曾在芝加哥输掉所有比赛，但总能在主场找回场子。但是，活塞的约翰·萨利，还是咂摸出了一点滋味："去年此时，一旦我们反击，公牛就会心慌意乱。今年，他们似乎很有信心，并不总是依赖迈克尔。"

这样的公牛是如何炼成的？

三角进攻。开季的三连败。无数次公牛兵败如山倒时禅师负手而立："我要让你们自己学着解决问题！"漫长的赛季。无数的争执、谩骂与争吵。禅师知道，只要征服奥本山，公牛将无敌于天下，所以他提醒公牛诸将，在去底特律的路上，用了卡尔·荣格的话："完美仅属于上帝，我们追求的是卓越。"

卓越的公牛在第一节24比8领先。卓越的公牛被活塞第二节反超、底特律观众鼓噪之时丝毫不乱，稳稳拿到了51比43的半场领先；公牛依靠速度逼迫活塞跟他们一起跑了起来。第三节，爱德华兹撞倒了格兰特，乔丹朝格兰特说："别让他觉得你伤了，赶快回到你的岗位去！"

他们不能乱。第四节剩二分半，公牛103比98，胜利近在眼前，黄土已埋到活塞的脖子。马克·阿奎利不甘心：他点到了皮彭的球。活塞的文尼·微波炉·约翰逊接球快攻，乔丹如从天而降般追来，紧追约翰逊，而乔·杜马斯正从后掩杀而来。

乔丹后来，如此解释他当时的想法："我不打算犯规，我打算让维

XXII

尼上篮……但基本上，我得迷惑他。"

乔丹的阴影笼罩着约翰逊，直入禁区，约翰逊不知道背后的乔丹在想什么。作为活塞著名杀手——他的"微波炉"绰号就是形容他随时随地手热的本事——第一次胆怯了：他转身，把球传给了后插上的杜马斯；这正被乔丹算中：他不仅控制住了约翰逊的距离，还堵住了后排跟上的乔·杜马斯的空间。杜马斯出手，被乔丹干扰，不进，乔丹抓到篮板：一次完美的一防二，活塞最后一缕呼吸被他拔出体外。禅师赞美这是"史上最优秀的个人防守之一"。

公牛113比107取胜，乔丹33分，皮彭26分。而比赛是在最后二分半那一次防守时决定的：活塞最后看到了一点曙光，而乔丹用自己恐怖的意志横空而来，扬手挥熄，让活塞堕入了黑暗深渊。

然后自己关门离去。

公牛3比0领先活塞。NBA史上，从来没有任何球队0比3落后还能翻盘。胜利已经预定，活塞已死，只待吐出最后的气息。禅师了解球员们，了解他们压抑了多久，了解他们会如何用言语来鞭尸活塞。他告诫诸将"别说过激的话"，以免惹恼活塞，但球员们不管不顾。乔丹就公开认为，干掉活塞可不只是解决公牛的私怨，而是："如果净化了比赛、去除坏孩子形象，球迷会很高兴。球迷不喜欢如今的篮球——打得脏，违背体育精神，这对篮球很有害。"他顺便夸起了当年拉里·伯德的凯尔特人，阐明他们如何更配得上总冠军："凯尔特人打的是高贵的篮球。"最后，这几句话点到了底特律人的心口："恶魔偶尔会赢，但他们绝不可能征服世界！"

皮彭则集中火力，朝活塞的疯子前锋、两届年度防守球员丹尼斯·罗德曼开火。他认定"罗德曼需要活塞的帮助，他精神可能都不太正常了，他都不该走在大街上"。

罗德曼给他的回报是：第四场第二节，罗德曼先把皮彭扔上了看台，又把他推倒在地板上。皮彭的下巴开了口子，为此缝了6针。

但末日的狂野，并未能阻挡公牛。活塞被公牛带着节奏跑闪电战，第一节公牛就32比26领先，第三节结束时，分差是87比70。奥本山宫殿向下沉沦。芝加哥的板凳上，击掌、欢笑、嘲弄不断。乔丹37分钟内17投11中29分8篮板8助攻，皮彭23分6篮板10助攻，格兰特16分9篮板，每个人都有贡献。但当晚的比赛，最经典的时刻，发生在比赛结束前：在公牛115比94大局已定时，活塞诸将——比尔·兰比尔、马克·阿奎利，以及他们的领袖伊塞亚·刺客·托马斯，一言不发地离开球场，从公牛板凳前走过，走进过道，一去不回。他们没等到比赛结束就提前退场。他们拒绝向公牛给予任何一点点的庆祝，拒绝展示任何一点点的风度。他们以这种地道的反派方式，走完了底特律坏孩子的最后时代。

是的，这是底特律恶人的黄昏，刺客、兰比尔、阿奎利们，以及"乔丹规则"，几乎是从此永远地消失在乔丹的世界里。一年之后，他们没迈过东部第一轮，伟大的戴利教练离任。两年后，他们连季后赛都没进。三年后，刺客、兰比尔们一个一个退役，底特律进入另一个时代。这一次粗野傲慢的离场，是他们在顶级舞台上的告别式。

没有握手，没有告别，没有祝福，一如他们的球风一样决绝而粗野，不让人喜欢，招来抨击。但至少，他们用这种独特的方式，和芝加哥公牛，和乔丹，说了再见。霍勒斯·格兰特长出一口气："我们把恶魔的头砍下来了！"

前一年，当乔丹离开奥本山时，活塞总经理杰克·麦克洛斯基说：

XXII

"迈克尔，你的时代就要到了，很快了。"

那时，谁会想到一年之后，乔丹离开奥本山时，背后立着底特律活塞的墓碑呢？

某种程度上是对手，某种程度上是老师。他们阻断了乔丹的命运，但一如他们的钢铁机械一样，他们锤炼了乔丹。他们给了乔丹此后应有的一切：除了飞翔、技艺和聪慧，还有愤怒、憎恨、残忍、力量。1991年夏天，可以从此道别了，底特律活塞——

至少对乔丹来说，是这样的。

1996年夏，乔丹得到自己第四个常规赛MVP和第四个总决赛MVP，超过了魔术师的三个常规赛MVP和三个总决赛MVP。他正经是历史上最伟大的后卫了。

1998年夏，乔丹得到第六个总冠军，超过了魔术师的五个。

实际上，重新回看1991年总决赛，魔术师曾经有触碰第六个总冠军的机会，但命运仿佛特意指使这个80年代的帝王，把位置交给乔丹似的。上帝似乎决定让MJ这两个字母统治80年代到90年代的NBA，只是以不同的方式。1991年，他们完成了帝王权杖的交接仪式。

第二十三章 天空之顶

（XXIII）

209·226

1991年6月，世上两个最大的名字被放进了一个句子里：MJ对MJ，Michael Jordan 对 Magic Johnson，迈克尔·飞人·乔丹 VS 埃尔文·魔术师·约翰逊。

"魔术师VS乔丹，这样的对决，再怎么赞美都不过分。"湖人的替补米凯·汤普森说，"你可以试试描述他们俩，不可能的任务：天分、领导才能、胜利——魔术师和乔丹是这一切的终极：他们就是这些词本身。"

两个MJ。

魔术师生于1959年，乔丹生于1963年。

他们俩合力包揽了1987-1991年的五个常规赛MVP。

不仅在1991年，他们俩是本星球上最好的两个球员。时至今日，他们依然是NBA史上最伟大的两个后卫。

实际上，1991年，他们俩就已脱出NBA的球场，成为了更进一步的传奇：他们属于电视、传媒、电子游戏和海报，他们是流行文化的一部分。当你谈论到其他NBA明星，多半还要添油加醋，加以描述；但，乔丹？魔术师？他们的名字本身就是传奇。没看过篮球的人，也知道他们。乔丹的飞翔、魔术师的表演，是那个时代的logo。

但他们自有其不同处。

1991年，乔丹是这个星球上最受欢迎的球员：这很正常，他轻盈、迅速、华丽、优美，而且能飞。但在球员里，魔术师更受推崇：他总是很热情，他是完美的团队成员，他总是面带微笑，永远在洛杉矶乐呵呵地闹派对，是个敞开怀抱的男人。

一如他们的号码——魔术师32，乔丹23——似的，他们俩伟大，但伟大的顺序如号码数字般不一样。魔术师1979年大二就带领密歇根州立大学击败拉里·伯德的印第安纳大学，拿到NCAA全国冠军，成为1979年NBA状元，1979-1980季就随湖人夺冠，还依靠1980年总决赛传奇的42分15篮板7助攻成为总决赛MVP——一年级就完成了这一切，简直是上帝的宠儿。之后，就是80年代的漫长争锋：1980-1983季，他与费城鏖战多年；然后是1984-1987季，他与拉里·伯德统治了时代；1987年，他已经有三个戒指在手，终于拿到自己第一个常规赛MVP+总决赛MVP+第四个总冠军，完成大满贯，开始了自己的时代；1988年，他卫冕成功，拿到自己第五个戒指。

他是天生赢家，热情洋溢的团队核心，五彩斑斓的导演师。他主导了NBA历史上最华丽的进攻浪潮"表演时刻"，1991年，他是NBA史上助攻最多的球员，名下有四个助攻王头衔。他和拉里·伯德被认为是史上最聪慧、最全面的球员，但在他得到第五个总冠军时，还只有一个常规赛MVP。他是典型的"先代表团队拿到冠军，然后收获个人荣耀"的家伙。

相对的，1991年的乔丹在打自己的第七年NBA；新秀年，他就被认为是联盟最好的球员之一；二年级，他就以对凯尔特人那场63分获得了伯德口中的"上帝"尊位；三年级开始，他垄断得分王；四年级，他拿到了常规赛MVP和年度防守球员，成了NBA最强个人。但自那以后，他的冠军迟迟未至。实际上，对乔丹的批评，通常就是拿魔术师与伯德做对比的：乔丹是最强的个体球员，但是……作为一个团队成员、一个领袖、一个赢家，怎么说呢？

——这也是乔丹最讨厌的论调。

"对联盟来说，这对决很好。"乔丹说："两个最好的球员对决。"他甚至懒得谦虚。

"这是我个人意见，不过，嘿，总决赛里，我和迈克尔·乔丹对决，你们不就想看这个么？"魔术师比乔丹口气更大。

XXIII

几年前，这场对决势必充满仇恨，苦涩辛辣。乔丹曾经很恨魔术师：如我们所知，1985年全明星赛，刺客蓄意"冻结乔丹"那一战，传闻魔术师有参与；魔术师曾经试图促成阿奎利和沃西交换，乔丹认定魔术师不喜欢北卡的人，而更愿意和刺客与阿奎利那些活塞匪帮交朋友。但那是1987年前后的事了。1988年后，魔术师一直在试图跟乔丹打好关系。"我们不能这么生疏，我很尊敬你，我确定你也很尊敬我"，他就这么直率地去跟乔丹交谈，然后，他用一句最体现个人性情的话，得到了乔丹的好感："像我们这样酷的两个人，怎么能够当敌人呢？"

与此同时，魔术师和刺客的关系在慢慢冷淡。一部分是因为，1988、1989年那两次血肉横飞的湖人VS活塞总决赛。魔术师认为："底特律打球的方式对我们的关系产生了影响。如果你想打败底特律的话，你就必须恨他们。而要恨底特律，你必须恨刺客。"同时，刺客也不喜欢魔术师和乔丹走得太近——而乔丹恰恰很欣赏这一点。

所以，到1991年，乔丹和魔术师的关系，多少惺惺相惜起来。没法子，魔术师就是这样的人。一年之后，乔丹这么形容魔术师："他能搞定地球上的一切生物。"

1991年总决赛，就是这样的命运相聚。爱与恨、得分王与助攻王、飞翔与指挥、年轻与成熟。好像还怕不够热闹似的，1991年夏天的湖人还有另两个乔丹的熟人：詹姆斯·沃西，萨姆·帕金斯。

当年在北卡，一起出生入死的兄弟们。

但禅师关心的，是其他事。

1991年的湖人，与80年代大不一样。伟大的天勾已于1989年退役，传奇主教练帕特·莱利已于1990年离任，这支湖人的主教练是迈克·邓利维，

80年代的"表演时刻"闪电快攻已被篡改成半场攻防战术。所以，不能指望湖人跟公牛打往返闪电战。

禅师最担心的，是球队的状态：这毕竟是总决赛。

乔丹认为，解决之道是："我先坐在汽车后座上，让卡特莱特和格兰特先进入状态吧！"

1991年6月2日，芝加哥迎来队史第一场总决赛。在18676名球迷——其中包括皮彭特意从老家接来的十一个兄弟姐妹——注视下，乔丹与魔术师的不朽对决开始。当魔术师第一次持球时，乔丹站在了他对面：史上最伟大的指挥官，遇到了史上单防最好的得分后卫。

开场，乔丹耐心地给格兰特喂了喂球，但"第一场总决赛"这念头鼓涌着他的热血。当他发现格兰特明显紧张——前一晚，他没睡着觉——导致传球失误、上篮不进、湖人10比5领先时，乔丹急不可奈地接管了比赛：这些小子们太紧张了，这比赛哪是你们的舞台？！

乔丹突破扣篮；乔丹突破造犯规罚球；乔丹在两个人中间转身，扣篮。第一节，乔丹回答了"乔丹能打好总决赛吗"这个问题：12分钟内，他得了15分3篮板5助攻，公牛30比29领先。

而对面，魔术师选择了另一种价值观。

整个第二节，魔术师没出手投篮，但他给队友一个个地传球，让沃西和帕金斯屠杀公牛前场。上半场结束，沃西和帕金斯已各得14分。湖人的内线优势，在抵消乔丹纵横无敌的攻击力。上半场，公牛53比51领先，乔丹和皮彭合计包揽29分，但第三节，魔术师的传球见了回报：他在上半场让全队都找到了节奏，而公牛第三节只得15分。禅师在暂停时怒吼："在进攻中体现出执行力！"乔丹发力过猛，体力不足，第三节主动要求休息；而魔术师自己，在第三节尾声，不鸣则已、一鸣惊人地来了两记三分球：湖人75比68领先进入第四节。

XXIII

运筹帷幄指挥全队，然后关键时刻来几下致命杀招——这就是魔术师的赢球之道。

但乔丹不想把比赛当成交给魔术师的学费：这是他第一场总决赛。

乔丹在第四节风雨大作，开局带出一波10比0，公牛78比75反超。双方缠斗，乔丹第四节合计得13分，击退湖人每一次反击。皮彭背着5次犯规，搏到犯规，罚中，公牛91比89完成反超：那时节，比赛还剩1分2秒。

之后，两队各一次进攻失手，湖人掌握球权，来决一胜负。魔术师做了选择：他把球交给了三分线外的萨姆·帕金斯。

那时，乔丹会想到什么？

——萨姆·帕金斯，208公分的前锋，投篮时让你想起顶水瓮的阿拉伯女郎。他和乔丹一样是纽约布鲁克林人，家庭毁败，祖母养大，因此离家上学，死都不肯回纽约一步。于是留下了那段著名对话——"思念故乡吗？""思念什么？我他妈没任何人需要思念。"1984年之夏：乔丹探花，帕金斯第四。

——当帕金斯在1983年表示根本不认识俄克拉荷马大学的名将韦恩·蒂斯代尔时，乔丹为他辩白："我得告诉蒂斯代尔，我知道他……他得明白，萨姆不是对他们不尊敬。"

——1983年，北卡的迪恩·史密斯教练说："萨姆和迈克尔……他们是让比赛升级的球员。"同年，乔丹接受访谈时说："萨姆使比赛变得容易。"

好哥们帕金斯站稳，起手，投出他那滑稽的、阿拉伯女郎顶水瓮式的三分球。球入篮筐。湖人92比91，反超公牛一分。还剩14秒。

——实际上，此前湖人暂停布置时，不是由帕金斯来投这一发。

但帕金斯自己说："我觉得，我无论如何都得投这个球。"

公牛还有14秒的时间逆转命运。湖人知道他们将面临什么：合围！控制乔丹！公牛最后的界外球，乔丹直扑禁区，帕金斯阻在身前。好哥们，好对手，命运偷笑声中，乔丹跳投出手，球敲篮筐后沿不进。湖人拿到后场篮板，斯科特被犯规两罚一中，公牛91比93败北。0比1。

乔丹的第一场总决赛，24投14中36分8篮板12助攻3抢断，但公牛全队命中率只有48%命中率，只有乔丹与19投7中的皮彭得分上10。湖人控制了节奏，全场出手66次是总决赛历史最少，三大前场帕金斯22分、沃西22分、中锋迪瓦茨16分14篮板，魔术师自己仅出手5次，4中，19分10篮板11助攻的三双。

而真正的话题，依然是价值观：乔丹声势凌厉，个人数据光耀全场；魔术师则后发制人，用老辣的指挥控制节奏。后一种赢得了比赛……嘿，乔丹依然不是个赢家吗？

禅师不这么看。

他后来承认，从第一场败北中，他注意到两个细节。

其一：第一场的第二节和第四节，魔术师坐板凳上休息时，公牛两度打出10比0的高潮。禅师绕着弯子说："当迈克尔和魔术师都在场下休息时，我们的答案比他们多。"

这话其实可以这么理解："湖人根本离不开魔术师的运作——而公牛离了乔丹，已经会打球了。"

其二：湖人有高大前场，有投篮手，有指挥官，但是他们没有速度型突破手。故此，如果提早包夹魔术师，湖人就没有第二进攻发起点了。

第二场之前，杰里·克劳斯偷偷摸摸和皮彭续签了长合同，

XXIII

1991-1992季，皮彭的工资将从不到77万腾飞到接近280万。这意思：重赏之下，必有勇夫。合同签罢，心头一块大石落下，可以百无禁忌地拼命了吧？禅师立刻就派给皮彭一个任务："乔丹去防迪瓦茨，而你去防魔术师！"

禅师一脑门子鬼主意，当然不只是这妖异的战术安排。他赛前又拿出录像带洗脑这招，让全队看他编辑的《神秘的勇士》和总决赛第一场剪辑，结论是："看吧，我们得协作，给空位球员机会！"

乔丹把这话听进去了。

第二场，他没有防魔术师的任务，但比赛前20分钟，他只得了2分。他不断分球，让卡特莱特和格兰特融入进攻，第一节，两大内线得了18分。上半场，格兰特一个人就独得14分，公牛58比53领先，控制了局势。

然后，乔丹开始接管比赛。

他记得第一场总决赛魔术师的玩法：串联队友，在第三节才后发制人，忽然来两记三分球……好吧。第二场前20分钟，乔丹只在左翼射中一记跳投，其他时间，他防守，他封盖，他突破湖人防守后把球吊传，助攻卡特莱特——对，他不喜欢的卡特莱特——上篮得分。比赛前20分钟，他只得2分，但随后：右翼三分线外接球，投篮假动作晃动，突破左手上篮。

快攻跟进，滑翔扣篮——他起飞时，湖人负责防他的拜伦·斯科特甚至避让开去，就像一个路人看见跑车轰鸣而来时下意识的动作。

左手运球突破，然后面对对方两人的四只手，滞空后仰跳投得手。

右翼翻身后仰投篮，中路翻身后仰投篮，得手。

下半场，他左翼、突破、右翼换着点地开火。当他一记右路突破、滞空、被斯科特犯规、依然出手投中后，斯科特长吁了一口气，抬头看了看球馆顶，那表情是："上帝，你耍我对吧？"

但他没忘了禅师的训诫。就在这个球后，他又是飞进禁区，湖人四条大汉杯弓蛇影地围将来，乔丹起跳，滞空，看着迪瓦茨的巨手扑来，空中扭转，转身，把球递到左底角：帕克森正在那里等候，轻松出手中投得分。

——实际上，全场比赛，中投大师帕克森25分钟内8投8中，得到16分。

随后是乔丹的突破后左手放篮，乔丹突破后在底线负角度给皮彭送球，助攻皮彭擦板得分——第三节，乔丹山呼海啸地连发连中，让公牛打出单节38比26的高潮；第三节结束，公牛已经86比69领先达17分。于是，第四节变成了嬉戏时光。乔丹右翼撤步跳投得手，随后是左翼被两人包夹，用运球耍倒两个对手跳投得分。

然后，名垂青史的一幕出现了：乔丹做出了那记体育转播史上最著名的动作之一：他突入禁区，罚球线前起跳，飞向篮筐，悬浮，似乎打算右手扣篮；但是，他浮在空中，换了个主意，于是他把球从右手交到左手，沉下左肩，徐徐下落，把球轻柔地舔进了篮筐。他后来如此解释空中换手：萨姆·帕金斯，好哥们，好对手，当时站在他身前。"那时，我以为萨姆要过来挡我。"他说。

我们该感谢帕金斯还是为他庆幸？帕金斯在第一场绝杀了公牛，但第二场，他没去破坏这奇迹般的一球，于是成就了经典。乔丹落地时，狠狠地挥了一拳，而观众则山呼海啸，从座位上立起欢呼：这是NBA总决赛史上，最如梦似幻的进球之一。在那一瞬间，仿佛时间都为乔丹停止，歌颂他的伟大。这一球也杀死了湖人：公牛领先达26分，双方各遣出替补。公牛107比86取胜，1比1。

XXIII

后发制人的乔丹全场18投15中33分7篮板13助攻，包括第二节后半段开始的13投连中。其他皮彭20分5篮板10助攻，格兰特13投10中20分5篮板，卡特莱特9投6中12分。湖人方面，魔术师被皮彭限制，虽然有10次助攻，但13投仅4中14分，沃西的24分虽然漂亮，但无济于事。公牛全队命中率62%，创总决赛历史纪录。

"好吧，"禅师说，"现在我们准备去洛杉矶，赢下两场比赛。"他的意思是，公牛拿下洛杉矶三客场中的两场，然后回芝加哥来解决胜负。但乔丹的野心更大。

"三场，菲尔。"

一个细节：助理教练兼战术狂人巴赫，第二场后巡查球场，在湖人替补席板凳下面，发现了二十页战术图纸，显然是湖人教练迈克·邓利维画完就忘的。巴赫拿回去分析，然后跟禅师一起下了结论："我们知道湖人会用什么战术了。"

公牛去了灯红酒绿的洛杉矶，预备总决赛三、四、五场。乔丹找到了个机会，哄队友们开心：迪斯尼公司给乔丹和魔术师一个邀约，"不管总决赛谁赢了，请你们宣布一句要去迪斯尼玩——我们付10万美元"。乔丹允诺了，但要求是："由我们队五个首发上镜，每人酬金2万美元吧。"

他越来越像个领袖，做出一些富有领袖魅力的事。虽然在训练时，他还是会对队友大加斥责，以至于羞辱——他后来解释说，那是为了激发队友斗志——但在公开场合，他让队友踏入他独一无二的光环之中。媒体镜头上，不再只是公牛队的迈克尔·乔丹，而是迈克尔·乔丹为首的芝加哥公牛队。

总决赛第三场过半，公牛48比47领先；但下半场，魔术师连续和216公分的迪瓦茨打挡拆，火线点燃，随即引爆：洛杉矶观众欢呼，如太平洋的潮声；趁这热势，湖人一波摧枯拉朽的18比2，67比54领先公牛，而第三节已经剩不到5分钟了。

但禅师没有绝望。他知道湖人老了，第四节，公牛年轻的腿脚能拖垮湖人气喘吁吁的肺；而且，他拥有这世上独一无二的武器：迈克尔·乔丹疯狂的好胜欲。

第四节，湖人教练迈克·邓利维同样犯了错。第一场魔术师休息时，公牛的反击曾如刀锋般掠过他的脖子，让他寒毛直竖，所以他不敢把魔术师撤下，他怕湖人失去灵魂。但魔术师31岁了，总有疲惫之时，而他一旦疲惫，整支湖人都会气喘吁吁：第四节初，公牛把疲惫的湖人拖垮，打出一波20比7，把分差扳到74平。

然后，命运派来了一个出人意料的使者。

赛季前加盟公牛时满嘴怨怅的利文斯顿，忽然发威。他盖了帕金斯、抄了魔术师的传球、一记补篮让公牛88比84领先。随后，格兰特一记上篮，公牛90比87领先。比赛还剩1分7秒。

仿佛是命运在重播总决赛第一场的剧本似的：帕金斯又出现了，一记上篮得分，剩39秒时，湖人89比90落后。公牛下一回合未能得分，湖人则由迪瓦茨上篮得分，湖人91比比90反超。同时哨声响：皮彭犯规，第6次。

迪瓦茨罚球得手，湖人92比90领先；皮彭被罚下；还剩10.9秒。

与第一场何其相似，只是，第一场最后时刻，公牛落后1分，此时是2分；第一场在芝加哥，而此刻却是湖人主场。

乔丹叉着腰，嚼着口香糖。局势对他如此不利：他刚在第一场投丢了个关键制胜球，现在又得挑战命运；这是湖人连续三个主场的第一个，如果他投丢，就将以1比2落后之局，在洛杉矶再打两个主场。

XXIII

而且，此时，皮彭不在。他再次独立无援站在世界面前。

公牛发球：他们没选择在中圈，而是后场。如此，当乔丹在后场接球时，离对方篮筐足有23米远，空间广阔，湖人虽然恨不得把五个人过来围堵，但终究不能舍篮筐不顾。但是，这意思也明白：没有队友为乔丹担当掩护了，他必须一对一干掉对手，挽救球队。

乔丹面对的只有拜伦·斯科特。他右手运球，缓缓溜到中线附近。洛杉矶球迷几乎全都离席站起，屏息凝望。

还剩7秒。

斯科特刚觉得，乔丹似乎被自己逼近边线时，乔丹一个换手运球，溜过中线；斯科特紧张的横移步，换方向围堵，但乔丹，当世最快的球员，在过了中线后，就像飞机离地般轰鸣起来。还剩6秒时，他已和斯科特平行，并排踏进了三分线；跨过三分线时，乔丹下意识地吐出了舌头；从罚球线到禁区，三个湖人球员严阵以待，等他突击。

乔丹没有朝篮下去。刚踏过罚球线，时间还剩5秒，他收球，急停，拔起。巴尔干巨人迪瓦茨嗅到不对，向前急窜，在乔丹面前升起：216公分身高，加上他顾长的胳膊，几乎遮住了所有视野，但乔丹滞空，抬手，让球越过迪瓦茨指尖。他失去平衡，倒地时几乎踉跄了下，但好在，他还来得及抬头看投篮的去向：球进了，还剩3.7秒。公牛92比92追平湖人，乔丹战胜了时间，控制了自己的命运。

湖人最后一击被破坏，双方进入加时。

乔丹不打算再给命运拨弄他的机会了。加时赛开始，他妖魅般穿过两个对手，滑入内线，让过沃西，然后面对迪瓦茨，一记柔若无骨的反手上篮得分；随后，他左翼背身单打，在两人包夹之间，一记回头望月，从底线滑到篮下，再次面对迪瓦茨；乔丹滞空、低头、伸右手海底捞月，滑翔上篮得手。随后是一记关键篮板和两次罚球得分：公牛104比98取胜。乔丹29分9篮板9助攻，被罚下的皮彭19分13篮板5助攻，格兰特22分11篮板，奇兵利文斯顿5投5中10分4篮板。

以及最重要的：公牛拿到了第三场，2比1。

只有一个坏消息：第三场末尾，乔丹那记投篮，为了躲避迪瓦茨，他失去了平衡，落地时挫伤了大脚趾。队医约翰·海弗隆和训练师奇普·沙菲尔觉得无大碍，只打算给乔丹弄个改装版球鞋，以保护大脚趾。乔丹试了试：脚趾痛感确实消失了，但跑动的感觉也没了。乔丹重新穿上了普通球鞋："就让我疼吧。"

第四场比赛前，湖人剑拔弩张，特意封馆，来了堂完整训练课。禅师对此笑而不语。后来他说，这是湖人绝望的证明——比赛前几小时，临阵磨枪的加练？

另一个禅师没说出来、迈克·邓利维没明白的因素：湖人比公牛老得多。于湖人，加练只是消耗体能罢了。虽然魔术师认为"这是个很长的系列赛，什么都没决定"，但实话是：湖人老了，季后赛拖得越久，他们越是不利。

加练亦非无用：第四场开始，湖人率先进入状态。状态不够拼命凑，第一节湖人冲抢到7个前场篮板，28比27领先。这是1991年季后赛，公牛第二次首节落后。但又一次，禅师那句话应验了："当迈克尔和魔术师都在场下休息时，我们的答案比他们多。"

第二节，魔术师刚往板凳上一坐，公牛就开始烧他的屁股：公牛迅即以19比9完成46比37的领先。魔术师再回来时，已经按不住眼睛血红的公牛了：第二节，湖人命中率25%，仅得16分，公牛25分，其中乔丹11分。

脚伤没能摧毁乔丹，但却找上了湖人。

XXIII

詹姆斯·沃西和拜伦·斯科特在下半场退出了战斗。沃西，乔丹当年的老大哥沃西，1988年总决赛MVP沃西，湖人的首席利刃，这个赛季初因为企图玩风流被休斯顿警方逮住的沃西，扭伤了脚踝，就此退出了1991年总决赛。斯科特则是肩伤。公牛毫不留情地拉开分差，第二到三节逼得湖人合计41投12中。第三节末，公牛74比58领先；魔术师，一向以甜美微笑的湖人领袖，都愤怒了，他用这句话表达了自己的懊丧、绝望和愤怒："难道你们都他妈不想打了吗？！"

这一声怒吼提振了湖人最后的血气，第四节，他们一度把分差追近到71比78。但公牛没再留出机会。乔丹和皮彭各得6分，催动一波19比8的高潮，埋葬了湖人。洛杉矶主场球迷，很罕见地，响了嘘声：

湖人82比97败北。82分是24秒限时规则以来，湖人的总决赛单场最低分。魔术师引领的史上最强攻击风暴，被公牛平息了。这一晚，帕金斯15投仅1中，魔术师虽然打叠精神22分6篮板11助攻，但无济于事：湖人全队命中率只有37%。而公牛方面，乔丹28分5篮板13助攻，皮彭、格兰特、卡特莱特和帕克森均匀整齐，得分在12到15之间；最妙的数据是：当晚，公牛只失误5次，总决赛单场纪录。

公牛3比1，命运的天平开始倾斜了。赛后，在回酒店的大巴上，乔丹开始研究这个问题："我不想去白宫！"

——NBA总冠军照例得去访问白宫，但乔丹不喜欢老布什总统。

——当然，重点是：乔丹的心思，已经去了白宫；在他心中，冠军已在指顾之间。

总决赛3比1领先。斯科特和沃西都已受伤。湖人已经连败三场。湖人已经老了。乔丹无人可挡。第四场用防守将湖人最擅长的套路——快攻——扼杀在湖人的主场。每个细节都暗示着命运：湖人将担当伟大配角，将公牛和乔丹扶上王座。可是当冠军近到呼吸可闻时，乔丹多少有些不知如何是好。第五场到来前，乔丹去打了54个洞的高尔夫。后来，他承认过：就在第五场前，在更衣室，他很紧张。他做尽了一切夺冠应当做的事，但是，当这一刻终于逼近时，他不知道自己该如何迎接这个冠军。

可是湖人知道。

第五场，魔术师像将他过去五个冠军的尊严和经验浓缩了。悬崖边，伤病所困，但整个湖人都打得气派非凡：他们是落魄帝王，但不是丧家之犬。

湖人年轻内线埃尔登·坎贝尔威风凛凛，全场21分，其中上半场独得13分，加上死马当作活马医被派上场的替补托尼·史密斯连得分带犯规不遗余力，湖人上半场49比48领先公牛，第三节结束双方80比80平。第四节近半，坚韧的湖人还以91比90领先。禅师叫了暂停，他问乔丹："谁是无人防守的？"

"约翰·帕克森。"

"那就找到他！"

比赛最后四分钟，帕克森得了10分：空位跳投，空位跳投，空位跳投。如他后来所说，"我只是在空位站着，把传给我的球都投进去而已"。湖人的追赶渐渐无力，公牛慢慢稳住局势。杰里·克劳斯看着比赛，面色红得发紫，下巴上肥肉颤抖，呼吸不顺了。

比赛还剩一分钟，公牛103比101领先。乔丹运球突到罚球线，变向，照例吸引湖人五双眼睛的注意，然后传球：帕克森射进本场个人第20分。禅师把脊背靠在座椅上，长出了一口气。

比赛结束了，公牛108比101取胜。魔术师——那时他根本想不到，那年夏天，他会被检查出感染HIV病毒，就此告别NBA——打

XXIII

出了16分11篮板20助攻的三双，但无济于事：乔丹30分10助攻5抢断，皮彭全场得分最高的32分13篮板7助攻5抢断，帕克森20分……

当然，这时候，一切都不重要了。唯一有意义的是：公牛4比1干掉湖人，拿到了1991年总冠军——总冠军！

"漫长的七年！漫长的七年！！"乔丹冲向更衣室，"我不敢相信！！"

"1987，1987！"格兰特和皮彭紧紧拥抱，嚷着这个老笑话。这是他们俩的暗语密码，皮彭后来解释过："1987年，我和霍勒斯被公牛选中，然后，"他微微一笑，"公牛的命运才开始改变的。"

五场比赛，乔丹场均31.2分6.6篮板2.8抢断，以及创NBA总决赛纪录的五场内送出57次助攻——场均11.4次，命中率高到56%。这是NBA总决赛史上最全面的发挥之一：他得分、他跳投、他突破、他抓篮板、他传球、他组织全队、他完成绝杀、他领导球队、他鼓励队友、他无中生有地创造出了公牛的斗志、他飞翔。当第五场后，NBA官方给场边评委发选票，让他们投票裁决谁是1991年总决赛MVP时，评委们纷纷瞪眼："你是认真的吗？！这还有疑问吗？！"

没有疑问。

总裁大卫·斯特恩将1991年总决赛MVP奖杯给了乔丹。但乔丹在意的，根本不是这玩意。赛后，在更衣室，乔丹额头紧靠着冠军奖杯，双臂紧拥，嚎啕大哭，泪花横飞，就像个孩子，根本没心思跟湖人再多搭一句茬。他打NBA七年了，除此之外，他28岁了。这是他人生第一次站到世界之巅。

更衣室外，魔术师，刚打完自己第九次总决赛的魔术师，很安静

1991年：NBA总裁大卫·斯特恩将总决赛MVP奖杯给乔丹。但乔丹在意的，根本不是这玩意。赛后，在更衣室，乔丹额头紧靠着冠军奖杯，双臂紧拥，嚎啕大哭，泪花横飞，就像个孩子，根本没心思跟湖人再多搭一句茬。他打NBA七年了，除此之外，他28岁了。这是他人生第一次站到世界之巅。

　　1993年：NBA史上第一个三度总决赛MVP。他成了神，成为了地球上最成功的体育运动员。但迈克尔·乔丹，在比赛后，躲进了一间安静的房间。他接受完ESPN一个小采访，然后手持一瓶香槟酒、一支未点燃的雪茄，对采访他的丹·帕特里克说："OK。我能在这里坐一分钟吗？外面都疯掉了。"在繁华的最顶点，30岁的最黄金年纪，他想独自待一会儿。

　　1996年：1991-1996的六年间，他拿了四个冠军（1993.10-1995.3之间退役）。1991年的激越，到1996年已经显得理所当然了。《体育画报》说：好像冠军一直属于公牛，只是被乔丹租给休斯顿火箭两年而已。现在，冠军回来了，回到了最甜蜜的家，冠军本来就该在的地方——芝加哥。

地接受了采访。他像一个雍容大度的退位帝王，毫无嫉妒之情。他理解乔丹。当记者问到魔术师，1980年他初次夺冠时，是否也如此激动时，魔术师答说："不，我没那么激动，但我和迈克尔不同是有理由的。"

他继续说："1980年，我初夺冠时，太年轻了，才20岁，天真未凿，完全不知道夺个NBA总冠军，需要付出什么。"可以理解，1980年，魔术师是新秀，而队上的灵魂人物还是伟大的天勾，所以，魔术师又补了句："当晚些时候，我再夺冠后，才明白需要流多少汗、付出多少努力，才能夺个冠军——所以我完全知道，迈克尔此刻的感受。"他显然在暗示1987年，当他终于拿到自己第一个常规赛MVP、以联盟第一人身份带领球队夺冠时的心情。

乔丹说，魔术师把握得很对。他提到九年前，他那记跳投让北卡成为1982年NCAA冠军时，他心中的疑惑。当时他想："为什么沃西、布莱克、帕金斯这些老大哥们夺冠后，哭得这么稀里哗啦涕泗滂沱？我们打球、夺冠，不就是这样吗？"

现在，他明白了。就像魔术师经历过无数奋斗夺冠后体会弥深似的，乔丹说："在NBA打球后，我看到了另一面。所有的挣扎，所有人说'他赢不了的'，所有那些你对自己的怀疑。你得把这些都抛开，拼命往积极方面想。我能赢！我是个天生赢家！——然后你赢了，好吧，这感觉真奇妙！"

说这些话时，迈克尔·乔丹已经冷静了下来。他已经回到了芝加哥，他已经拿到了总冠军，他愿意敞开怀抱，谈论一些事。比如，他再也不会被怀疑"是不是一个胜利者"这问题了。之前，世界总在质疑，他是否如魔术师、伯德、J博士那样，是地道的赢家；现在，他能够豪迈地表示："我个人认为，我总是能打得像他们一样高强度又无

XXIII

私，有些人也赞同，有些人则否。而冠军，对许多人来说，意味着伟大。我想，他们现在，可以认同我是个赢家了。"

但其实，真正放过他的，不是球迷，而是他自己。迈克尔·乔丹，常年以来，总在四处树敌，想象出许多对手，来让自己草木皆兵地挑战世界。但现在，他能够获得内心的安稳了。他不必再每次起床，就想到自己还没拿冠军了。

"真正的区别，在这里。"乔丹敲了敲他的胸口。那里面，跳着一颗心。

他终于站在了世界之巅，成为了世界冠军——而且，他知道了，自己是世界冠军。

1998年，乔丹必须面对一切。球队的内部紊乱；皮彭的情绪；禅师的未来；他自己的老去；全联盟的虎视眈眈；年轻后进的每次挑衅。他是老去的狮王，望出去满世界都是对手——没有一个是确定的，只是散乱的、等待他去一一应对的对手。

你可以想象他的暴躁和不安。他生活在一个寻常球员无法企及的世界，应对的都是无法目见的对手。他是个好胜成狂的人，他和媒体玩了许多年的"高高捧起，然后摔碎"的偶像游戏，始终屹立不倒。所以他深明自己一旦倒下，会被践踏到何种地步。

第二十四章 不同的景象

2 2 7 · 2 3 2

1991年夏天，乔丹很忙碌。冠军奖杯封住了一些嘴巴，但开启了其他天地。他得回应许多疑问，比如，针对他当初指责克劳斯的话，他答道："我至今不后悔我针对克劳斯所说的话，我当时诚实地表达自己的感受。我们以前板凳确实打得不好，我也的确需要帮助。幸运的是，他们回应了。但我想，明年，我们得更加强大才是。"

他可以放心大胆谈论这些，因为他是芝加哥的神，更进一步，他是地球上最有名的球员。1992年，他的收入将高达2500万美元，其中只有380万是公牛付他的工资。他的名字和头像满街飞扬，出现在球鞋、三明治、饮料、汽车广告上。他刚拿了冠军，他是天下第一人，他有个好妻子，有两个可爱的儿子，与父母关系融洽，他的生活了无瑕疵，就像肥皂剧编出来的传说。用芝加哥某位媒体人的说法，"乔丹的受欢迎度和商业价值，简直匪夷所思。他是独一无二的传奇，前所未有，以后都未必再有"。

1991年，除了乔丹之外，事关篮球的另一个世界话题是这样的：1992年巴塞罗那奥运会，美国男子篮球队的组建事宜。

20世纪90年代以前，世上有两个国家不让职业篮球手去打奥运会。一是苏联——众所周知，苏联球员受国家控制，谈不上职业球员——二则是美国。虽则美国坐拥NBA这个巨大宝库，但美国篮协却视NBA为瓶中魔王，万不能放到世上来。说来也不难解：美国篮协钟爱业余体育，忙于维护"篮球运动的纯洁性"，跟NBA合不来。每逢大赛，派"大学名帅+大学球员"足以承当。比如，1984年奥运会，乔丹、帕金斯们就带着美国男篮，拿了洛杉矶的冠军。

可是1988年汉城奥运会上，约翰·汤普森——当年率领乔治城，与乔丹的北卡大战1982年全国决赛那位——担当主帅，不防那年苏联人阵中有欧洲首席中锋阿维达斯·萨博尼斯，美国人不敌，败回来了。然后是1989年，美国男篮友好运动会亚军；1990年世锦赛，美国男篮季军。

美国篮协被连番的亚军季军，闹到颜面扫地，急于挽回世界篮球霸主的形象，终于放下架子，去和铜臭的、势利的、不纯洁的、职业的NBA嘀咕：要不，派NBA球员出战？

这是1990年的事，那时美国人还凭空把东欧两大强队——南斯拉夫和苏联——当假想敌。可是1991年，南斯拉夫分裂，苏联解体，美国夺冠压力大减，这时再派最鼎盛阵容，单为了1992年巴塞罗那奥运会男篮金牌，类似于杀鸡用屠龙刀。但NBA总裁大卫·斯特恩他老人家，心里自有打算：那时节，NBA正经历伯德与魔术师黄金80年代的尾声，乔丹正不可一世踏上帝王宝座，加上巴克利、尤因、马龙、皮彭这些天才，NBA正发展到一个黄金时期。斯特恩希望NBA球员能够有个大舞台，完全征服世界，告诉地球人：篮球可以打成什么样子——再顺手拿个奥运会冠军什么的。

但这些可不是凭空想的。

斯特恩企图组织一支最伟大的球队：不仅够强大，而且够有名。魔术师倒是愿意去，但拉里·伯德的背伤极重；巴克利正逼费城76人交易自己；尤因在和纽约闹分家；滑翔机和皮彭愿意去，但他们不够有名气；微笑刺客和乔丹水火不相容；威尔金斯太华丽但不够实用；伯纳德·金依然是NBA最好的得分手之一，但他的防守堪忧；凯文·约翰逊、蒂姆·哈达维和约翰·斯托克顿这几个组织后卫都在鼎盛期，选谁去给魔术师当替补呢？至于活塞那几位好汉，比如兰比尔，比如罗德曼：嘿，没人喜欢他们。

于是，只好先从教练选起。

XXIV

这个教练得控制得住史上最伟大的球队。丝毫不容有失，但又得哄着他们。他得在短时间内组成一套篮球体系，发挥巨星们的能力，同时不让他们觉得憋屈。美国篮协选得头都大了：

1977年开拓者冠军主帅杰克·拉姆西？太老了；1978年子弹队冠军教练迪克·莫塔？太老了；80年代带着波士顿拿了三个冠军的比尔·费奇、K.C.琼斯？太老了；1990年带着开拓者进总决赛的阿德尔曼？1989年刚上任公牛主帅的菲尔·杰克逊（那时他还不以"禅师"著称，留的还是灰小胡子）？太年轻了。

最后，在以下候选人——80年代开创湖人王朝、四枚冠军戒指在手，好莱坞明星般的帕特·莱利；当时已经逼近一千胜的雷尼·威尔肯斯；统治大学篮球界的学院派教授拉里·布朗；在80年代带领雄鹿纵横天下的老尼尔森；带领活塞刚拿了两个冠军的查克·戴利——中脱颖而出的，是戴利老爹。理由：虽然他带领的活塞让全联盟头疼，但他本身人格魅力出众。他在高中和大学当了超过25年教练，他了解如何应对青春期少年逆反心理。活塞队没有宿将，没有老迈昏聩的球皮，于是，他可以像教导学生一样对付他们。当活塞队开始赢球时，那些惊喜无比的年轻人信任了他。最后，也是最有说服力的一点：他是丹尼斯·罗德曼唯一打心里热爱的教练。

随后，在确定球员时，出了件震惊世界的大事。

夏日某天，乔丹在开车时接到了个电话，魔术师打来的。魔术师说，他被检查出了携带HIV病毒。这意思：他没法再在NBA打球了。

随后是河汉无极的言论轰炸：批评、争论、惋惜、感叹，魔术师的私生活被剖得七零八落，他是否有资格去打奥运会也悬而未决。神奇的是，忽然之间，魔术师成了最大的助力：他知道乔丹不想去奥运会，而宁愿打高尔夫，所以选拔委员会属意于滑翔机；但是，魔术师的热情克服了一切：他宁可冒着生命危险去奥运会，因为这是他最后一次在世界顶端打球的机会。他说服了乔丹，随后一切顺理成章：巴克利、尤因、皮彭、卡尔·马龙、斯托克顿们被一一选入。皮彭的入选甚至有过争议，因为1991年他不过是个普通全明星，但因为他是戴利教练中意的人物，最后得以留名。媒体注意的是：选拔委员会没选刺客。他是当世仅次于魔术师的组织后卫，但选拔委员会很清楚：乔丹恨刺客。乔丹已经入选，没必要节外生枝惹恼他。

但是，距离1992年奥运会还有一年。这一年时间，足够媒体继续讨论不休了。

最后一个问题。

1991年夺冠后，芝加哥名记者萨姆·史密斯出了本《乔丹规则》。这书不是查克·戴利与活塞伟大防守的教学本，而是1990-1991季公牛的夺冠历程，而且其中词句，对乔丹颇不客气：书里说乔丹打过威尔·普度一个耳光、存心刁难卡特莱特、曾经大肆辱骂皮彭、一直在利用管理层，野蛮、虚荣，总之，是一个恶棍。乔丹甚为不满："我会对这书一笑置之，然后继续前进。我们作为一支球队，知道何为真相。"队友斯泰西·金帮腔："我觉得这书是《鹅妈妈童谣集》以来最扯淡的书。"

但这就是他必须面对的问题。

以前，乔丹的对手是那些伟大的防守专家，比如蒙克利夫，比如乔·杜马斯，比如丹尼斯·约翰逊；后来，他的对手是那些最伟大的球员，比如魔术师，比如伯德；再之后，他得征服活塞，他得学习如何做一个领袖，如何征服世界，如何打造最伟大的团队；而1991年，他站上世界之巅后，敌人依然来势汹汹：谣言、媒体、琐碎的故事。

XXIV

他千辛万苦成为了这个星球上的半神，接下来，他得想法子保护这一切。

而他最大的对手，依然是自己。

迈克尔·乔丹，很可能一辈子都在意着他小时候，那个没进高中校队、被人笑话耳朵招风、可能一辈子找不到女朋友的男孩儿。他永无休止地努力，就是为了征服一路上他为自己树立的那些对手。他很敏感，很紧张，很草木皆兵地仇恨着一切可能与他为敌的东西。这种偏执好胜的人格成就了他，也会继续煎熬他。

1991-1992季，他已经征服过一切可见的对手了，接下去面对的，是那些看不见的障碍。

魔术师在1993年曾说过这个话题："我觉得，迈克尔更希望处于我和伯德的处境。你看，我和伯德都不需要去找动力来自我促进。他在波士顿寻思挑战我，我在洛杉矶琢磨挑战他。可是迈克尔，他没有那种动力。"

他的言外之意其实是："乔丹根本没有等量齐观的对手。"

是的。1998年季后赛，乔丹遭遇了又一批不同的对手。公牛首轮3比0横扫了新泽西网：一群陌生的年轻人。然后是次轮的夏洛特黄蜂：老熟人也只有格伦·莱斯、迪瓦茨和安东尼·梅森，公牛4比1碾过。乔丹，就像一个话剧演员，每次遇到新观众，都得提起神来，把他们教训一顿，让心理阴影、恐惧和爱，留在后面几代球迷的心里。

第二十五章 变化

(XXV)

2 3 3 · 2 3 8

　　如果不是《乔丹法则》，1991-1992季本该快快活活。魔术师退役了，伯德背伤，活塞分崩离析，80年代的脊椎们被岁月追上蹂躏，而乔丹还高飞在天顶。

　　杰里·克劳斯没给公牛变出些新天才，但好歹，他没自作聪明，拆散冠军阵容。公牛一切依旧：乔丹、皮彭、格兰特、卡特莱特、帕克森首发，阿姆斯特朗、普度、斯泰西·金、利文斯顿们构成主力轮换。

　　变化在于两个王牌。

　　1991年的媒体急不可待，讨论起以下问题："乔丹是否已是史上最好了呢？"当然，乔丹名下，还只一个总冠军、两个常规赛MVP，论成就堆积，想力压拉塞尔、天勾、张伯伦、魔术师、伯德们，为时过早；但换个角度：1991年的乔丹，如果和历代巨星比呢？

　　——实际上，1986年初，当拉里·伯德还只有两个总冠军、两个常规赛MVP时，美国人就讨论过：他是史上最好的球员吗？那时的伯德可以随便打出单季场均29分11篮板7助攻以上的数据，而且在传球、投篮、运球、篮板各技术上极尽完美，以至于伟大的约翰·伍登教练说，"拉里·伯德来到世间，就是为世上一切篮球技巧制定新标准"。

　　但1991年的乔丹呢？嗯……

　　媒体开始谈论以下可能：乔丹的投篮和伯德比如何？嗯，远距离当然不及，但中近距离，乔丹已浸浸然可与伯德媲美，乔丹自己都这么认为。1991年12月，他说："我的投篮手型、出手选择和出手控制，感觉上越来越流畅了。"

　　然后，他的传球，当然不能和80年代的魔术师比，但1991年总决赛五场57次助攻已经证明，他差不多是当世最好的传球手之一；尤其在突破、吸引包夹、分给空位队友这一环节，几乎是当世最佳。

他一直是后卫里最出色的篮板手之一；他的无球走位、上篮、滞空投篮、试探步突破、垫步反向突破、变速突破、压重心变向、中距离背身之后翻身底线突破、无一不是联盟顶尖；而且1991年时，他出来三个新杀招：其一右手运球推进，急停，压重心，原地晃动，随后急速斜插换手突破；其二，突破中换手运球，悬崖勒马式，中投；其三，近距离背身单打，假动作后翻身跳投。

而他最珍贵的特色在于，用当时的快船队后卫、多年之后的凯尔特人冠军教练道格·里弗斯的话："乔丹的每场球，每个回合，都好像在打自己最后一次篮球似的。"他的热情，他的好胜，他的穷凶极恶，他无限的创造性，随时都能让人跳出座椅来，而且他还能飞——J博士也能飞，但他没有乔丹那样无限可能的进攻手段。

"迈克尔……他是最好的。"拉里·布朗教练说。这个学院派老顽固，这个多年后会和阿伦·艾弗森成为欢喜冤家的伟大教练，这个2004年活塞队冠军教练，这个培养了波波维奇并间接制造21世纪马刺辉煌的老头子，从来注重团队而敌视天才，但他都承认："我和康尼·霍金斯一起成长，我见过J博士的巅峰期，我见过大卫·天行者·汤普森拿单场73分，我爱魔术师和伯德，但是迈克尔……"布朗摇了摇头，"我愿意花钱看他打球。我甚至愿意花钱看他训练。"

另一个人：皮彭。

1991年总决赛，皮彭悄然无声拿下场均21分9篮板7助攻的漂亮数字，而且还成功防守了当世第一指挥官魔术师。

1990-1991季是乔丹登峰造极的一年，很少人意识到，那也是皮彭的盛开赛季。在此之前，皮彭很全面，但不稳定。他总带着阿肯色人的自卑，他总挂念着贫穷的家庭和造纸厂的梦想。他天赋惊人，但

XXV

跟乔丹比起来，就相形见绌。1990-1991季之前，皮彭在训练中发挥出色，但比赛里却发挥不出来。在乔丹看来，这是皮彭不在乎比赛，但事实却是：皮彭太在乎了，在乎到不能正常发挥。1990年东部决赛第七场，皮彭发了那次著名的"偏头痛"后，他都开始讨厌自己。在乔丹的庞大阴影下，他喘不过气来。

转折点出在1990-1991季后半程。乔丹接受了三角进攻后，皮彭成为了球队的实际控球前锋。与此同时，乔丹放松对他的压迫。他们两个人开始真正地彼此了解。乔丹发现，皮彭并非不在意比赛，而是紧张；皮彭明白了，乔丹对他的批评并非虐待或侮慢，而是恨铁不成钢。换言之，乔丹把皮彭当成了他自己，希望激发他的斗志。于是，皮彭盛开了。用新泽西网助理教练布伦丹·苏厄的话说，"皮彭的崛起，是我见过的最戏剧性的变化"。

乔丹也承认："皮彭开始像我希望他做的那样打球。他充满了自信。他开始告诉人们，他也能成为超级明星。"1991年总决赛期间，皮彭签的那份五年1800万美元合同，让他打消了后顾之忧。他终于成为明星了，虽然他庆祝的方式，依然是阿肯色小穷人皮彭的模式：一个起司汉堡包，一辆他常年想要却不敢买的保时捷。

而整个NBA的改朝换代，幅度要大得多。魔术师退役，湖人为之减色；活塞分崩，退出冠军圈子；费城内忧外患，巴克利思谋走人。东部方面，除了公牛和凯尔特人外，乔丹的命中冤家克里夫兰骑士日益崛起，如魔术师所说，这支"属于90年代的队伍"找到了感觉。

然而最可怕的，却是纽约尼克斯。

1991年季后赛首轮，公牛干掉尼克斯时，助教巴赫总结："他们是支没激情的球队，没有灵魂，没有愤怒，没有仇恨……他们应当找一个合适的教练，我觉得帕特·莱利会在纽约取得成功。"

帕特·莱利登上NBA舞台，是在1981年，那年他37岁，是1980年冠军教练韦斯特德的助理。1981-1982季开始后不久，魔术师在更衣室里对记者表达了以下意见：他和韦斯特德只能有一个人留在湖人。此事究竟是魔术师带队员引发兵变，还是他和管理层联唱双簧逼韦斯特德走人，注定是千古之谜了。当时的帕特·莱利，像颗覆巢中的鸟蛋，不知道自己下一步去向何方。

所以，韦斯特德被赶走而他被宣布继任湖人主教练时，莱利自感意外。这命运的转折像闭眼待放逐的囚徒睁开眼来，发现自己被供上王座。

到1990年莱利离开湖人时，他已经怀揣四枚总冠军戒指。那时节，他堪称红衣主教后最成功的主教练。可是洛杉矶的流言不那么干净。谣传他离开后，湖人队员弹冠相庆，因为"终于从这厮的精神虐待中逃出来了"。

从洛杉矶到纽约，莱利天生属于大城市。在湖人王朝时期，他上GQ杂志封面，他的背头在美国东西两个海岸都是话题，他喜欢当代媒体，他会在1987年带湖人夺冠后，戴太阳镜，在洛杉矶媒体前扬声高呼："我保证，我们明年会蝉联冠军！"他人生中的一切都很极端。比如进攻：接任湖人的当季，他就让这支矛盾丛生、逼到韦斯特德下课的湖人成为了冠军，80年代的湖人更成为史上最恐怖的攻击球队。1982年湖人对决马刺时，对手感叹："从没见过这么快的队伍，除了录像里60年代的凯尔特人。"湖人压迫、断球、飞身扑地救地板球、发动快攻，人人高兴。"表演时刻"的基础自那时起已被规定。莱利当时的口号："我们的队员都很有天分，所以我让他们施展出来了。"

由于他的神经质，他很少获得如罗德曼们对戴利那样的"球员之热爱"。他以切身经历感叹过"杀死冠军的是冠军本身"，因为年复

XXV

一年保持斗志和自虐式训练是件过于理想化的事。禅师依靠他的心理魔术对付他的球员，而莱利用他疯狂的高压来折磨弟子们。他对球员的精神虐待出名到什么地步？简单来说，他的这一特质直接断送了他执教1992年梦一队的机会。本来，他的四枚戒指和天才执教很对选拔委员会的胃口，但是，他的神经质让委员会颤栗了：他们知道，梦一队那些自大狂巨星们需要一个甘于伏低做小、哄顺溜他们的温和老者，而莱利是一个挑剔绝伦的极端魔鬼。他会日复一日地靠砸碎黑板来鼓舞斗志

就是这样一个人，来到了纽约尼克斯。

1991年，乔丹规划过自己的未来：到1995-1996季，就退役。

但实际上，1996年合同到期后，他续签了一年3000万美元的合同；1997年，他又续签了3300万一年的工资。但在1998年，故事已到结尾。1998年2月，禅师说："要说再见很艰难，但在训练营时，我就知道，这个赛季将是天鹅绝唱般最后的舞蹈了。"

是说再见的时候了。迈克尔·乔丹与世界你来我往了太久。到35岁时，他真的已经疲倦了。

第二十六章 与世界交战

(XXVI)

239 - 244

1991-1992季，公牛进行得顺利。开季习惯慢慢热、1胜2负之后，是一波14连胜。公牛像架机器，上足了油，运作流畅。卡特莱特和帕克森年纪渐长，但斯泰西·金、普度和阿姆斯特朗们都有出息，能替他们打打球了。

乔丹平平静静地赢着球。这是他职业生涯最得心应手的时节。蒂姆·格拉弗的训练计划让他体能充沛，他举手投足的技巧无可挑剔，他和公牛的团队间也了无拘碍。特克斯·温特教练很惊讶：他发现乔丹，刚打了一年多三角进攻，俨然已是此道高手。

老温特教练，一如许多体育心理学家，相信巨星们都是伟大的学习者：他们能用图像、逻辑、视觉、听觉、动作来学习。比如，格兰特擅长通过动作来学习，约翰·帕克森习惯看战术板来学习。而乔丹是天才中的天才：他可以同时做到这三样。而且，他有一种自己独有的状态——一种匪夷所思的精神状态。

拉里·伯德曾经说过，当他进入自己某种"冥想状态"时，周围的一切都会变慢，而他可以随心所欲地左右比赛。多年以后，NBA最快的精灵阿伦·艾弗森则能够在赛前像素描画一样，想象出自己整场比赛会怎么做。

乔丹，在超能力之外有自己的仪式。多年以来，他总会穿北卡的旧短裤，仿佛这是他的守护灵符；然后是他的招牌食物：牛排与马铃薯。他吃得很挑拣，因为他相信这些食物能让他全场比赛体能充足，哪怕这可能只是安慰剂效应。然后就是比赛前必须穿双新鞋，并且自己穿鞋带，他会犯强迫症，要求自己每次绑鞋带的款式都一模一样。最后，就是他近于病态的好胜——赛前赛后，他都得逼着队友来打赌：赌投篮也罢，赌扑克牌也罢，他总得赢几盘，让好胜成狂的心暂时纾解一下。而每场比赛输掉后，他会恼恨地打扑克牌到凌晨，一边唠叨不休，指摘每个队友的失误。这样的日子，对公牛诸将而言，恍若地狱。

幸而，公牛输球的日子不太多。

但乔丹真正的心理活动——用他自己的描述——是这样的：

他试着在比赛前不要兴奋起来，试着放松，试着让比赛变得好玩。乔丹说，他在赛前就能感到对手要做什么。他认为，只要专注于打球，他就能进入那种随心所欲的状态，仿佛进入另一种空间，他将拥有无比的力量，统治一切。那时，他将停止思考，运用本能。每一个瞬间都全神贯注，了无其他。每当这种时刻到来时——"我离开地面，在空中停留着，我就感觉自己在飞翔，并且拥有无尽的创造力。"

然后他开了句玩笑："但是每个人都是这样感觉的，甚至是杰里·克劳斯。"

打篮球对他来说，意味着什么呢？乔丹在1992年到来时说："类似于心理治疗。"

卡特莱特在1991年11月底受伤，威尔·普度补上。12月，公牛尝试让斯泰西·金首发，战绩不错。1991年结束时，公牛的战绩是24胜4负，领跑全联盟。1992年1月25日，公牛的战绩达到恐怖的37胜5负，全联盟开始研究一个新话题：在此之前，NBA的常规赛纪录是1971-1972季的洛杉矶湖人，69胜13负。这个纪录高不可攀，实际上，常规赛70胜被认为是不可能的纪录。可是，公牛37胜5负，只要余下的40场完成33胜7负以上的战绩，那就是……70胜？

但这话题，只被讨论了一周。1992年1月底，公牛开始西部连续客场之旅。在圣安东尼奥和休斯顿，公牛连败两场；然后在盐湖城，公牛输给了爵士；之后一场对太阳，乔丹未出场，公牛再败。6场里输

XXVI

掉4场后，70胜纪录渺茫起来。

好吧，专心想些别的事。

乔丹在努力重建队友关系。此前三年，因为争逐总冠军，他变得越来越像个暴君。而现在，他试图跟普度、卡特莱特、格兰特们重新成为哥们，而皮彭，简直快成为他兄弟了。如是，你可以看出，乔丹在慢慢变成一个更好的队友。当他倒地时，皮彭总会第一时间赶到现场，轻柔地扶起他，然后是格兰特，然后是卡特莱特。乔丹是神，但他依然需要一些朋友。

1991年夏天，乔丹规划了自己的未来。他考虑在1995-1996季结束后退役，那年他33岁，不算太老，但也不年轻了。但在1991-1992季中，他已经重新开始考虑退役的念头了。

因为这个赛季，全世界都在折腾他。美国媒体一向如此：他们制造神，然后粉碎他。《乔丹规则》在热卖，客场球迷会捧着这本书，大声在场边念其中的句子，来激怒乔丹："迈克尔！你就是个自私鬼！"

然后是些其他的鸡毛蒜皮：他没去白宫会见布什总统；据说他在高尔夫球场赌博，输了16万美元；他从可口可乐转投到佳得乐；最后，全世界都在拼命拿他和其他人比较，比如巴克利，比如滑翔机……他是新的标杆和靶子，他得承当一切。

他也的确承当着一切。他的乐趣就是胜利。赢球，然后随时随地跟队友打赌。这里赢利文斯顿350美元，那里跟皮彭斗一次左手三分球。但他得随时面对一切。比如，他又听说哥们巴克利出事了：巴克利在密尔沃基打客场时，跟个球迷打起来，乔丹认为媒体误解了巴克利。

"有时候，查尔斯说出了我们很多人都想说的话。每个人的左肩都坐着一只小魔鬼，而查尔斯的那只比较大而已，而且它总是不停劝查尔斯说点什么——但他其实是个好人。"

"我对他的忠告是：让篮球成为医治一切的药物。站到场上，好好出一身汗，然后下场去处理你的那些问题。这就是这些年来我处理事情的方法。我总是回到我对篮球最初的热爱，把所有的一切都放在一边。"

这就是乔丹所谓的"心理治疗"。篮球治愈了他，让他能逃离一切纷扰是非。他越来越依赖胜利来解脱心魔，甚至到了这个地步：

1992年全明星，魔术师会带病复出，打一场给NBA的告别赛。那一晚，魔术师是最后一个走出过道、踏进球场的人，伴随着掌声和巨大的广播声："魔术师——约翰逊！"根据刺客的提议，每个队员都走上去拥抱了魔术师。

那一晚，东部的所有球员都打得心不在焉：他们不想打扰魔术师的好日子，他们安静地看着西部明星队发威，看着魔术师和滑翔机左出右入的舞蹈。只有乔丹不同：他依然想赢球。

但当比赛结束时，魔术师还是拿了全明星赛MVP：他最后连续三记三分球、全场独得25分，让全场球迷欢呼与感叹。魔术师，在他NBA生涯最后一个辉煌之夜，这么总结："我感到我是在一个梦里，我不愿意醒过来。"

他真的不想醒过来。就在他慢慢走出球馆过道时，走廊里灯火璀璨，外面一片黑暗，他就要告别自己最鼎盛的岁月，成为一个为HIV病毒头疼的普通人了。这时候，乔丹出现了。放下好胜心后，他和魔术师仿佛成了知心朋友。

"迈克尔！"魔术师叫道。

XXVI

他们彼此用手臂环住对方的胳膊，一边走一边聊天。这时候，他们不再是对手，不再是本星球最好的两个后卫，而是两个孤单的，被媒体折磨到身心俱碎的，茫然而无所适从的大男孩儿。

　　1998年乔丹退役后，皮彭去休斯顿火箭呆了一季，然后去了波特兰开拓者。很奇妙的是，他依然被认为是当世最好的防守者、锋线指挥官之一，但他再没有进过全明星、再没有夺冠。仿佛他就是为乔丹而生的羽翼，1997-1998季是他最后一次奋飞。1998年，最后的舞蹈演完了，乔丹离去了，皮彭这对羽翼失去了灵魂，也就从此寂灭了。

第二十七章 羽翼

(XXVII)

245 · 250

1992年2月，世界讨论腻了乔丹：他是世上最好的球员，他是世上最好的得分手，他是世上最全面的球员……好了，说点别的吧。

克莱德·滑翔机·德雷克斯勒正带领波特兰开拓者领跑西部，而且，他可能比乔丹还要全面；大卫·罗宾逊仅仅三年级，但凭借他的优雅、快速和中投，可能已是NBA最好的中锋；卡尔·马龙依然是NBA最稳定的得分手之一，每晚像卡车一样贡献28分12篮板，此外，他还在对垒活塞之夜，给了刺客一肘子，差点给他开了瓢；金州勇士吸引了大家的目光，因为那里的三剑客——拥有上帝之左手的神射手克里斯·穆林，许多人相信他是拉里·伯德再世；蒂姆·甲虫·哈达维，180公分的小个子，正用招牌的胯下运球干掉全联盟的后卫；米奇·岩石·里奇蒙，可能正成为NBA第三好的得分后卫，仅次于乔丹和滑翔机……

最后的话题人物：底特律活塞的丹尼斯·罗德曼，连续两年年度防守球员，这个赛季忽然鬼神莫测地找到了自己的篮板球天赋。两年前，他还是个场均29分钟里抓9个篮板球的家伙；而这个赛季，他开始疯狂刷篮板，1992年1月23日，他单场抓了27个篮板！五天之后，32个！！

然后是斯科蒂·皮彭。

全明星前，皮彭场均21.4分7.7篮板7助攻，这是乔丹1988-1989季场均32分8篮板8助攻以来，NBA最均衡的数据。前巨星比尔·沃顿认为："想一想，皮彭可能是NBA第二好的球员。除了乔丹，谁比他更好？谁做的活比他多？"

世界开始审视皮彭。他跳得够高，跑得够快，运球好到足够担当组织前锋，有足够的背身单打技巧，能突破，是个不错的中投手。许多人认为，他像J博士。杰里·克劳斯在竭力吹嘘，他认为皮彭潜力远没到底："他会成为一个更好的防守者，一个好投手，他的天分足以震惊你……他正在慢慢步入巅峰。"

禅师则认为："皮彭的角色正在成长。你看得到他的可能性。他能抓篮板，能运球穿越全场，能背身单打，他有些电光火石的迅疾动作。你知道他会成为一个非常好的球员，但你不知道他能多好。"

事实是，随着与乔丹日复一日的对垒，皮彭正在成为NBA最好的——可能是NBA史上最好的——外围防守者。他有身高，有长臂，有匪夷所思的判断力，有惊人的平衡。他能单防任何位置的球员，而且，用活塞主帅查克·戴利的说法，"皮彭是个完美的填空者"，他能够封死一切空间。他和乔丹有着类似的能力：都能单防干掉对手，都能游弋协防让球场变成斗兽的铁笼。而且皮彭说，他喜欢和乔丹在训练赛对垒。虽然他从没赢过。有记者开玩笑问道，如果他们俩作为对手遇上，会发生什么事。乔丹笑："他怕我，他不会来防我。"

"我不怕。"皮彭说，"我确认，我会干得不坏。"

"你怕的。"乔丹说。

"你知道咱们俩的根底。我不会怕的。"皮彭说。

1991-1992季结束，这一年，滑翔机打出了职业生涯最好的一季，场均25分6.6篮板6.7助攻，带领开拓者称雄西部。大卫·罗宾逊场均23.2分12.2篮板之外，还以可怕的2.3抢断和4.5封盖成了年度防守球员。约翰·斯托克顿连续第五年助攻王，而且还顺便拿了抢断王。1991年状元拉里·约翰逊成了年度新人，而丹佛掘金的新人中锋迪肯贝·穆托姆博——一位刚果来的218公分大汉，喜欢盖完帽后摇手指，号称26岁但实际年龄不明，乔治城大学出身，是尤因的师弟，与师兄一样的一座禁区大山——每场得到16.6分12.3篮板外加3个封盖。但最大的惊奇，还是丹尼斯·罗德曼神话般的场均18.7篮板——

XXVII

这简直是60年代张伯伦、拉塞尔们才打得出的数据；而且在1992年3月4日，他还单场抓了34个篮板。

但常规赛最大胜利者，依然是公牛：他们取下队史最高的67胜15负，理所当然的全联盟第一，离历史纪录的单季69胜只差两场，无可挑剔了。乔丹场均30.1分6.4篮板6.1助攻2.3抢断，命中率52%，连续第六届得分王，连续第六年NBA第一阵容，连续第五年NBA第一防守阵容。最后，他卫冕了常规赛MVP：他的第三个常规赛MVP。

此外，皮彭亦出色：1992年，他第二次进全明星，而且是首发——这意味着，球迷都开始认识他了。常规赛，他场均21分7.7篮板7助攻1.9抢断1.1封盖，他进了NBA年度第二阵容，而且进了NBA第一防守阵容——从此开始，他将和乔丹并列霸占这个席位。实际上，他和乔丹在年度防守球员选票榜上，并列第三。

这一年，格兰特也打出生涯最好表现：场均35分钟里得到14.2分10篮板2.7助攻，命中率是可怕的58%。他的中投日益精纯，他的防守也足够到位，足以弥补卡特莱特老去下滑的负面。此外，阿姆斯特朗作为替补控卫表现精悍，已代替帕克森，成为球队第四得分手。

季后赛首轮，公牛遇到迈阿密热：这也是热队史上第一个季后赛系列。热有203公分的格伦·莱斯和史蒂夫·史密斯这对2、3号位组合，前者长于急速出手远射，后者除了三分拿手，后转身也是一绝。乔丹素来记仇，还记得前一年热的格伦·莱斯怎么跟他打嘴仗。好吧——

乔丹开场就剑拔弩张，攻防两端杀气凌人。抄球，发动快攻，用转身假动作嬉耍对手后卫布莱恩·肖跳投得手，横空霹雳盖掉格伦·莱斯的投篮，强行突破爱德华兹上篮得分，抓后场篮板穿越全场滑翔扣篮，两人包夹下命中后仰跳投，突破肖在篮下面对双人包夹滞空上篮，然后是力拔千钧的快攻扣篮：当他起飞时，热的格兰特·朗甚至不敢伸手干扰。下一回合，朗就证明自己是正确的：乔丹突破篮下，213公分的中锋罗尼·塞卡利果断封盖，乔丹视若无睹，垂空劈下：扣篮，加罚！上半场第25分。全场比赛，乔丹46分11篮板9助攻。公牛113比94大破热队。

第二场了无新意：公牛上半场就64比41领先，最后120比90完成屠杀。乔丹打了35分钟33分13篮板，皮彭30分。第三场，迈阿密迎来队史第一个主场季后赛，大发神威：第一节就33比19领先公牛。乔丹第一节仅得2分，公牛全亏皮彭的首节11分撑局。迈阿密球迷欢腾了：他们有可能扳回一场了！他们有可能击败公牛了！

但随后，他们就知道自己错了。罗尼·塞卡利说："这家伙就像个没有引线的手榴弹。"

他说的是乔丹。

数据框会告诉你：公牛第二节32比23反超，单节将热的命中率限制到41%，第三节初用一波18比7完成69比63领先……但数据不会告诉你的是以下故事：乔丹在第二节独得17分，包括左翼跳投、抄球快攻单人蛇形突破扣篮、右翼负角度跳投、面对两人阻拦滞空跳投得手、在四人包围中上篮得手，加上皮彭的8分，两人第二节合计25分。公牛在第二节中轰出一波17比3，公牛44比43；然后是乔丹连续包揽17分。第三节公牛领先后，热试图追击，但第四节过半，双方96平时，乔丹一记大幅度后仰投篮，公牛98比96领先：这是他第44分。而后，余下的5分半里，乔丹又得了12分。全场比赛，乔丹34投20中，56分。公牛119比114取胜，3比0淘汰热。

"又一次，乔丹变身超人来拯救世界了。这家伙的话题，说不完。"格兰特说。

XXVII

乔丹很兴奋，流着汗，喘着粗气，"我投什么都进，节奏很好，我一点都没犹豫，我总知道我该干什么。如果他们让我突破，好，我突破；否则，我就跳投！感觉真的很棒，我都不知道该怎么描述！"

罗尼·塞卡利给了最后总结：

"乔丹想得多少分都可以，只要他想；他可以得100分，如果他想。"

这个系列赛，乔丹三场平均45分10篮板7助攻，而皮彭后两场也有平均32分。公牛轻松晋级时，媒体又拣起了这话题："乔丹是世上最好的球员；皮彭可能是世上第二好的球员——他们还会有对手吗？"

到1992年东部半决赛第一场，世界就知道答案了。

———————————————————————————————————

1997–1998季，受伤的不只是皮彭，还有他的老对头。在长达十年只休息20场的铁汉挣命后，在和公牛鏖战了半个90年代后，纽约之王帕特里克·尤因真的老了：1997年底大伤，休停56场。1999年，他已不再是灵魂，但还是扛着纽约过了第一轮，完成了黑八。

他和师弟阿朗佐·莫宁的争斗，是那些年NBA的经典传说。岁月已经把尤因锻造成了一个残忍的成年人，他在纽约人的憎恨中行来，永远不会知道什么叫心软。而莫宁，他的怒吼许多时候是在掩饰他的沉静。当然，很多年后，当他退役时，尤因这么说："等我们都打不动篮球了，友谊还会在的。生活就这么回事：每人都想赢，想挣钱……但如果你没有朋友和家庭，你还有什么？"

他的不幸，也仅仅是：从1982年NCAA决赛，到90年代的NBA，他到处遇见乔丹。

第二十八章 突围

251 - 258

1992年5月5日，东部半决赛第一场，芝加哥公牛VS纽约尼克斯。比赛结束时，世界被震惊了：尼克斯第一节就25比16领先，之后三节始终分寸不乱。他们击败了公牛：94比89。帕特里克·尤因统治禁区，34分16篮板5抢断6封盖，而且他牢牢控制禁区，逼乔丹跳投；公牛方面，乔丹23投12中31分，皮彭18投8中22分，但公牛全队被封锁：他们无法在禁区得势，全场只有一次扣篮。

此前，在芝加哥主场，纽约尼克斯是浩浩荡荡的17连败。

次日，禅师招呼全队早起，6点30分就集中在训练营观看录像。他没多说，但全队感受到了他的意思。第二场，乔丹第一节就泼洒了15分，让公牛27比24领先，但此后，比赛进入僵持：第二节，公牛19比13；第三节，公牛18比17。双方缠斗，不分上下，最后的比分是公牛86比78取胜。尤因被卡特莱特限制，11分16篮板。乔丹第一节11投8中，但之后13投4中，全场27分6篮板5助攻。而皮彭12投2中，只得6分，公牛还得亏霍勒斯·格兰特的14分11篮板、阿姆斯特朗的18分救场。

如此这般，前两场结束，公牛与尼克斯打到1比1。

皮彭脚踝有伤，而乔丹嘛，禅师认为，"乔丹可能是累坏了"。乔丹则不太领情："菲尔可真会给我找借口。"

第三场，纽约麦迪逊花园，双方的肉搏角力无休止。头两场没机会扣篮的乔丹，在第一节就愤然飞身拔扣，随后用兴奋地嚼口香糖来暗示公牛的杀心。上半场，公牛前赴后继地冲击篮板，抓到26个篮板球，一度48比39领先9分：在这个血淋淋的系列赛，这就是大比分领先了。半场结束，公牛51比50领先，然后是第三节的狠辣防守；第四节，乔丹杀进禁区，前有尤因，后有麦克丹尼尔，乔丹没选择传球或滞空上篮：他疯狂的好胜心膨胀，强行一记劈扣，劈倒对方两人，然后追吼一声：Yeah！

这一击终结了尼克斯：公牛94比86取胜，乔丹32分9篮板，皮彭26分5篮板，格兰特10分13篮板，大功臣是替补中锋威尔·普度：16分钟内6分7篮板，而且以硕大身躯，挡住了尼克斯对篮筐的侵袭——当然，还是没法阻止尤因的26分11篮板4助攻2封盖。

但第四场，尼克斯再次得逞：全队抓了52个篮板，多公牛19个；他们逼乔丹用了26次投篮才得到29分，他们把皮彭限制在13投4中。禅师第三节朝裁判迪克·巴维塔怒吼"你怕他们不让你回家吗"，被罚下场。

尤因只得15分，16投5中，但麦克丹尼尔、杰拉德·威尔金斯、查尔斯·奥卡利们站出来发了威。尼克斯93比86取胜，2比2。

乔丹很是不忿："他们就是这种打法！这和底特律活塞没有区别！"

但纽约的安东尼·梅森不这么认为，他的说法是："如果裁判给我们点面子，我们现在会3比1领先芝加哥。或者，我们已经4比0晋级了！"

禅师没那么悲观，但他已经明白了："我们这个系列赛，看来要打七场。"

——好的，我们该来认识一下纽约尼克斯了。

他们拥有帕特里克·尤因：霸王龙一般的牙买加籍中锋；十年前带领乔治城与乔丹决战全国决赛的大猩猩；他在纽约过得并不愉快：虽然他年年场均20+10，是东部首席中锋，但纽约人总是嫌他笨、嫌他不华丽、嫌他太凶神恶煞、嫌他不够硬气。于是他总怀着愤恨打球。

他们拥有马克·杰克逊：一个地道的纽约后卫，一个喜欢用屁股拱人的滚地虫，一个滑不留手的好控卫。很多年后，他会成为NBA史

XXVIII

上第三个总助攻超过一万的人——第一个是约翰·斯托克顿，第二个是魔术师。

他们拥有约翰·斯塔克斯：他是纽约黑帮的外围第一打手，斗牛犬一般的人物，NBA最好也最大胆的三分球手之一。至今你去看旧录像，望见他桀骜不驯的眼神和动辄拉短裤摆防守造型的表情，都像个刚嗑完药、手持电锯的疯子杀人狂。当然，他也是NBA史上最不稳定的球员之一。

他们拥有查尔斯·奥卡利：乔丹的好哥们，老保镖，NBA最大的恶棍、蓝领、地痞头目。1991年，尼克斯对垒超音速时，他一个人单挑对方的肖恩·坎普、加里·佩顿与麦斯威尔，1992年，又在玫瑰花园打伤克利福·罗宾逊。

他们拥有杰拉德·威尔金斯：那是多米尼克·人类电影精华·威尔金斯的堂兄弟，拥有与兄长类似的体格，以及远过兄长的勤奋防守意志。

他们拥有夏维尔·麦克丹尼尔：他的名头一向是无可比拟的敬业、刚烈凶猛的防守者，以及最可怕的，"蜘蛛人"。

他们拥有安东尼·梅森：这厮身长201公分，体重114公斤。他出身寒微，选秀大会上只列53位，一度沦落到去土耳其打球。但靠着凶残、努力和无私，他成了纽约打手团的先锋猛犬。

乔丹说纽约尼克斯的风骨与活塞并无二致，这不奇怪：主帅帕特·莱利，当年带湖人与活塞百战余生，最知道活塞怎么碾压全联盟。他让尼克斯对公牛放手发威：全场领防；紧逼压迫；堵塞篮下；随时上手；乔丹无论走到哪里，杰拉德·威尔金斯都将手粘在他身上。偶尔还得这里挨一拳、那里挨一肘。公牛的替补内线斯科特·威廉姆斯总结："前臂、肘子、双手按你背上——你走到哪里，身上都离不开这些。"

麦克丹尼尔认为这很正常:"如果其他人付出了200%,好,你就要付出400%!"

第五场,麦克丹尼尔领衔全队,自己得了26分,还防到皮彭11投4中。但卡特莱特防住了尤因——纽约媒体抱怨说,尤因不舍得对自己当年的老大哥下狠手,所以第五战14投仅5中,而且还6次犯规下场。

拯救公牛的,依然是乔丹。他全场23投11中,而且扑击篮下,势若猛虎,全场17次罚球,37分5篮板。每次乔丹被尼克斯按倒,总是会回头睥睨对他犯规的家伙。意思很简单:"试试看对我下狠手啊?——谁怕谁?"

公牛96比88赢到第五场,3比2。

但第六场,乔丹被纽约尼克斯祭出双人包夹:他全场25投9中21分。虽然有8次助攻,但公牛外围乏力。尼克斯在第四节打出32比16的大反击,100比86取胜。3比3。

于是要迎来第七场了:乔丹职业生涯以来,第二次第七场。第一次是1990年东部决赛、公牛决战活塞——也就是皮彭偏头疼发作那场。

第七场前,裁判杰克·奥东纳特意去找尼克斯前锋蜘蛛人麦克丹尼尔:"给我看看你的手指甲。"

"为什么?"

"看是不是长到超标。"

这是外界对尼克斯的印象:似乎他们这伙黑帮真会全身上下插满利器,拿来对付公牛似的。但第七场开始的第一球,比赛氛围就奠定了:乔丹奋不顾身地扑进禁区,造犯规,两记罚球;第一节稍后,乔丹突破不休,8罚8中,还跟麦克丹尼尔闹了火气,额顶额,眼瞪眼,奥东纳急忙圆场,给这俩人各一个技术犯规。第三节,乔丹面对尼克

XXVIII

斯的三个球员完成一记飞翔上篮；然后，当麦克丹尼尔抄掉他球后，乔丹飞速回防，反将球抄了回来——

这一切，一如里弗斯所言："乔丹的每场球，每个回合，都好像在打自己最后一次篮球似的。"

第七战，乔丹完美地结合了飘逸和凶狠：他残忍而偏执，完全控制了尼克斯的神经。他全场得了42分，29投15中，而且完成2抢断3封盖；皮彭打出17分11篮板11助攻3抢断的三双；格兰特14分4抢断4封盖；阿姆斯特朗7投5中12分。尼克斯下半场仅得30分，命中率被压制到38%。杰拉德·威尔金斯心服口服："乔丹推动全队前进。这就是超级巨星的所作所为。"

皮彭赛后，如此描述乔丹："他开场就和麦克丹尼尔对上，就是在传达给纽约：我们不会退缩。"乔丹自己解释说："我们决不会畏惧突击内线。我们就是要摧毁他们！"

比赛结束后，公牛更衣室来了个意外的客人：禅师的恩师、曾经带领纽约尼克斯拿了1970、1973年两个总冠军的老王爷雷德·霍尔兹曼。他和禅师谈起了莱利，两个人一起表扬了莱利一通。最后，霍老爷爷看着禅师说："菲尔，你也是一个好教练了。"

东部决赛，老对手克里夫兰骑士出现。但乔丹的心情反而放松得多：他之于骑士，就像活塞之于曾经的他，他了解骑士对他的恐惧已根植心底，几乎成为迷信。而且对纽约的七战，于他着实有利："纽约把我们叫醒了。我们整个系列赛都在梦游。直到第七场，我们没退路了，才做出回应——这是我们应该有的样子。"

比起1989年那支遭乔丹绝杀的队伍，1992年的骑士有所不同。布拉德·多尔蒂是东部屈指可数的好中锋，马克·普莱斯是全明星后

"迈克尔……他是最好的。"拉里·布朗教练说。这个活塞队冠军教练,这个培养了波波维奇并间接制造21世纪马刺辉煌的老头子,从来注重团队而敌视天才,但他都承认:"我和康尼·霍金斯一起成长,我见过J博士的巅峰期,我见过大卫·汤普森拿单场73分,我爱魔术师和伯德,但是迈克尔……"布朗摇了摇头,"我愿意花钱看他打球。我甚至愿意花钱看他训练。"

卫，32岁的前扣篮王拉里·南斯依然能每场得17分8篮板，外加3记封盖，外加乔丹尊敬的防守者克雷格·埃洛，当年惹恼过乔丹的威廉姆斯，以及射手斯蒂夫·科尔。曾经"很像乔丹"的罗恩·哈珀已经离开，但不妨碍骑士成为NBA第二好的进攻球队——第一是公牛。

但这个系列赛，进行得很是奇怪。首战骑士未加抵抗就缴械，公牛103比89取胜。乔丹33分6篮板7助攻，格兰特12分10篮板7助攻，皮彭29分12篮板9助攻。可是次战，乔丹嗓子不适，膝盖也酸痛，于是前6投全失，全场22投7中；皮彭和格兰特则随着乔丹一起沉默，公牛第一节就14比30落后，上半场落后到34比59，全场81比107遭血洗。禅师感叹："有时候，我们太依赖迈克尔带来的动力了。"

乔丹确实是风向标。第三场来到克里夫兰，他36分6篮板9助攻，于是公牛猛醒：皮彭23分9篮板7助攻，格兰特15分11篮板。公牛上半场就57比37领先，下半场骑士猛追，为时已晚，公牛105比96取胜。第四场第一节，骑士的丹尼·费里就被罚出场，但这事激起了骑士的血性：全场比赛，乔丹独得35分，但公牛其他人黯淡无光，公牛85比99败北。

又是2比2。公牛中锋威尔·普度说："简直是角色倒错！"

芝加哥媒体开始腻了。他们听腻了"信心、动力、决心、意志、专注"这些词，有媒体开始抱怨："这系列赛太闷了……真该让麦克丹尼尔留着，让比赛见见血！"

第四场后，乔丹和禅师都觉得不妙。他们都或多或少地开始对媒体张嘴聊，温和地，但有所指地，聊公牛替补们：如何不帮忙，如何打不过骑士板凳群。公牛替补们并不好欺负，阿姆斯特朗代表替补发了言："如果菲尔和迈克尔想拿替补说事，我觉得，应该内部解决，而不该对媒体说！"

XXVIII

可是这话有了效力：第五场，公牛三大替补利文斯顿、斯科特·威廉姆斯和阿姆斯特朗齐刷刷站起来。威廉姆斯7投6中12分8篮板2封盖，阿姆斯特朗12分4助攻，利文斯顿12分。加上乔丹的37分5助攻4抢断、格兰特的13分14篮板和皮彭的14分15篮板6助攻，公牛末节发力，112比89大破骑士。3比2。公牛内部有位先生，如此评价禅师这种激发替补的法子："虽然迄今为止本季很成功，但其实，菲尔他教导球队比以往艰难，他得处理这样那样琐碎的事，比去年麻烦得多……"

第六场前三节，乔丹打得不好，20投仅5中。但公牛诸将很是努力：他们克服了克里夫兰的嘈杂主场，前三节战罢，双方72平。然后，乔丹的记忆复苏了：这里是克里夫兰，是他征服过无数次的地方——骑士不可能击败乔丹，不可能！

乔丹第四节7投5中，独得16分。公牛进入招牌的"大家防守，然后乔丹带我们回家"模式，公牛99比94击败骑士，4比2晋级。

"好，我们又来了。"乔丹对1992年总决赛说。

这一次，西部冠军、前来挑战公牛的，是波特兰开拓者，以及他们的22号克莱德·滑翔机·德雷克斯勒。

1997-1998季结束，乔丹退役之前，滑翔机德雷克斯勒悄然先他一步退役了。他与乔丹退役的方式差别，一如他们的风格对比：乔丹高飞鹤唳，滑翔机踏云无痕。

除了飞翔，他的标志动作之一，是突入前场时会埋头疾行，不抬头看球场。这种奇妙的习惯很少使他撞人犯规。终其一生，除了膝盖，他很少为伤病困扰，这对一个经常飞天遁地的摇摆人而言算是罕见。他的温和性格使他甚少敌人。在90年代之后，他更趋于与世无争，而可以与他对照的迈克尔·乔丹，则走在帝王之路上。许多时候，性格可以指着人走向命运的两端。

幸好他不是巴克利、尤因、马龙那样的悲剧英雄，因为他还有一枚足以告慰一生，使他职业生涯圆满的，总冠军戒指。

第二十九章 卫冕

2 5 9 · 2 6 8

十年之前的1982年，乔丹的北卡与乔治城决战之前，曾在半决赛跨过了休斯顿。那是乔丹和滑翔机第一次对决。

十年之后，他们在总决赛重逢了。他们各自带领着联盟最好的两支球队。乔丹是常规赛MVP，而滑翔机票数第二。他们是联盟最好的两个后卫，而且是联盟最好的两个球员。如果需要补充一下的话：乔丹场均30+6+6的数据和滑翔机场均25+6+6的数据都极全面；而且，他们可能是联盟里两个最能飞的人。

但他们却又是两个截然不同的家伙。

12岁前的德雷克斯勒是个胖男孩，为了排除这种自卑，他脚踝绑沙袋跑步，跳绳，终于拥有了匪夷所思的飞翔能力。饶是如此，他在大学里依然是个冷静温和的青年。这并不总是好事：他很温和，温和到不想冒犯任何人。他很绅士，他是个好队友。哪怕他听说梦一队不想选他，他都不会公开表示生气，只能温柔地抗议："我和乔丹不冲突！我们可以起不同的作用！"

他的个性和波特兰所在的俄勒冈州类似：这里生活着大量中产阶级，大家都希望滑翔机与他们一样心平气和、缺少狂热。高中时，他有一年没碰篮球，因为他觉得篮球影响了他的学习。对他最刻薄的评价，来自西部某位主教练："他的天赋如此伟大，他注定在比赛中得到不凡的数据。但季后赛，他总失败。要么因为他感到无聊，要么因为他感到挫败，要么因为比赛变成了阵地战，天知道下一次是因为什么。他总是在关键时刻消失。"

他不算是一个手段多样的得分手，然而确实是个攻守两端都聪明的、技巧全面的球员。在那个飞人漫天纵横的时代，相对于不屑进行任何闪躲直接轰炸篮筐的威尔金斯，德雷克斯勒与乔丹在空中的闪展腾挪显得更为瑰丽。而作为一个经典的老好人，德雷克斯勒绅士般的优雅也让他在场外颇得人缘——虽然他的开拓者年复一年地败给湖人队。在1989年，开拓者搞到了著名篮板兽巴克·威廉姆斯，提拔了阿德尔曼做主帅，构造了钢铁蓝领内线，由德雷克斯勒、科西这样的飞人冲击对手，而波特在三分线外为对手伤口上撒盐。他们一路横冲直撞杀入了总决赛，但结果遇到了深怀丧父之痛的乔·杜马斯，以及蓝领内线的老祖宗活塞队：在这些霸道的对手面前，德雷克斯勒的优雅显得纤巧脆弱。开拓者1比4被解决。

这好像注定了德雷克斯勒的命运：在遇到更为霸道的对手时，他难于匹敌。1991年，他带领开拓者打出队史最高的63胜，可是球队却被垂老的湖人击败。

他试图改变这一切。比如，1991-1992季，他是联盟第二好的球员；在季后赛对湖人第三场，他打出42分9篮板12助攻；在西部半决赛对凤凰城太阳，最后三场他拿到37分、33分、34分，终结对手；西部决赛对爵士，第二场他打出36分12助攻——类似于此的漂亮表现。

但谁都没想到，总决赛第一场，他就遇到了大麻烦。

开拓者的替补后卫丹尼·安吉是乔丹的老熟人。当年他在凯尔特人时，亲身经历了乔丹那传奇的"今晚上帝穿了23号球衣"之夜。1992年总决赛第一场，他又产生了类似的幻觉：一记投篮划过他的指尖，直坠篮心。乔丹的第四个三分球。

上半场甚至还没结束。

乔丹跑得很有节奏。傻子都看得出，他此时如庖丁解牛，一举手一投足都随心所欲。下一回合，滑翔机接球，乔丹如幻影般闪过滑翔机身旁，忽然间，球已在他手里。安吉翻身急追，企图对乔丹犯规——根本无效，乔丹如火箭喷发，直取篮筐。滑翔机在远处看着：

XXIX

他真的只看得见乔丹的背影。

乔丹单挑滑翔机，起速突破；全波特兰围拢来，企图围死乔丹；乔丹传球：格兰特在篮下接到，轻松上篮得手。下一回合，乔丹故伎重施，格兰特接球，开拓者轮转补位，格兰特把球传给三分线外的乔丹：乔丹出手，第五记三分球。

然后是皮彭断了滑翔机的传球，上篮，不进，但乔丹在皮彭身后起飞，把球点进篮筐。开拓者面无人色：他们知道乔丹很可怕，但没想到如此可怕。

然后是又一次，乔丹在三分弧顶接球，开拓者的克里福·罗宾逊朝他扑来。晚了。乔丹的投篮越过罗宾逊的指尖，直坠篮筐。半场第六记三分球，半场35分——全都是总决赛纪录。

乔丹在原地跳了跳，往回跑时，他做了NBA史上最著名的动作之一：耸耸肩，扬扬眉毛，摊开手掌。那表情可以这么解释：

"我也不知道我是怎么做到的。"

这一晚，乔丹上半场就得到35分，全场39分外加11助攻，皮彭24分9篮板10助攻。公牛上半场66比51领先，第三节结束时分差已经到了104比68，全场122比89大屠杀。滑翔机16分5篮板7助攻：他不是不努力，只是，他赶上了乔丹展现他之所以是乔丹的夜晚。

第二场，开拓者首节一度领先8分，半场领先9分，但随后情势变幻：第三节，乔丹和帕克森引领起一波华丽的32比16反击波，77比70领先进入第四节。第四节剩4分36秒时，滑翔机6次犯规下场，公牛92比82领先，眼看2比0在握，总决赛已无悬念，但神奇地——开拓者完成了一波15比5的反击，其中控卫神射手特里·波特得到7分；双方97平进入加时，安吉在加时赛独得9分，包括最后一分钟6分，开拓者115比104取胜。滑翔机26分7篮板8助攻，乔丹39分5篮板10助攻，对决上，滑翔机输了。但开拓者的其他人——巴克·威廉姆斯19分14篮板、科西12分8篮板、波特24分、达克沃斯14分8篮板——为开拓者赢了比赛。

这是连续第三轮系列赛，公牛以1比1结束头两个主场了。

总决赛第三场前，霍勒斯·格兰特说起件往事：两年前，助教巴赫录了一个波特兰篮板怪兽巴克·威廉姆斯的两小时集锦录像带，让格兰特学习，并告诫他"少投篮，多篮板，打团队，挑衅人，打硬点"。

"巴克就是这么打球。我现在也就这样。"格兰特如是说。

第三场，格兰特主导了公牛的风骨：拼身体，拼防守。全场他18分8篮板6助攻，逼到巴克·威廉姆斯5投1中6分9篮板5犯规。滑翔机得到32分9篮板，但开拓者全队除了他外，命中率只有32%。乔丹26分7篮板4助攻3抢断，而且与皮彭、格兰特联手完成了第一节到第二节之间30比13的超级高潮奠定胜局，第三节的12比3则彻底埋葬了开拓者：在长达6分57秒的时间里，公牛没让开拓者投中一个篮。

这一场的公牛，像极了1990年总决赛干掉开拓者的活塞。论天赋，开拓者并不下于公牛，但在公牛双目带血、咬牙切齿的狰狞面目前，开拓者，确切地说，滑翔机，后退了。就像人看见狮子，本能地后退似的。

但第四场，开拓者的群狼斗志又现威风。开场他们一度0比10落后，随后是9比22。比赛进行到最后半节，公牛还是80比74领先。但是，仿佛第二场翻版似的，开拓者开始了大逆转：里克·阿德尔曼主教练发现了一个有效的小阵容——滑翔机、波特、安吉、杰罗姆·科西和克里福·罗宾逊。开拓者一口气反超到83比82，此后是皮彭4罚1中，开拓者93比88取胜，2比2。

XXIX

稍微有点讽刺的是：这一晚，乔丹依然领先滑翔机：32分5篮板6助攻，而滑翔机21分6篮板9助攻。最奇怪的是，全场比赛，滑翔机都拒绝挑战乔丹。实际上，连乔丹自己都知道这事实。很多年后，他会下这种断语："当滑翔机开场手感好时，我反而不担心，因为他会开始跳投，拒绝突入篮下拼命。"

波特兰可以满足于"滑翔机是个团队球员"，但媒体不买账。《今日美国》的专栏作家彼得·维西如是说："他还是把好好先生的形象保留到总决赛之后吧。你不可能一边保持着容忍和尊敬的态度，一边打败乔丹。"

波特兰需要有人站出来，说点掷地有声的话。滑翔机不会说，那么巴克·威廉姆斯就亮相了："第五场，会是第四次世界大战！！！"

——虽然芝加哥记者忍不住掩嘴偷笑，恨不得去问威廉姆斯"都第四次了，那第三次是什么时候打的呀？您发动了么？"，但波特兰记者为之欢欣鼓舞：对！波特兰要给芝加哥点颜色看看！第四次世界大战了！！

但他们都忽略了一件小事：

千万、千万、千万不要惹恼乔丹。

第五场的前7分钟，可以如是描述：公牛有乔丹和皮彭，开拓者没有。公牛前7分钟得了23分，其中19分来自乔丹和皮彭；防守端，他们俩分身术一样，遍布每个角落。一个球就显出当晚乔丹的决心：开场2比2，开拓者获得二打一的快攻机会，乔丹翻身杀回篮下，低手一抄，破坏了对方的进攻，随后翻身杀回，一记三分球；几分钟后，皮彭抄掉一记传球，快攻急进，边运球边看右侧跟进的乔丹，然后……皮彭没传球，而是迎着滑翔机头顶，一记滑翔霹雳扣篮得分，加罚，公牛领先到20比11。第一节，公牛39比26领先，其中17分是逼迫开拓者失误所致。

这就是比赛的基调：公牛打得凶残之极。乔丹每次得分，就立刻回防，随时和滑翔机保持身体接触，全场滑翔机30分10篮板，但21投仅9中，更多靠14罚12中的罚球，最后还被罚下；而乔丹造了19次罚球，外加23投14中，46分5篮板4助攻——他也有5次犯规，但狭路相逢勇者胜。皮彭24分11篮板9助攻，也付出4次犯规的代价。双方犯规33次对34次，罚球45次对35次，最后，公牛赢了这绞肉机般的"第四次世界大战"，119比106，3比2领先，回芝加哥主场了。

费城的记者比尔·林恩，如此形容乔丹和滑翔机的区别："他们之间的差距不在天赋，而在性格。乔丹的天性就是要掌握一切。他会鞭笞队友、责骂队友、羞辱队友。而滑翔机，他的天性更加被动。他会做好自己分内的，同时也假设队友们会恪守本分地跟随他。"

第六场前，芝加哥人载歌载舞：他们相信冠军就在眼前，他们想弥补去年未能在主场庆祝冠军的遗憾，他们指望乔丹再来一次伟大的演出，以此蝉联冠军……但第六场打了11分钟，芝加哥人就觉得不对劲：前11分钟，乔丹没有得分？

第一节，开拓者25比19领先？

第二节过半，开拓者领先到43比28？

第三节后半段，开拓者居然领先到75比58？！

第三节结束时，开拓者领先79比64？！？！

皮彭前三节12投4中；乔丹第三节有两个上篮不进，还有一记被滑翔机盖掉，而且累到脚步蹒跚……公牛，要输了？

——在这里，我们得插一句，聊聊开拓者的主教练里克·阿德尔曼先生。

很多年后，进入21世纪时，他会用普林斯顿进攻打造出一支伟大

XXIX

的萨克拉门托国王，并在休斯顿火箭执导姚明，但在此时，他还是个资历较浅的教练。当年他也打过NBA：那是60年代末70年代初，他在火箭打了两年，然后被扯去波特兰，当了开拓者队史首任队长，28岁退役。80年代，他在开拓者当助教；1989年，媳妇熬成婆，上任开拓者主教练。他的风格是：每晚把蓝领内线堆满禁区，用肌肉砍切对方的每次进攻，然后放任摇摆人滑翔机和科西快攻前场，波特负责用远射朝对手伤口撒盐。第一年当教练，他就把开拓者带进了总决赛。

但后来的时光，包括在国王、在火箭，都证明他自有其弱点：无论在进攻和防守端，他的体系都是给球员最大的自由度，让他们发挥天分，代价是过于自由，关键时刻缺少随机应变的调整。所以，遇到大砍大杀、心胆如铁的队伍，他就没什么法子。

这一晚，他遇到了有生以来最大的难题：禅师看公牛落后15分，派上了个怪阵：皮彭+四个替补——斯科特·威廉姆斯、斯泰西·金、阿姆斯特朗和鲍勃·汉森。开拓者有点愣：公牛这是想打，还是不想打？

之后发生的一切，载入了史册：

科西对金犯规，金罚球得分。

皮彭突破，开拓者不想犯规，任其上篮得分——70比79，还差9分。

开拓者的罗宾逊投了个三分球，没进。滑翔机只能摇摇头，毫无反应。下一回合，滑翔机面对皮彭，运球失误：乔丹在板凳上挥舞拳头。

开拓者板凳上，气势慢慢凝重起来。空气仿佛变成了固体，让他们呼吸困难。安吉赛后承认："从那时起，我们想的不是赢球，而是怎么能不输。"

开拓者声势渐落，差距已到7分。滑翔机远射不进。公牛的防守如绞索慢慢勒紧。开拓者的掩护被吹犯规。投篮被盖帽。波特甚至脚踢球出界失误。巴克·威廉姆斯假摔，裁判不吹。斯泰西·金跳投得分：开拓者仅以81比78领先了。

乔丹重新上场。刚一回来，乔丹就在滑翔机头顶投中一球——动若脱兔，无迹可寻，滑翔机来不及反应。然后是格兰特和帕特森归来，乔丹的声势如风雨大作：他抄掉威廉姆斯的球，上篮得分；比赛剩4分钟，公牛89比87领先。

阿德尔曼教练连续叫暂停。无济于事。滑翔机上篮把分差追到89平，但皮彭一记跳投再让公牛领先。从那之后，乔丹接管了一切：

一记16尺跳投，一记妖异绝伦、化身为光的右底线突破上篮，两记罚球。针对他那记上篮，滑翔机说："打总决赛前，我以为乔丹有两千个招式。我错了。他有三千个。"

比赛结束，公牛完成了超级大逆转：末节落后15分，反败为胜，97比93取胜。乔丹33分，皮彭26分，滑翔机24分8篮板，但他依然不是乔丹的对手。公牛4比2击败开拓者，卫冕总冠军。乔丹，总决赛场均35.8分4.8篮板6.5助攻的乔丹，毫无疑问的，第二个总决赛MVP——也是NBA史上，第一次有人蝉联总决赛MVP。

这一次，乔丹没有如去年般嚎啕大哭。他很自如地带领着队友在体育馆中心来了趟舞。他跳上记分台，先比划了一下高尔夫挥杆动作，然后比划了一个"八"字手势，意思很简单："下周一，又到了夏季茶点时间！"

但其实，远没那么简单。

芝加哥公牛的天分已经达到历史级了吗？一支常规赛67胜的冠

XXIX

军队？未必。安吉认为，公牛更像是支"有一个超级伟大球员的好球队"，而非"伟大的球队"。他们之所以整个赛季有67胜、未有一次三连败、拿下总冠军，是因为他们有乔丹。助教巴赫说了件事：2月，在底特律、明尼苏达和波士顿打比赛时，其他球队都习惯取消训练、窝在家睡觉，而乔丹在那些夜晚会继续训练，观看录像。他影响了皮彭，然后是格兰特、帕克森，他们都被乔丹鼓动着、驾驭着，一直走到了这里。乔丹不像滑翔机那样是个好好先生，但他用冠军证明：他这样的领袖，一样能夺冠。

　　对乔丹来说，这是一个漫无止境的赛季，是他最艰难的赛季。他面对无数事件：赌博的传闻；《乔丹法则》的出版热卖；白宫事件的争议；美国男篮的选拔；他和刺客的交情；和美国篮协的斗争；一切的一切，最后划上了句号。他赢了总冠军，篮球治愈了他。到最后，比冠军更重要的是：他表现得像迈克尔·乔丹——那个已经被世界奉为神的，在海报、新闻、广告、游戏里飞翔的、完美无缺的、不败的神。禅师，在身旁看着一切的禅师，这么总结："如果说去年夺冠之旅是蜜月旅行，那今年……就是一段《奥德赛》般的史诗旅途。"

　　直到2008年、2012年两届奥运会，世界都还在讨论：美国男篮的梦八、梦十，是否可以媲美1992年的梦一队？——这样的对比，本身就足以说明梦一的地位。梦一是梦幻时代的开始。这支队伍聚合了一切——最伟大的名字；对时代的总结；对世界的睥睨；斯特恩庞大的野心；对篮球的爱（魔术师的HIV病毒和伯德的背痛）；古往今来最有表演欲的一支美国队。那是第一次，美国将NBA的魅力毫无遗漏地泼洒到世界上，然后就像传道者和播种机一样，使世界篮球发生了地动山摇的变化。一个最生动的例子：1992年，一个西班牙医生家庭出身、喜欢打后卫的男孩子，在看过梦一队后，疯狂地想成为一个职业篮球内线——当然，后来他如愿以偿了。

　　他的名字，叫做保罗·加索尔，多年后将成为洛杉矶湖人的冠军内线。对那时世界上的孩子们来说，类似的：1992年，是一切篮球梦的开始。

第三十章 1992年夏天，巴塞罗那，梦之队

(XXX)

269 - 274

很多年后，你会这么记下1992年美国男篮——也就是所谓梦一队——的名单：

乔丹、伯德和魔术师，是20世纪NBA最伟大的六位球员之三（只有拉塞尔、张伯伦和天勾跟他们呼吸着同样的空气）。巴克利和卡尔·邮差·马龙堪为20世纪最好的两个大前锋。帕特里克·尤因和大卫·海军上将·罗宾逊是90年代最伟大的四位中锋之二（另两位是大梦和沙克·鲨鱼·奥尼尔）。乔丹和魔术师是史上最好的后卫，伯德是史上最伟大的前锋。乔丹和斯托克顿合计有10个得分王、9个助攻王，而且他俩是史上抢断最多的球员。而且在1992年，大多数人——乔丹、皮彭、尤因、邮差、斯托克顿、穆林、巴克利、海军上将、滑翔机——都处在个人生涯的巅峰。至于当时大学篮球最顶尖球员克里斯蒂安·雷特纳这样的孩子，更像是去跟班学习的。

1992年夏天，就是这么支队伍去打了奥运会。

在各种传说中，这支球队的捏合并不容易。美国篮协的官僚主义、媒体的无孔不入、各自境况的不同、赛季积累的宿怨，都让诸位明星难以同心同德。然而魔术师的热情和查克·戴利教练的人格魅力，使这支球队慢慢融汇起来。内向的尤因和毒嘴的伯德成了好朋友；大大咧咧的巴克利和沉静羞涩的雷特纳成了忘年交；外界的质疑，让他们同仇敌忾起来。

魔术师，这支球队实际的黏合者，一直在试图挑起乔丹的斗志。传说中，球队飞到欧洲、在蒙特卡洛开训时，他挑战了乔丹。那是一场不为人知的训练赛：乔丹与尤因、邮差、皮彭结伴，魔术师和罗宾逊、巴克利、滑翔机们。传说中，魔术师们那边打出14比2的开局，巴克利咧开大嘴，说了些招牌的垃圾话，然后乔丹大怒，开始把梦之队的队友当公牛的小弟们训。他亲自去追防魔术师，他像打NBA总决赛一样全力以赴。他甚至对魔术师吼了一嗓子："这是90年代，不是80年代了！"

这场比赛的恐怖程度，当时担任助理教练的迈克·沙舍夫斯基——现在，在我们管他叫老K多年之后，2008-2012年，他将率领美国男篮拿下两届奥运会冠军、一届世锦赛冠军，而且是NCAA史上最伟大的教练之一——如是描述：你呆在屋子里，听见外面的风暴，深觉恐怖；但你打开门，亲眼望见，才知道比你想象得更可怕。

这场可能是史上最高水准的比赛，没留下任何现场录像，只有传说中的最终比分：36比30，以及乔丹的那句话，"我愿意尝试着……不去对每场比赛较真"。

在巴塞罗那，梦一队获的待遇，仿佛众神下临。他们下榻豪华宾馆，而不住在奥运村；他们每次出行都遭到拥堵、围观和尖叫。但随后，争议就来了。比如，巴克利头天刚说，"我对安哥拉一无所知，除了他们将有大麻烦之外"，第二天就被媒体谈论"傲慢的美国人"。斯托克顿只是平淡地说，"我们不住在奥运村，并不违反奥运精神，对我来说，奥运精神就是在场上打败其他地方来的运动员，而不是跟他们住在一起"，第二天媒体就认为"美国人对奥运精神缺乏尊重"。乔丹很平淡地回答了这么个问题："如果有人称我为神？嗯，我会很高兴的。"

随后不久，对美国人的口诛笔伐，变成了恐慌和惊叹：梦一对安哥拉之战，一度打出46比1的豪华高潮。

梦一对克罗地亚之战，面对欧洲的魔术师托尼·库科奇，皮彭几乎表现出了嫉妒和仇恨：这个在欧洲打球的天使男孩，就是杰里·克劳斯竭力网罗的家伙，甚至不惜压低自己的薪水？皮彭封杀了库科

XXX

奇，然后念叨："库科奇可以成为一个伟大的球员，但他现在的联盟才是他该呆的地方，他还没准备好进入NBA。"乔丹则说："我很肯定，斯科蒂想要一卷比赛的录像带，寄给杰里·克劳斯看。"

对德国，他们完成了40分的大屠杀：背伤沉重的拉里·伯德复苏，得到了19分。

他们血洗了巴西、西班牙，他们击败了拥有萨博尼斯的立陶宛，报了1988年奥运会一箭之仇；他们在决赛上重遇克罗地亚，赢了32分。冠军。

整个奥运会期间，梦一队真正够格的对手，乃是美国奥组委的官僚：他们在叨叨不休，逼美国队上领奖台时，穿戴有赞助商Reebok标志的服饰。对乔丹们这些每年从Nike那里拿成百上千万美元的人来说，这事显然是砸他们饭碗。末了的解决方案：乔丹们可以穿Reebok的服饰，但用国旗遮住了Reebok标志了事。

梦一队在巴塞罗那奥运会的表现，像外星高科技君临地球。世界列强甚至没有抵抗的心思，而忙于赛前赛后博取签名合影。不是世界太卑躬屈膝，而是因为他们的声名过于庞大。

当初，弗拉德·迪瓦茨初去湖人打球，见到魔术师时，就说过以下的话："我12岁在训练营里，每天和德拉赞·彼得洛维奇、托尼·库科奇、佩拉索维奇们幻想。我们做的最多的梦，就是能在奥运会上遇到你们，打败你们。"

事实的确如此。梦一场均篮板36比22领先、30次助攻、命中率60%比36%压倒对手，场均赢44分，最小分差32分。他们在所有方面都是压倒性的：速度、技艺、想象力、跳跃、力量。FIBA的篮球不可谓不强大，但那不是一个层面的故事。这么说好了：FIBA的篮球是地面层层叠叠的壕沟营垒，不可谓不坚实，但梦之队是在半空飞翔的翼手龙，超越FIBA篮球意识之外。梦一在半决赛屠杀了萨博尼斯的立陶宛，在决赛32分血洗了彼德洛维奇和库科奇的克罗地亚，完全信手拈来。

他们把所有能召唤的、最伟大的名字都带去了。他们带给世界的影响不是毁灭，而是最璀璨的演出：这个星球可以拥有的最强的篮球手，是什么样子的。

XXX

实际上，三连冠的最后一年总是最困难的。1997－1998季的公牛为了夺冠，不惜放弃了许多东西，比如三角进攻，比如更衣室和谐，比如凌驾于全联盟兵不血刃的风度。1993和1998年，乔丹最疲倦的两年：他得尽量接管比赛，得与对手拼死周旋，得靠他的威吓、嘲骂、鼓励，才能把公牛尽量向前拖一点，再拖一点。

第三十一章 艰难前进

(XXXI)

275·284

1992年夏天，迈克尔·乔丹在人生最巅峰时节：连续两年总冠军，连续两年常规赛MVP，连续两年总决赛MVP，巴塞罗那奥运会上的金牌像为他的人生画龙点睛。他是神，是王族。实际上，奥运会期间，他们会见摩纳哥王子时，魔术师就微笑着说："此前我唯一一次跟王族接洽，还是和……迈克尔在一起时呢。"

　　他已经统治了篮球世界，然后统治了媒体，统治了世界。1992年夏天，美国人相信：如果一个初到美国的家伙要见识美国与众不同处，他就该去纽约看帝国大厦、去旧金山看金门大桥、去达科他州看罗什莫尔总统山。最后，必不可少的一站——无论你是否喜欢看篮球——去芝加哥看一场迈克尔·乔丹的比赛。

　　他唯一的对手，只剩下自己。迈克尔是神，迈克尔理应让一切神话成真，迈克尔应该无往不利，比如，嗯，1993年总冠军，他也该拿到手才是，这样就是三连冠了——实际上，在1946-1992年的NBA漫长历史上，三连冠只出现过两次：50年代的湖人；60年代不朽的凯尔特人。但迈克尔是神，他理该做到这一点。

　　实际上，乔丹自己就这么想的。

　　但这一切并不容易。帕特·莱利当年在湖人时，以切身体会说道："杀死冠军的，是冠军本身。当你拿到过冠军，你就不会再愿意领低薪、做配角、没日没夜地虐待自己。"公牛蝉联冠军之路步步荆棘，乔丹和禅师像两个带队军官，哄诱、谩骂、驱逐、逼迫，让公牛始终没走错路。但是1992年，麻烦开始来了。

　　此前，霍勒斯·格兰特是公牛的首席内线，三当家。他遵守巴克·威廉姆斯"少投篮，多篮板，打团队，挑衅人，打硬点"的风骨，沉静自持。但1992年，他心情有些变了。乔丹随时随地被聚光灯簇拥，而他与皮彭总在一边看着。1991年，皮彭还能自嘲。当记者问皮彭："你想成为迈克尔吗？"皮彭半开玩笑的答："不想，我只想拥有他的银行账户。"

但到1992年夏天，皮彭已经成了全明星、进了梦之队，跻身于天之骄子之中，而格兰特，俨然是公牛三巨头里被遗忘的角色。

他是个性子鲁直、有话直说的人。当年萨姆·史密斯写完《乔丹规则》时，格兰特曾说"我不知道你写了我好话还是坏话，但凡你写得是真实的，那就没问题"。他记得当年乔丹说他笨、缺乏天赋；他做了太久的蓝领，连他自己都厌倦了。1992-1993季开始前，格兰特喷了火："为什么我们得参加'印第安跑'训练，乔丹和皮彭可以不参加？"

——"印第安跑"是禅师设计的一个训练：一个反复慢跑、冲刺的玩意。

——那天，乔丹和皮彭没参训。乔丹请了一周假，理由是：他们夏天参加了奥运会，很疲惫。

格兰特离开球场，回了更衣室。那一天，乔丹明白了：情势不太对劲。很多年后，乔丹写道："我们丢掉了某些东西。"

然后是其他的事：

1992年东部决赛期间，B.J.阿姆斯特朗曾代表替补发言，抗议乔丹和禅师拿替补们当替罪羊。1992夏天，首发控卫约翰·帕克森动了膝盖手术，球队开始琢磨：帕克森和阿姆斯特朗，谁首发好呢？理论上，帕克森更老辣聪慧，阿姆斯特朗更有冲击力。后者其实更适合打替补，以引领第二部队，但阿姆斯特朗自己不会高兴。于是球队做了改动：阿姆斯特朗为首发。约翰·帕克森顾全大局，亲自去找阿姆斯特朗聊天："哥们，这事不会影响我们的关系，真的！"

1992年夏天，公牛队的新练习场建成：两个球场，健身场所大过

XXXI

去六倍，有跑道，有按摩浴池，有桑拿室，以及最重要的一点：相对封闭的管理，屏记者于门外。但禅师稍微变了一下训练制度：此前若干年，公牛总是一天两次训练；1992-1993季，一日一练。禅师很明白：卡特莱特35岁，帕克森32岁，他们都老了；乔丹和皮彭在过去五年里每季都有逼近4000分钟的出场时间，1992年夏天，他们还没休息。格兰特不太高兴。阿姆斯特朗要习惯首发。一切都很艰难。

与此同时：

1992年夏天，继前一年魔术师退役后，伟大的拉里·伯德也挂起了球衣。但NBA甚至来不及顾念他老人家的背伤，就开始忙于研究新故事。比如，查尔斯·巴克利终于逃出费城76人，去了凤凰城太阳；哈肯·大梦·奥拉朱旺1992年夏天一度愤怒到在飞机上斥责全队，并想离开休斯顿火箭，但到底被劝留下了；但最大的新闻，还是选秀大会上：

1992年6月选秀大会，出了两个怪物。榜眼是乔治城大学出品，尤因、穆托姆博的师弟阿朗佐·莫宁：与师兄们同样端庄严肃、仿佛戴着铁面具的火神。而另一个，是路易斯安那来的怪物，奥兰多魔术挑中的状元：沙克·鲨鱼·奥尼尔。

鲨鱼生在1972年，进NBA时刚20岁。单亲家庭，生父不负责任不知所踪，后爸是个军人。这小子13岁就有198公分高，18岁就有216公分134公斤，并且把路易斯安那州立大学的篮筐支架移了13公分。他可以一纵身让手指点到篮筐以上75公分。天勾认为他"不是下一个谁，而是'鲨鱼一世'"。比尔·沃顿则一语道破："鲨鱼不像任何中锋。非得找个模板，我觉得他像个大一圈的查尔斯·巴克利。他有巴克利那种不讲道理的快速和爆发力。这种粗暴蛮横的劲头，力量房

历史最高40岁以上球员单场得分（43分，暨年长者单场40分以上纪录）

练不出来，是他与生俱来的。这小子的体格和天分，足以让他成为史上最好。不过，我以前告诉过他：重要的不是数据，而是他如何控制比赛。"

当然，那时节，乔丹完全不知道，这个小他九岁的怪物，会与他有如何的恩怨纠结。毕竟，1992年夏，奥兰多魔术还不在公牛的眼里。

赛季开始，前8场，公牛7胜1负。11月20日在洛杉矶，公牛118比120加时输给湖人：乔丹当晚39投21中54分13篮板，皮彭28投12中25分，但湖人三大前场控制比赛：帕金斯26分15篮板，迪瓦茨19分11篮板，沃西23分8次助攻。两天后，在凤凰城，乔丹27投16中40分，皮彭9投8中18分，格兰特10投5中12分，公牛128比111击败了太阳。又两天后，公牛101比92击败了勇士，乔丹30投18中49分，而格兰特、阿姆斯特朗、皮彭合计投篮32次，得了37分。

芝加哥的媒体鼻子灵敏，嗅到了一丝不对：乔丹连续三场得分40+，妙极了；公牛依然在赢球，也不坏；但这情景如此眼熟，让人不安。11月28日，公牛去纽约麦迪逊花园，乔丹20投仅4中，17分；尼克斯112比75把公牛打到体无完肤。帕特·莱利又得意了："我猜我们的防守奏效了。"

四周后，公牛与纽约打圣诞大战，乔丹在芝加哥主场34投15中42分8篮板5助攻，公牛89比77取胜，报了一箭之仇；但这晚，又一次：除了皮彭得到16分外，公牛无一人得分过8。实际上，圣诞前两天，乔丹面对华盛顿子弹队37投22中得到57分时，公牛其他人也就得了50分，而已。

仅仅两个月，乔丹已经两次单场50分了——要知道：之前两年常规赛加起来，乔丹也才两场50+。

XXXI

1993年1月16日，奥兰多魔术和鲨鱼首次造访芝加哥。乔丹给出的欢迎礼是开场连续的右翼跳投、左翼翻身后仰跳投，前7投5中，得到10分，公牛首节32比26领先，其中乔丹14投11中22分。

然而鲨鱼开始发力了。鲨鱼就是翻身靠打，震开卡特莱特，当头一记地动山摇的霸王扣篮。乔丹还一个急停跳投；鲨鱼再一记勾手，乔丹还一记弧顶跳投。两人你来我往，但公牛内线控制不住篮板，魔术第二节打出32比20。虽然上半场尾声，乔丹匪夷所思的右翼负角度滞空投篮，滑过鲨鱼的指尖投中，但公牛还是52比58落后。

乔丹较真了。

下半场开始，乔丹后仰投篮得手时摔到右腕，但没妨碍他继续在右翼连续跳投得手。第三节剩3分钟，乔丹已得到42分。公牛第三节结束时以88比78领先10分，似乎大局已定。可是第四节，公牛替补问题再现，魔术开始追分。乔丹被迫继续接管：最后一分钟，乔丹左翼突破，撞到体重几乎是他1.5倍的鲨鱼，翻身倒地，搏到罚球——这是他们各自职业生涯里，罕见的，飞人遇见洪荒猛兽的，最顶级身体接触。

比赛被拖入加时，然后是鲨鱼控制篮板。乔丹在最后剩3秒时射中三分，但于事无补：公牛124比128败北。鲨鱼29分24篮板5封盖，乔丹则49投27中得到64分。

这是乔丹1990年以来，第一次单场60分以上。实际上，这也是乔丹最后一次得单场60+。他与鲨鱼的初次相遇，就以这华彩无比的对决结束。那时，他们谁都想不到，之后会有如何的恩怨。

但1993年1月，公牛过得不快乐。他们88比91输给湖人，95比117被骑士大败——克里夫兰球迷乐开花了——然后在费城91比104输给76人。他们主场输给黄蜂，客场输给马刺，一个月内居然7胜8

负。虽然他们依然保持着"公牛绝不三连败"的传统，但居然一个月内赢多输少？萨克拉门托国王队经理杰里·雷诺兹幸灾乐祸："无论公牛出了啥问题，我都希望继续蔓延下去。"

助教巴赫认为，公牛有点"晕船"。不是大病，但肯定有问题。简单说吧：进攻布置、伤病，以及球队化学反应。

实际上，乔丹没什么问题：他根据蒂姆·格拉弗的建议，每周练六次举重。他的体能很好。他依然可以每场得50分、60分，但球队进攻策略变了。禅师让公牛打得更慢些，再慢些。他将以往的三线推进，改为四线。换言之，公牛会放弃闪电战快攻的机会，以便自然过渡到半场攻防的三角进攻。但乔丹和皮彭——顺便说句，他们在梦之队打闪电狂飙，已经有点上瘾——认为三角进攻太滞涩了。乔丹用这句话表达了他们的立场："我们从来不寻找反击机会，因为我们忙着组三角呢！"

1月24日，客场对马刺。乔丹把皮彭和格兰特拉到一边，私自决定提速。那晚乔丹得了42分11篮板，但公牛依然输了。之后，禅师默认了这事。他重新改回三线推进，允许球队打快一点。但是，嗯，皮彭，记住："还是要以三角进攻为主！"

另一个问题。

1993年全明星赛前，乔丹场均投篮到了26次，是他1987年以来的最高。这事让禅师汗毛直竖，觉得公牛又将回到"乔丹解决一切"的时代。乔丹也承认自己投篮太多，而且"许多投篮确实不合理"。但他说了句："问题是，为什么我会投那么多篮？"

乔丹自己解释了：

"我们的半场进攻不太流畅，每次24秒倒计时，队友只好把球传回我手里。"

XXXI

进入2月，因为卡特莱特的受伤，公牛用斯科特·威廉姆斯和普度撑了段首发，效果不坏。乔丹想尽一切法子鼓舞每个人，比如，那个赛季他最常用的口号是："加油，百万富翁们！"

平心而论，那是乔丹个人的第二个竞技高峰。他不如1989年那么飞天遁地、随心所欲了，但依然是全NBA最迅猛的球员。他与蒂姆·格拉弗的合作，给了他一副钢铁般的肌肉体格，足以碾压联盟九成的后卫；他可以更随意地在接近篮筐处要位，然后施展各种技艺；随着赛季递进，他的体能不降反升，在1993年3-4月间，达到自己的高峰；最重要的是，他已经对自己的技艺达到烂熟的地步：在"如何"与"何时"选用自己眼花缭乱的进攻武器时，他把握得极其完美。

但公牛队与他，无法同步而进。格兰特和他关系淡漠了。卡特莱特和帕克森老了。皮彭依然在进步，但依然不足以与他相比。那个赛季，每隔两周，乔丹会和北卡的恩师迪恩·史密斯打电话，聊周围的一切，聊打球的烦恼。但对公牛其他球员而言，乔丹高不可攀，他们为之苦恼的都不是一个级别的问题。那年的一个雪弗莱汽车广告，是当时乔丹形象的最完美说明：雪天郊外，阿姆斯特朗和皮彭车陷雪中，无从措手；此时，皮彭望一眼身旁，两道清晰的车轮印潇洒地指向远方。皮彭说："看，那是迈克尔的轨迹。"

1992-1993季常规赛结束，公牛57胜25负，比前一年大为退步。乔丹出赛78场，场均39.3分钟，是他1989年以来最多。场均32.6分——实际上是他所有夺冠年份里，得分最高的一季——连续七届得分王，追平了张伯伦在1966年创造的纪录；场均2.8抢断，个人第三次抢断王，此外还有场均6.7篮板和5.5助攻。皮彭场均18.6分7.7篮板6.3助攻2.1抢断。两人联手出席1993年全明星首发和年度防守球员。乔丹理所当然的年度第一阵容，皮彭第三阵容。

但这年，乔丹没能三连霸常规赛MVP：公牛的战绩逊色于死对头纽约尼克斯，而联盟战绩第一是西部的太阳，查尔斯·巴克利拿下场均25.6分12.2篮板5.1助攻，常规赛MVP。此外，鲨鱼以场均23.8分13.8篮板，当选年度新人。两个NBA史上最著名的幽默大师大屁股，一个在这年达到人生巅峰，一个在这年开始NBA生涯。

但是，用芝加哥媒体的话说：在总冠军决出之前，这一年的赢家是谁，还没尘埃落定呢。

一个不为人知的故事：4月常规赛结束前夕，在电话里，迪恩·史密斯教练静静地听乔丹倾诉了一切苦恼。他听到乔丹说出"我觉得我需要休息"的话。他明白了弟子的苦衷。他对乔丹说："这是一段伟大的旅程，你已经完成了很多。"

然后，他听见乔丹说："是的，结束了。"

那时，没有人知道，乔丹心里下的那个决定。

XXXI

如果说1991-1993赛季，乔丹是迁就着三角进攻来激发他的队友，那1996-1998赛季的乔丹则多少开始受益于三角进攻。后三连冠期，乔丹著名的背身单打，其实不是凭空而来：早在他入行时，背身技术就很扎实。1991-1993赛季，他有许多经典的"背身，晃肩，翻身突破"。速度快到匪夷所思。

1995-1998赛季的他，更多是把一招练到精纯了：腰位接球，靠，翻身投篮。因为如尼克·安德森1995年所说，"他以前真是轰然起飞，但现在就是加速，但飞不起来"。他变慢了，但也变强壮了。所以后三冠时期的背身动作不快，但稳，节奏分明，而且非常致命。你可以放成慢动作一格格来做教科书分析，也可以看到当他要到位、接到球、开始靠时，防守者通常开始转头向弱侧："包夹！"

1998年，他也许老了，不复1989年的运动能力或是1993年的悠长体力。但他的记忆、经验和心脏依然在。他越来越像拉里·伯德和魔术师们，依靠棋手般的指挥来运算与把握。从早年对垒蒙克利夫、约翰逊们的速度与飞翔，到晚年的阅读、思考和应对，相似的场均30分之下，隐藏着无数个不同的迈克尔·乔丹。

第三十二章 全世界都想封杀乔丹

（XXXII）

285 - 294

1993年季后赛首轮，公牛平静地3比0轧过了鹰队。乔丹首战29分钟35分，公牛114比90大胜。第二场，年已33岁的多米尼克·人类电影精华·威尔金斯得到37分，但用足31次投篮，公牛打出华丽的全面攻势，全队33次助攻，117比102打散了鹰，乔丹29分。第三场，乔丹39分，公牛98比88取胜，晋级。

东部半决赛，又是阴魂不散的克里夫兰骑士。这一年，骑士换了招式：他们招来了杰拉德·威尔金斯。

这位仁兄，是多米尼克·威尔金斯的弟弟。他有不下乃兄的运动能力和杰出防守，前一年，东部半决赛，他是纽约得分后卫。公牛被尼克斯逼到第七场，乔丹全系列场均"只有"31分，所以纽约媒体起了性，把他夸成了"乔丹封杀者"。于是骑士把他招来了：

嗯，"乔丹封杀者"，快去封杀乔丹！

于是……

东部半决赛第一场，乔丹一开场就是个切出接球跳投，然后是连续三次强行突破上篮；第二节，他面对双人防守一个翻身跳投打板球得分，然后是一记倚在威尔金斯身上的滞空跳投得分加罚——落地时，他还在唠唠叨叨，龇牙咧嘴，满脸恨意。

"乔丹封杀者"，嗯？

然后是假动作晃动后的突破飞翔上篮，是下半场连续变向后的擦板上篮，是快攻中急停远射，是大幅度变向后从两人间穿过，面对骑士中锋多尔蒂的浮空放篮。第四节，他用假动作晃飞对手跳投，然后是一条龙突破扣篮，造成威尔金斯第5次犯规——威尔金斯只剩了叉腰摇头。公牛91比84取下第一场，乔丹独得43分。赛后，他说出了一句彰显乔丹残忍本性的话："嗯，我猜'乔丹封杀者'今晚过得很不愉快。"

之后的一切了无悬念：公牛4比0横扫骑士晋级。第三、四场在克里夫兰，乔丹照例得到32分和31分。此役之后，克里夫兰媒体才总结出件事来：威尔金斯从来不曾自称过"乔丹封杀者"，偏是这个媒体鼓吹的绰号激发了乔丹的怒火，如是，谋杀威尔金斯的真正凶手，是这称号本身。

　　但是东部决赛，纽约尼克斯决定来封杀乔丹试试——实际上，还挺成功。

　　前一年，帕特·莱利用钢铁绞肉机对付公牛，虽未胜，但拖到第七场，尝到了甜头；这一季，莱利继续推行纽约黑帮打手战略，还嫌肌肉不够强力，特意招来了罗兰多·布莱克曼。显然，他知道布莱克曼当年在小牛时，可以凭自己的身高、敏捷、步伐和进攻能力，与乔丹来上几个回合。那时的纽约，进攻几乎可称乏味：尤因要位，伸出猿臂要球，接球，或者使出他的兔儿蹦式翻身骑马射箭，或者递回球，二次要位。一旦包夹，传球，外围远射。球队剩一群前场篮板狂人，专等着拣外围射丢的球。

　　如果要总结的话，就是：一定要选最野蛮的蓝领，怎么也得有一身腱子肉，胳膊最长的，腿最粗的，拳头最硬。什么犯规呀，前场篮板呀，能带的都带上。就是一个字，硬。你敢进趟禁区，别说扣篮，上个篮都给你脱十八层皮。你一把球传出去，外头就站一堆射手，胆特大，有事没事就投，一高兴冲进去扣罗宾逊、格兰特几个，倍有面子。打球时甭问，都找尤因，二十四小时蹲禁区，蹲到人家不包夹他，都不好意思。

　　东部决赛首战，乔丹被封：27投仅10中；皮彭19投8中24分。当然，纽约忙于包夹，漏了阿姆斯特朗和格兰特：这两位合计18投11中得了27分，但纽约不在乎：尤因统治内线25分17篮板，斯塔克斯三

XXXII

分7投5中25分5篮板4助攻，奥卡利恶狠狠的4分14篮板，板凳的布莱克曼和梅森合计20分。纽约98比90取胜。1比0。两天之后，纽约再胜：96比91，2比0领先。乔丹36分，但用了32次投篮。而且在比赛最后一分钟，纽约人看见了队史最经典的进球之一：

　　向来没头没脑、没遮没拦、满头冒火、不计后果的约翰·斯塔克斯，在右翼运球，尤因过去给他掩护，斯塔克斯根本没借掩护，而是直冲底线，脚踩风火轮般进了禁区；补防的霍勒斯·格兰特慢了一步，斯塔克斯奋然起飞，左手擎球，狠狠砸下。乔丹回身补防时，斯塔克斯已把球劈进篮筐。纽约球迷沸腾了：斯塔克斯干掉了公牛！干掉了乔丹！——虽然乔丹只是被摄像镜头框住，甚至都没靠近斯塔克斯，但纽约人民不管：

　　斯塔克斯扣了乔丹！公牛0比2落后了！他们完了！！

　　那天，只有一个纽约人感觉不妙。板凳上，帕特·莱利的年轻助教杰夫·范甘迪，一个眼神如吸血鬼般阴沉严肃、多年后会成为NBA防守大师的矮小教练，在麦迪逊花园的沸腾人浪中独自思索。很多年后，他说："这是我在NBA，第一次看到这样的防守战术：第四节尾声，防挡拆时，公牛还把对手往底线逼迫？！"

　　他很敏锐，他发现了公牛与众不同处。在那个全世界都还崇尚单防与协作压迫的时代，公牛是第一支"空出一些部分，堵塞另一些部分，把对手诱入陷阱"的球队。格兰特的补防慢了一步，导致公牛防守战术的失败；但他们的协作依然没有停止。

　　这是公牛的标志性防守，此后二十年，这套路影响了一代又一代教练。当然，那时的纽约，还没发现这点阴影。

　　但他们很快就要领会了。

　　0比2落后，第三场的公牛已入绝境。但第二场末尾帕特·莱利

乔丹退役之后的篮球手，很容易让人觉得不够简洁，过于琐碎。很多年后，人们才明白过来：那是他，以及许多老一代巨星，保持的学院派习惯。人们习惯于观看乔丹的飞翔、扣篮、花式运球摆脱跳投，但他到1997-1998季35岁时，依然可以成为得分王，依靠的却是少年时的基本功：背身步伐、无球走位、进攻机会的选择。那些最自在洒脱的飞翔，建筑在最枯燥无味的学院派基础之上。

那句"公牛被他们自己的手指掐死了"，显然触到了乔丹的内心。乔丹鼓动所有人：格兰特，踝伤？你想就这样显示你是个怕伤病的懦夫吗？皮彭，你想再次被人嘲笑关键时刻缩头吗？帕克森，你想被人认为你已经不行了吗？

纽约媒体不识时务地另点了把火。他们说，东部决赛第二场前夜，乔丹没在纽约的酒店养精蓄锐。不不，乔丹去了新泽西州的大西洋城！凌晨两点半还有人在那儿看见他！！据说他输了5000美金哪！！！绘声绘色，仿佛小说。加上公牛第二场败北，纽约媒体更乐呵了：公牛王朝，就要葬送在大西洋城的轮盘和纸牌中啦！！

——乔丹喜欢赌。更确切地说，他喜欢赢。他会和皮彭们赌投篮。他会在赛前赛后跟队友打纸牌。传说中他跟人赌高尔夫，曾经一下午输掉16万美元。最穷极无聊的传说是：某次去波特兰，下了飞机领行李，他跟队友赌："我的行李会第一个出来！"

他赢了，理由仅仅是，他偷偷给机场工作人员塞了点钱。他只是病态地喜欢赢，而已。

——纽约媒体意图毁掉乔丹的形象。某种程度上说，他们成功了。但他们显然没想到，惹恼乔丹的后果是什么。

第三场，纽约尼克斯的查尔斯·史密斯赛前拒绝和乔丹握手，这招乔丹不陌生：当初，活塞的大恶人兰比尔就用这方法表示倨傲。但随后，尼克斯就知道麻烦所在了：这晚，乔丹还是没手感，18投仅3中，但靠罚球就得了16分，全场22分8篮板11助攻，皮彭29分，帕克森7投5中14分。

但更可怕的是公牛的防守：

第二场末，范甘迪注意到的公牛压迫诱导式防守，第三场出现了：尼克斯被逼出20次失误，上半场就被公牛62比43打了个落花流

XXXII

水。全场公牛103比83大胜：他们从悬崖边上站回来了。

第三场后，纽约媒体对尤因不满。他们觉得尤因13投7中得21分表现不够凶猛。实际上，纽约和芝加哥媒体都指出一件事儿：

公牛中锋是尤因的老大哥卡特莱特，尤因貌似凶悍的内心，总为这个大哥留了些温软所在。于是，在和老大哥卡位时，他挥肘子亮膝盖时，总会有所顾忌。这也是卡特莱特之于公牛的最大价值：他跑得慢，数据一般，但只要他在，公牛禁区就总有个真正的长人。

然后，第四场。

乔丹开场就强力挤压斯塔克斯，后仰跳投得手；然后让过斯塔克斯的抢断，三分命中；之后是面对尤因的跳投得手，以及连续两次用运球假动作晃倒斯塔克斯后出手。斯塔克斯的确能凭年轻、补防和敏捷，阻挡乔丹往篮下渗透，但乔丹的跳投出手太快，斯塔克斯跟不上。下半场，乔丹连续用试探步原地晃开空间后跳投得手；当裁判给了乔丹一次犯规后，乔丹大怒，然后就是一记三分球和一记急停跳投。比赛最后剩一分半，乔丹突破，急停，把斯塔克斯晃飞出三米远，一记跳投锁定胜负，拿到自己第52分——在此之前，只有60年代凯尔特人的巨星萨姆·琼斯在季后赛对纽约尼克斯单场得到过51分。加上两记罚球，乔丹得到54分。公牛105比95取胜，2比2。这是乔丹第六次季后赛单场过50分。

纽约感受到了一种无可名状的绝望。纽约媒体念叨说：即便最后乔丹已疲惫不堪，身背5次犯规，他还是可以让纽约绝望。有位匿名球员做了以下陈词："他是迈克尔·乔丹，而我们不是。"

但第四场后，皮彭出来说了话。他先承认乔丹手感极好，但："当迈克尔手感好时，就会有许多单打，尼克斯反而能趁此挽回比分。不是我们不想让迈克尔得分，只是那样不能让全队手感都热。"

第五场，纽约尼克斯和麦迪逊花园的观众，如猫恐慌般竖起毛发，预备乔丹再来一次大接管。但这一晚，乔丹玩了个花招。皮彭赛后承认："他让我在前面多担待些。他会留到下半场。"

显然第四场后，皮彭的话，乔丹听进去了。

乔丹开场不断传球，尤其是找准了皮彭的弧顶内切，皮彭挥洒自如：内切扣篮、内切上篮，前5投全中。公牛全队运作流畅，轮番去纽约内线偷食，首节31比28领先，虽然尤因第二节大发神威领导纽约反击，但公牛还是撑住局面，上半场仅以55比56落后。第三节打到剩4分钟，乔丹还只出手14次，得到12分，但已送出12次助攻——皮彭和格兰特得益非常，演出若干次反击奔袭、突破扣篮——但此时，转折点出现：尼克斯的后卫里弗斯突破时膝盖顶到乔丹胸口。乔丹倒地，许久，才爬起身来。

——里弗斯当初很明白，"乔丹的每场球，每个回合，都好像在打自己最后一次篮球似的。"

——可他居然没想到，把乔丹撂翻，会是什么结果。

——乔丹起身后，比赛氛围完全改变：就像电影忽然换了插曲。

乔丹先是一记弧顶跳投，然后是借掩护面对包夹，在尤因的巨灵掌上一记长虹跳投。第三节尾声，乔丹一记撤步跳投。第四节初，乔丹右翼突破斯塔克斯，面对补防的老哥们奥卡利，后仰跳投得手——帕特·莱利愤怒得在场边来回奔走，喊着尤因的名字。下一回合，乔丹右翼跳投，得分加罚，斯塔克斯满脸茫然。

纽约再找尤因接球，尤因施展招牌的跳步投篮，但乔丹像异时空穿越般出现，伸手，盖掉尤因，前进，拣球——尤因和斯塔克斯在他身后兵荒马乱、跌成一团——飞向前场，上篮得分。下一次他上篮得分加个罚球后，乔丹连续包揽了公牛的17分——这段时间，他9投7

XXXII

中，5罚3中。

但最经典的故事，发生在比赛末尾。

最后一回合，公牛95比94领先。剩14秒，尤因倒地之前，把球传进禁区，206公分的查尔斯·史密斯接球，篮筐就在头顶。史密斯起身，格兰特在面前飞起，把球捅掉；史密斯起跳，抓到球，晃动，让过格兰特，再起手，乔丹从身后斜飞而至，将球抄掉；史密斯再次匪夷所思地拣到球，你都不知道这是命运对他的眷顾还是嘲笑。整个麦迪逊花园都站起来了：只要一次，近在咫尺，把球点进去，纽约就可以3比2领先公牛！

史密斯再次起跳上篮，球出手瞬间，另一只手从身后飞来：这次是皮彭，球被敲在篮板上。史密斯再次拿球，乔丹和皮彭合围住他，史密斯最后一次跳起，皮彭将球盖掉，格兰特将球给乔丹，乔丹飞步而走，还来得及助攻阿姆斯特朗再来一次上篮：比赛结束，乔丹带头跳跃着窜进更衣室。

尤因本场33分，但无济于事：公牛97比94取胜，皮彭28分11篮板，格兰特11分10篮板；乔丹则29分10篮板14助攻2抢断1封盖——他职业生涯季后赛第二次三双。帕特·莱利完全呆住了："我满眼都是挥舞着的手掌和手臂！"

——这是公牛的防守。他们没有巨人，但有一群能蹦能跳、能够迅速从三分线回到禁区的蜘蛛侠。他们靠协作，而非个人，完成恐怖的防守。《纽约每日新闻》说："你可以想象，查尔斯·史密斯次日一大早，回到麦迪逊花园，在篮下，就他一个人，想投进球，乔丹和皮彭还是会从某个地方忽然飞出来，把他盖掉。"

第六场，尤因抖擞精神，26分13篮板，无可挑剔，但公牛不会给他机会了。乔丹和皮彭合计5次抢断，造了尼克斯19次失误。乔丹25

分9助攻，皮彭24分6篮板7助攻，格兰特11分11篮板。公牛96比88取胜，4比2淘汰尼克斯，连续第三年晋身总决赛。纽约与帕特·莱利的黑帮电锯式防守就这样被埋葬。乔丹依然在生纽约媒体的气，不愿对媒体张口——不管他们有没有继续炒作赌博事件。记者们只好去找皮彭："斯科蒂，你觉得你有必要证明自己吗？"

皮彭，在自己第六年职业生涯时，也已经学会了表达高傲。他看着记者，很平静地说了句足以表现公牛气质的话："我有两个总冠军戒指。我想，我没什么需要证明的了。"

全世界都想封杀乔丹和公牛，甚至连时间本身都参与了。但是，最后，没有谁能阻挡他们重新回到1993年总决赛。

当时很少人料到，大西洋城赌博传说，会对之后的天下之势产生多大影响。魔术师算半个知情人，在赛季中，他就不断强调：乔丹对篮球的热爱无与伦比，但他已经被篮球之外的东西折磨到筋疲力尽了。在听到大西洋城事件后，魔术师，曾经被洛杉矶媒体用各种大尺度图片和词汇曝绯闻隐私的魔术师，开始有了不祥的预感。乔丹的心事固然只会说给家人和迪恩·史密斯听，但魔术师已经先说了："有些媒体，这回玩过界了。"

XXXII

现在，我们如此评价查尔斯·巴克利：史上最矮篮板王。连续11个"20分10篮板"赛季，1987－1997年连续11次全明星。1992－1993季常规赛MVP（乔丹时代从他手里抢MVP难如登天）。1993－1995三季先后败给乔丹一次、败给大梦两次都属于天也命也，非战之罪。史上最强大的屁股。巅峰期的个人单打刷分可能是史上大前锋第一。激情、斗志、力量、爆发力、血性的集中聚焦。比尔·沃顿1991年看鲨鱼打球时认为"鲨鱼是最接近巴克利的人"。领衔殴打兰比尔创造"费城群殴"大快人心。罗德曼这辈子最忌惮的对手。梦一队得分王。史上最伟大的斗士之一。史上最会搞笑的NBA球员，没有之一。

和尤因一样，他是又一个"如果没有_____"的伟大巨星。实际上，1993年，他输给乔丹；1994、1995年，他连续两次七场输给总冠军火箭。他是NBA史上最让人叹惋的球员，没有之一。

1998年乔丹退役后，同龄的巴克利步入低谷。他又打了一年半，最后以一种如他性格般壮烈的方式结束职业生涯：在场上抓篮板受伤，退场，结束。

第三十三章 三连冠

2 9 5 · 3 0 6

1993年夏天的太阳是支伟大的球队：常规赛，王牌后卫凯文·约翰逊缺阵32场，但他们依然完成62胜。他们缺身高，轮换阵容里没人高过208公分，最靠谱的长人是206公分、号称126公斤但实际无人知晓的大肥球奥利佛·米勒——巴克利曾说："米勒想扣篮？把个汉堡包放篮筐上就行啦！"——但他们的进攻联盟第一。他们有NBA最快的闪电后卫凯文·约翰逊，有精干勤恳的白人射手丹·雷公·马尔利，有扣篮怪塞巴洛斯，有体格健硕、客串3、4号位皆能的爆炸机器理查德·杜马斯。当然，他们的核心，依然是伟大的查尔斯·巴克利：

　　这个球形闪电，这个号称198公分实际可能只有196公分的死胖子，这个NBA史上最强屁股的拥有者，这个曾经成为史上最矮篮板王的魔怪，这个天生斗士，这个笑口常开的空中飞猪，这个敢和兰比尔打架、1990年爆发"费城群殴"的混世魔王。因为有他的存在，太阳的比赛随时炽热，足以烫伤眼球。

　　1993年季后赛，太阳有令人惊佩的血气：首轮对湖人，他们连丢两个主场0比2落后，但之后连胜三阵；次轮对马刺，他们无法阻挡大卫·罗宾逊第一场32分10篮板7封盖、第四场36分16篮板之类的伟大表现，但巴克利整个系列赛场均26分13篮板，在最后一场28分21篮板，尤其是决胜时刻，面对高他近20公分的罗宾逊，一击绝杀，4比2晋级。西部决赛与超音速，双方打到天昏地暗。巴克利在第五场打出43分15篮板10助攻的大三双，第七场打出44分24篮板的神话表现——这两场，他合计休息了3分钟。当教练要换他下场时，巴克利吼出了石破天惊的名言："老子死了之后，有的是时间休息！"

　　公牛企图按住的，就是这太阳般炽燃耀眼的家伙，更可怕的是，太阳这支逢主场就熊熊燃烧的队伍，在总决赛还有主场优势。禅师有些紧张，他跟队员们念叨：我们一定得在凤凰城偷一个主场！

乔丹平静的纠正禅师："不，两个。"

芝加哥媒体找到两个话题。其一，1991和1992年总决赛，乔丹都是常规赛MVP，他对垒的魔术师与滑翔机，都是常规赛MVP票数排行第二；可是1993年总决赛，是巴克利作为常规赛MVP，来迎战前任常规赛MVP乔丹。以乔丹的好胜，心里不定会多少次念叨"这死胖子，居然拿了我的MVP？"；其二，太阳射手丹·马尔利当初险些来了公牛——至少杰里·克劳斯是这么认为的。我们已经知道了：克劳斯所爱，即乔丹所憎。

总决赛首战，公牛用奇：格兰特担当主攻，首节11分，公牛34比20领先首节，再未落后。第二节过半，公牛一度领先到46比26，令凤凰城球迷全场哀叹不绝。公牛的防守策略很简单：不包夹巴克利，压制太阳其他人；但针对巴克利，堵塞他突击篮下，只放他跳投。结果巴克利全场手感不佳，25投仅9中。凯文·约翰逊被压到13投4中。比赛剩4分半时，太阳一鼓作气，追到85比88，但乔丹忽然出现：此前，他不温不火，只得17分；但最后4分半钟，乔丹连取14分，全场31分7篮板5助攻5抢断——最大的受害者，就是5次失误的马尔利。加上皮彭的27分9篮板5助攻、威廉姆斯23分钟内的10篮板，公牛100比92取胜。

次战，公牛继续用精确的协作防守，控制了凯文·约翰逊的闪电突破分球。太阳能依赖的，只剩查尔斯·巴克利了。于是，王对王的决战开始：巴克利开场就是单挑格兰特，一记试探步跳投得分，乔丹还一记追身中投；乔丹助攻皮彭一记空中接力扣篮，加一记右翼跳投后，巴克利还一个压弯篮筐的扣篮，造格兰特犯规；格兰特不久就被犯规打晕，公牛只得换皮彭来防巴克利，然而以皮彭防守之佳，依然阻不了巴克利

XXXIII

的大屁股要位撤步跳投；乔丹以牙还牙，连续还以机关枪扫射般的跳投。巴克利第二节刚一记扣篮，乔丹就穿越双人防守，面对第三人助攻格兰特，自己再行上篮得分。上半场末尾，乔丹在巴克利面前点进前场篮板后，边往回跑边回头盯巴克利：篮板王，哈？巴克利大怒，下一回合从公牛两大内线手里强取篮板，上篮得手，然后是一记强行突破，身上挂着两个公牛球员，仿佛卡车披着彩绸般上篮打三分成功——半场结束，乔丹19分，巴克利25分。公牛59比53领先。

你可以想象，乔丹在想什么。

下半场一开始，乔丹跳投得手后，露出了他招牌的横眉冷视：没完呢，查尔斯。巴克利继续虐待公牛内线：挂着格兰特，撞倒斯科特·威廉姆斯，上篮打三分得手，还不忘回头瞄乔丹一眼。乔丹先助攻格兰特扣篮，然后是突破马尔利，面对太阳的钱伯斯强行上篮。

比赛在第四节完全癫狂了：巴克利连续将性命置之度外地强行上篮，倒地，爬起，回防；乔丹还之以飞翔上篮、左翼跳投和快攻中上篮造犯规。比赛不到半节时，巴克利得到自己第42分，但乔丹还没完：突破马尔利两次跳投得手，再两次罚球，同样是42分。比赛最后时刻，公牛106比105领先，丹尼·安吉——没错，前一年开拓者的射手，这一年又在太阳了，仿佛是命中注定他跟公牛作对似的——起手三分球。在出手瞬间，他看见一道黑影如闪电般掠过。

那是皮彭一记横空封盖。

公牛锁定胜局，111比108取胜。格兰特13投10中24分8篮板——实际上，乔丹很注意给格兰特传球，他知道：格兰特进攻手感与防守巴克利的热情，是成正比的。皮彭15分12篮板12助攻。太阳方面，安吉14投8中20分，马尔利被乔丹防到14投4中13分，凯文·约翰逊只有8投2中可怜的8分。

而王对王的两个人：巴克利26投16中42分13篮板4助攻，乔丹则是42分12篮板9助攻。公牛2比0，太阳两个主场全破。欢快的、直爽的、热情的巴克利，赛后说了这段掷地有声的话语：

"我是说过，世上没有任何篮球运动员强过我。"他停了停，然后续道："但如果必须有个人，我必须输给他，那么乔丹是唯一我愿意输给的人。"

但是，他毕竟是NBA史上最杰出的勇士之一。

总决赛第三场前，芝加哥人欢欣鼓舞：他们2比0领先，而且有连续三个主场。拿下两个，冠军就到手了。万事看来都很有利：凯文·约翰逊被公牛封杀了；巴克利孤军奋战；太阳完全防不住乔丹，一切都很完美似的……

但太阳顽强得匪夷所思，凯文·约翰逊到了客场，反而找到了感觉。虽然失误甚多，但约翰逊积极抓后场篮板、快速推进，将比赛打进太阳的节奏里。最惊人的一个细节是：太阳开场移走了马尔利，而用185公分的凯文·约翰逊来防乔丹。

久违的战略。

在乔丹前三个赛季，全联盟都试过这个策略：用和乔丹同等身高的后卫来防，简直就是让乔丹玩开车绕桩；所以：191公分的蒙克里夫、193公分的丹尼斯·约翰逊、191公分的阿尔文·罗伯逊、191公分的乔·杜马斯，包括1991年总决赛191公分的拜伦·斯科特，这些人是防守乔丹的标准配置。他们身高不足，但可以靠速度弥补。

但在1993年，再对乔丹使这招，不免大胆：矮个子可以跟住乔丹的速度，但乔丹的身高、体格优势都在，你无法阻挡他的背身单打和跳投。实际上，凯文·约翰逊的确制约不了乔丹，但太阳换回马尔利，防了乔丹两节后，发现还是不行。

XXXIII

算了，还是用回约翰逊吧。

第四节，约翰逊的防守见了效。他的策略：紧贴乔丹，卡住下盘身位，把乔丹往底线逼迫，然后双人包夹。这招确实奏效：第四节，太阳领先，剩7分半钟时领先到99比88。但公牛使出防守绝技，一波15比4的反击，追到103平，把比赛逼入加时。首个加时赛，双方体力用竭，谁都攻之不开，107平再战。第二个加时里，公牛有三次领先到4分，但巴克利和马尔利的跳投又追上比分：114平，第三个加时。

——太阳主教练保罗·韦斯特法尔，当时势必一阵眩晕：NBA总决赛上一次发生三加时，还是1976年。那是1976年总决赛第五场，实际上，那天，韦斯特法尔也在场：他那时是太阳队的球员，亲身经历了那个号称"史上最伟大比赛"的夜晚。

——1976年总决赛第五场，太阳输掉了那场三加时。但1993年，命运还了他们一场。马尔利的一记三分和两个罚球，巴克利的三分，太阳赢了：129比121，三个加时。

这是场地道的血战，巴克利全场53分钟，24分19篮板4助攻；凯文·约翰逊创总决赛纪录的出赛62分钟，25分7篮板9助攻，马尔利28分，三分球8投6中。乔丹打了57分钟44分9篮板6助攻，但用了多达43次投篮。赛后，凯文·约翰逊太得意了，忍不住自夸："我找到了对付乔丹突破的法子。"

这是1993年季后赛，继杰拉德·威尔金斯、查尔斯·史密斯后，又一个表错感情的人。

据传说，总决赛第四场前，乔丹和巴克利打高尔夫，一整个下午，末了，乔丹给巴克利买了个二万美元的耳环。巴赫问乔丹此乃何意，乔丹答："这个系列赛，查尔斯他不会再对我下狠手了……二万美元，对我来说算什么？"

第二天，巴克利将明白：乔丹这个好哥们，究竟有多残忍。

总决赛第四场，乔丹从一开始就杀神附体。空切走位接球跳投，底线走位接球跳投，根本不给凯文·约翰逊逼住他步伐的机会；然后是一左一右，两记翻身后仰跳投，明摆着用身高和后仰欺负约翰逊的身高。太阳再换198公分的马尔利来防，乔丹先是一记跳投，然后就是四次突破：换手上篮、扣篮、左手上篮，逼太阳再用凯文·约翰逊来对付他，于是他继续用跳投来惩罚太阳。上半场结束前，乔丹快攻中流水般绕过马尔利，直扑篮筐一记扣篮，然后是一记跳投：上半场，乔丹20投14中，33分。

他在随心所欲地选用武器，轮流修理快而矮的约翰逊、高而慢的马尔利。下半场，太阳无法可想，只好用理查德·杜马斯来对付乔丹，乔丹还以一个三分线火箭突破，一过罚球线就起飞，空中腾挪过六条手臂，完成上篮。比赛最后剩半分钟，公牛106比104领先，公牛断球，太阳杯弓蛇影，双人夹击乔丹，乔丹一个左手加速，离弦之箭般飞出，摆脱凯文·约翰逊，让过没来得及补位的马尔利，朝篮下起飞。巴克利在前跃起，伸双臂阻挡——

乔丹在空中，迎面撞上巴克利。他侧身，滞空，身体向右飞，停在空中，左转身，他依然停在空中，将球从腰间托起，他依然停在空中，指尖将球抛出。巴克利已仰天倒地，听见裁判吹他犯规，看到球正从篮网穿过。得分，加罚。巴克利懊恨得倒地不起，双手击地。而乔丹，前一天还和巴克利在高尔夫球场语笑晏晏的乔丹，双手握拳高举，跳了一跳：他完成了这一击，解决了比赛，干掉了巴克利。这是胜利的示威。

然后，芝加哥18676名球迷的欢呼如夏雨般轰然坠下。

XXXIII

乔丹罚中一球，得到本场第55分，锁定胜局。公牛111比105取胜，3比1领先太阳。乔丹全场37投21中18罚13中55分8篮板4助攻，NBA史上总决赛第二高分，仅次于1962年总决赛埃尔金·贝勒的61分。

　　"我真没觉得自己接管了比赛。我只是不断突破，努力获得出手机会。"乔丹淡淡地说。而太阳那边，保罗·韦斯特法尔教练有些语无伦次了："我没说我们能防住乔丹。根本没人能防得住乔丹。连乔丹自己都防不住乔丹……他是史上进攻最好、防守最好的组织后卫；他是史上进攻最好、防守最好的得分后卫；他是史上进攻最好、防守最好的小前锋。哪怕他去打大前锋和中锋，他也能排名前五。"

　　公牛3比1，冠军已在指尖。芝加哥人预备了，第五场夺冠，然后大肆庆祝。但太阳再次败坏了宴席：第一节，太阳就33比21领先；下半场开始，三年后会因毒瘾离开NBA的理查德·杜马斯，打出了人生最璀璨的时节：独得11分，带领太阳打出一波18比9，公牛再未追上。凯文·约翰逊20投10中25分8助攻，巴克利24分6篮板6助攻，但最大的奇兵是杜马斯：30分钟内14投12中25分。太阳108比98取胜，扳到2比3。乔丹唯一的收获是：凭借全场29投16中41分7篮板7助攻，NBA史上首位连续四场总决赛40分以上的人物。

　　锦绣前程忽然笼上了阴影。公牛不止是被太阳追到3比2，而且他们错过了最好的机会；眼下，他们打完了所有主场，得去凤凰城打余下的两战。让人恐惧的是，公牛似乎已经弹尽粮绝：格兰特在第五场只得1分；卡特莱特2分。公牛除了乔丹、皮彭和帕克森外，找不到一个刺客，能如太阳的杜马斯般创造奇迹。伊利诺伊州名球员、当时担任主播的约翰尼·科尔说众人上飞机时："安静得就像在太平间里。"

　　但随后，乔丹用这么种方式鼓舞了所有人。他登机时穿得五颜六色，戴墨镜，叼雪茄，提前进入了假期。

"世界冠军们，我们去凤凰城踢他们的屁股吧！"

总决赛第六场，凤凰城。乔丹又换了花样：首节他得到13分，既非中投，亦非突破，也不是背身单打碾压约翰逊，而是三分球4投3中。公牛首节命中率64%，37比28。但次节，太阳的防守奏效，上半场，公牛56比51领先。第三节，皮彭发威，得到10分，公牛87比79领先进入第四节。

但随即，问题来了。

太阳的坚韧，在第四节初表现无疑。整整7分钟，公牛只靠罚球得了1分。丹·马尔利一记三分得手，然后双手握拳，如英雄般跑回半场：太阳反以91比88领先——12比1的高潮。

凤凰城球迷开始山呼海啸，局势很明显：公牛已经气息奄奄，太阳正在后来居上。比赛还剩5分半，太阳在主场领先，只要取胜，就是在凤凰城决第七场胜负！

1991年，当公牛终于夺冠时，全世界都觉得，主要原因是乔丹学会了信任队友，成为了一个更团队的家伙……但1992年公牛夺冠时，媒体的世界观又紊乱了：滑翔机作为队友，比乔丹更和蔼可亲、谦逊低调，但为什么到最后，夺冠的反而是公牛和乔丹？

1993年的公牛已经老了。不在身体，而在心灵。如莱利当年所言，他们已经失去了1991年那支公牛锐意奋进的心志。他们的化学反应弱化了。他们之间的友情减少了。很多时候，几乎是乔丹和皮彭两个人在独自推动着公牛；到最后时刻，公牛剩下的，是对乔丹一个人的信赖。

NBA史上有许多这样的故事，比如1969年老迈的凯尔特人：他们已经失去了凌驾于世界的实力，剩下的是经验、狡猾和不知何为败

XXXIII

北的骄傲。1993年的公牛就是如此：很奇怪地，最后，他们还是要回到依靠乔丹的时代。

乔丹看了看大屏幕。乔丹对队友们做了个简单说明。简单说，乔丹要接管之后的一切进攻了。

乔丹弧顶试探步后，一记中投得手。与此同时，约翰·帕克森，乔丹最老的战友，在场边做准备活动，预备上场。

凯文·约翰逊还了一记抛射，太阳队板凳席集体跪倒赞叹，但乔丹还了一记右翼翻身跳投。比赛剩44秒，乔丹抓到后场篮板，顿了一顿，开始起跑：横贯全场，直抵篮筐，一记最简单的上篮得手，公牛96比98落后2分。禅师奋力鼓掌：还有机会。

公牛防下了太阳的进攻，掌握球权，比赛还有最后一击的机会。全世界都知道：公牛第四节只得了9分，全部是乔丹投中，还有其他可能吗？

太阳全队望着乔丹后场运球，推至前场，离三分线近了——忽然间，乔丹传球给皮彭，太阳全队错愕。皮彭向篮下运了一步，再给禁区的霍勒斯·格兰特。

巧妙的转移球，但还没完。

格兰特接到球时，太阳的安吉已补防到位。格兰特不作停留，将球一挥到左翼三分线外。

乔丹最老的队友约翰·帕克森，在那里等着。

——1991年总决赛第五场，他曾经8投8中。那年夺冠后，他轻描淡写地说："我只是在空位站着，把传给我的球都投进去，而已。"

帕克森扬手，一记三分球。保罗·韦斯特法尔教练事后说："我觉得那球在空中停了一小时之久。"好吧，作为一个决定三连冠与否的投篮，如果真的停一小时，那也不为过——但是，约翰·帕克森的心脏未必受得了。

所以上帝给了个好答案：球进了。帕克森投进人生最著名的一球，可能也是NBA史上最著名的"替补绝杀"。

——"帕克森总会击穿你的心脏。"乔丹赛后说，"他总是擅长关键时刻射中跳投。当我看见他无人防守时，就知道这球必进。"

——"接受安排，从首发降为替补，其实还挺艰难的。我太老了，太慢了，带替补们打球，颇有不足，很让人头疼。但现在，一切艰难时刻，都像古代史一样了。"帕克森说。

公牛99比98领先，剩给太阳3秒。凯文·约翰逊的最后抢投被格兰特盖掉，比赛结束。公牛4比2击败太阳，1993年总冠军。更伟大的是：三连冠。

几乎是乔丹顺手完成的一系列纪录：

乔丹六场系列赛场均41分8.5篮板6.3助攻，其中场均41分和连续四场得分40+，全都是总决赛纪录。

理所当然的总决赛MVP，NBA史上第一个三度总决赛MVP——这纪录要在21世纪，才由蒂姆·邓肯和鲨鱼来追赶。

公牛三连冠：自50年代的湖人和60年代的凯尔特人以来，第一支达到此般地步的球队——魔术师与伯德，以及可恨的刺客，都没完成这般伟业。

他成就了古往今来鲜有的霸业，将自己的名字刻在了时代之上。他成了神，成为了地球上最成功的体育运动员。但迈克尔·乔丹，在比赛后，躲进了一间安静的房间。他接受完ESPN一个小采访，然后手持一瓶香槟酒、一支未点燃的雪茄，对采访他的丹·帕特里克说："OK。我能在这里坐一分钟吗？外面都疯掉了。"

在繁华的最顶点，30岁的最黄金年纪，他想独自待一会儿。

XXXIII

事实：迈克尔·乔丹退役过三次。1993年是为首次。1998年夺冠后第二次。2003年，第三次。关于这个，魔术师说过："伟大的球员时常会厌倦比赛——因为承当太多——但最后他们还是会回来的。因为他们太爱比赛、太爱在赛季中的感觉了。"

说到底就是：他们太爱篮球了。

第三十四章 高处不胜寒

307 - 312

1993年7月，公牛三连冠的庆祝仪式已结束，世界仍在讨论他。1991年就被讨论过的主题，这回重新被提起：他是史上第一人吗？1970、1973年两次带领纽约夺冠的伟大中锋、纽约尼克斯队史第一人威利斯·里德说："说乔丹是第一人，我觉得没问题。比尔·拉塞尔赢了所有冠军（11次），你无法否认，但如果你只谈论比赛本身，你必须说，迈克尔是最好的。这家伙拿到无数得分王，还是史上最好的防守球员之一。就这样。"

七届助攻王、组织后卫的开山祖师爷鲍勃·库西，以拉塞尔队友的身份评述："迈克尔的天分，凌驾于所有人之上。拉塞尔是我见过最高效的中锋，他补足了我们球队需要的一切天分。但你可以说，比如，他投篮不算好之类。迈克尔没有那类缺点。"

当媒体再次提起60年代伟大的奥斯卡·罗伯逊时，公牛助教巴赫再次提醒所有人——此前，禅师也提过这一话题——"奥斯卡的防守，只在他肯用心防守时才出色；迈克尔则像澳大利亚那种大嘴怪袋獾一样残忍。上帝只制造了一个迈克尔。"

最后总结的是多米尼克·人类电影精华·威尔金斯。他的原话斩钉截铁："没人比迈克尔做得更好了！"

可是被谈论的中心，伟大的、已经成为神的乔丹，却在考虑另一件事。

1991年夏天，他构思过退役时间：1995-1996季结束离开，那年，他会是33岁。1991-1992季中，被《乔丹规则》困扰时，他恨透了媒体，决心1992年夏天就退役。但在漫长的斗争中，他克服了自己。但1993年，他有点坚持不下去了。

魔术师说得对：他有伯德，可以互相担当挑战的动力。乔丹没有。支撑乔丹一直走下来的，是无比偏执的好胜心。1993年夺冠后，他完成了近古以来仅见的霸业，他已经累了。实际上，4月，他就对迪恩·史密斯教练说过："是的，结束了。"

一如史密斯老师对他说的：这是一段伟大的旅程，乔丹已经完成了很多。从那个发际线过高、耳朵招风、修家政课的北卡少年，到这个星球最伟大的运动员、最有名的人物、商业偶像、美国众神之一，他已经做到足够多，无可挑剔了。三连冠把他托到了顶峰，也让他失去了继续鏖战的心神。

就这样告别，可以么？

1993年的夏天寒冷而漫长，NBA到处出事。新泽西网后卫、欧洲史上最伟大后卫之一德拉赞·彼得洛维奇在德国车祸去世——仅仅一年前，奥运会决赛，他还代表克罗地亚，和梦之队的乔丹对攻来着；随后，又是车祸，迈阿密热后卫布莱恩·肖的父母双亡。凯尔特人后卫雷吉·刘易斯猝死。然后是最可怕的事儿：

夺冠后不到一个月，1993年7月23日，老乔丹——詹姆斯·乔丹——去世了。

事由本身很无稽。老爷子刚去参加完个葬礼，回程途中，在他的雷克萨斯车里小睡；两个人——一个叫拉里·马丁·德默西，一个叫丹尼尔·格林——劫持了汽车，谋杀了老人家。案件不久告破。8月3日，老乔丹尸首被找到，8月13日确认了身份。德默西后来念叨说，他们只想抢车了事，不知道格林怎么就开了枪。他们还补充说：实际上，他们是乔丹的球迷——当然，那时在美国，没人不是——但在杀完人抢到车、看见车里的两枚总冠军戒指之前，完全不知情。

就像是命运的讽刺。

XXXIV

很多年后，乔丹回忆父亲时说，父亲是他最好的朋友。"他教会了我人生当中的很多东西，其中一课就是：一切的发生，都是有原因的。"

所以乔丹觉得，哪怕父亲的死亡，也是上帝的指示。

"我意识到，我必须开始独立地做决定。我依然询问建议，我也会听别人的建议，但责任是我自己一个人的。我必须做那种男人该做的决定，我必须自己做决定，没有谁的肩膀可倚靠。"

他已经有三个总冠军，达到了史上巅峰。他30岁了。他不缺钱，不缺荣耀，世界把他当作神，唯一的对手只有媒体——纽约人依然在叨叨不休，说他去大西洋城赌博的事儿。最后，他还失去了父亲。

在世界巅峰，他又想起了少年时的一切。他少年时期的最大成就，是随棒球队拿下北卡州冠军，他本人当选MVP。他无数次念叨：他当时的安打率"好像达到了50%"，他"在7场比赛中有5次本垒打"。为了篮球，他没能继续打棒球。但是1993年，他开始动这个念头。

为什么不呢？

他一向是个实干派，不喜欢拖泥带水。那年8月，他和蒂姆·格拉弗开始训练。9月，他去见了禅师。

"菲尔，给我个继续打球的理由。"

禅师看了他一会儿。以他洞悉人心的聪明，自然明白乔丹在说什么。

"上帝给了你那么好的天赋，你有责任运用这些天赋造福他人。"

　　乔丹承认这点，但他强调，他早晚要退役的。禅师明白他的意思了。

　　1993年10月6日，乔丹召开新闻发布会，宣布退役。

　　"我失去了打球的愿望。"他没忘了用这最后的机会，表达对媒体的恨意。"你们这些人可以上别处挖掘故事了。"

　　于是他就这样走了。将23号球衣当作旗帜亲手升起，然后宣布退役。九年NBA生涯，七度得分王，三个常规赛MVP，三个总冠军，三个总决赛MVP。巅峰期的迈克尔·乔丹——签约了芝加哥白袜队。

XXXIV

1998年东部决赛，公牛的对手是拥有雷吉·米勒的印第安纳步行者。

很奇怪的：之后的舆论总相信，乔丹和米勒决战了一整个90年代，但事实是他们俩只在1998年季后赛相遇过。你可以这么理解：那年季后赛的七场大战，过于惊心动魄了。

那支步行者，其实可以描述为"雷吉·米勒队"。如果不看比赛，你无法理解一个场均20分3篮板3助攻的射手，是如何影响这个球队的。在七季时间里，他们大体保持着这样的一群首发：控卫马克·杰克逊、得分后卫米勒、小前锋德里克·麦基、大前锋代尔·戴维斯和中锋里克·施密茨。在他们的替补里是安东尼奥·戴维斯（后来在猛龙也不过尔尔），特拉维斯·贝斯特（平淡），杰伦·罗斯（2000年他成为这个队的得分王，后来就签了那笔大垃圾合同），克里斯·穆林（职业生涯的黄昏期，成就了卡特那记展腹风车反扣），克罗希尔，阿尔·哈林顿（他职业生涯头两季），以及沃克曼。1993-2000这季中，他们五次到达东部决赛，三次以3比4败北，一次是2比4，最后一次，即2000年夏，他们杀进了总决赛。

1993-1997年，他们由拉里·布朗率领；严谨、团队，战术纪律森严，有联盟顶级的无球跑位体系。一群基本功扎实的地面部队。1998年与公牛相遇时，他们的主教练是伟大的拉里·伯德。他们的存活依靠的是防守，施密茨的中投，戴维斯们在禁区的死斗，以及永远跳跃不停的米勒。他们是那些年份里精神状态最怪异的队伍：依靠米勒的一个三分，他们就能够从死气沉沉中骤然苏醒。那就是他们奇异的旗帜：那个31号，他那永远戴腕带、扑粉的双手所投出的球，远不只记分牌上晃动的数字，还意味着场上这群家伙的心神状态。而他，在所有人汗出如浆、金鼓齐鸣的战场，却从不让人失望。

雷吉·米勒这个人，把一个射手无球跑动攻击提到了一个匪夷所思的变态高度——以前不会，将来也不会再有人对疯狂跑动、各角度仓促出手、推开对手双臂——利用反作用力一直跌撞向底角——接球远射这些鬼东西做到如此接近于行为艺术的程度了。你可以理解，为什么他是乔丹之外，纽约麦迪逊花园最憎恨恐惧的球员了。

第三十五章 那一年半

（XXXV）

313·322

乔丹后来承认过，真踏进职业棒球后，才会发现爱好和职业是两回事。最明显的：以往，他靠指尖玩弄篮球；但1993年冬天，他得跟蒂姆·格拉弗一起研究：如何加强肩膀和手臂，如何每天训练击球300至400次而不受伤。白袜队助理教练沃尔特·赫尼亚克很帮忙，1994年春天凌晨六点就来陪乔丹练习。

乔丹后来说起他的棒球生涯，用词颇为巧妙。他说打棒球的人生很充实，他自己掏腰包花了33万美元给球队买了大巴，他描述说球队里的关系无比融洽：纯洁、坦然而真诚。他可以穿上45号球衣——他哥哥拉里·乔丹小时候穿的号码，显然一直印在他记忆中——然后打球。可是真到了棒球场上，热爱、融洽、纯洁就不顶用了。

作为棒球运动员，他太高了。伟大棒球手普遍更敦实粗壮，身长180公分上下，脂肪含量高到20%。跟这批人一比，乔丹高挑身段、细长小腿，全成了累赘。乔丹很努力地增加力量、增厚胸背，但他30岁了。

芝加哥白袜队没敢让他打大联盟，先将他下放到附属的伯明翰男爵队。球队经理特里·弗兰康纳对乔丹甚为照顾，但他到底没法亲自上场帮乔丹打球，无法拯救乔丹20.2%的击球成功率，没法阻挡乔丹127场比赛里114次被三振出局。可是弗教练到底还是被记者们包围——他有生以来，从没被这么多人裹住过，于是也客气了几句："没人能比得上他，他不是来玩票的！他的目标和所有人一样——晋身高级联赛！"

当然，末了，数据会告诉你：男爵队史上，仅有六人完成过30次盗垒成功、50次有效击球，乔丹是这六人之一，但他完成这些击球，用足了436次击球里，

而且只有三记本垒打。第一个赛季结束后，乔丹认为"我所做的一切就是在告诉人们，相信自己，勇于尝试，不要轻言放弃。虽然为此我付出了很多代价，但我从不后悔自己当初的选择。假如你有机会去尝试自己真正喜爱的事情，那就去做吧。"

嗯，他的队友就是这样做的。男爵队的格伦·萨奇纳说："他依然是迈克尔·乔丹——比赛的时候，多少人想方设法跟他要签名。"实际上，当时来跟乔丹要签名的人们疯狂到这地步。某场比赛前，对方球员特意来跟乔丹要签名，"我儿子是你的超级球迷"。要完签名后，还特意附耳跟乔丹说"下几个球，我打算怎么怎么打，您可以选择不回；我会发几个坏球的……"云云。

1995年，乔丹再次成为棒球队友们的知心大哥：那年，职棒大联盟MLB搞了传奇的大规模罢赛。很多年后，你回望1994、1995年，都会感到惊诧：当年常规赛只打了115场，罢工持续232天，世界系列赛被取消。美联、国联的冠军栏至今都像缺了门牙的嘴，空荡荡地挂着。那之后，MLB票房大跌，元气大伤，直到1998年，传奇巨星马克·麦克格维尔和萨米·索萨开始旷古绝今的全垒打对轰大竞争，观众才开始被哄回球场——当然，那是后来的事了。单说1995年，乔丹那些棒球队友们一起来找他出主意。在他们眼里，乔丹是神，他来打棒球只是放个假。这就像，你在疗养胜地做服务生，看见个巴菲特级的亿万富翁来练游泳，跟他成了朋友，于是就去求问投资秘诀。如是，棒球队友们一拥而上："我们该怎么规划职业生涯呢，迈克尔？"

与此同时，在乔丹已经放弃的那片领地之上：他退出了NBA，扔下一个空荡荡的王座，待世界去抢夺。查尔斯·巴克利作为他最后的对手，对媒体说出了这句话："现在能称为人物的，只有大梦奥拉朱旺、鲨鱼奥尼尔、大卫·罗宾逊和帕特里克·尤因……至于我？我是超

XXXV

级巨星。"

在巴克利眼里，这时代的权柄属于四个伟大的中锋外加他，五个人手里。

当然，还不只这些。

乔丹带走的不只是王朝和对冠军的垄断，还有一整个市场。他亲手将NBA提拔成一个全球化的商业联盟，他的伟大商业形象需要一个后继者。

1993夏天，奥兰多魔术选中了安芬尼·便士·哈达维：一个201公分、技术全面、21岁、清瘦秀雅、可以打控球后卫的天才，与鲨鱼相配。奥兰多魔术被安排了17场全国直播，联盟最多。意图明显：NBA想推广新人。1992年状元、1992-1993季的年度新人鲨鱼？他有庞大到如卡通片形象般的身材，自封飞侠彼得·潘的活泼劲，能歌善舞，是巴克利之外，最热闹好玩的形象了——而且，他在1992-1993季，还两次扣碎了篮筐！

乔丹退役，NBA回到中锋时代。这一年，NBA最流行的打法：射手散开接应，中锋单打。大梦的火箭、尤因的纽约、罗宾逊的马刺、鲨鱼的魔术，皆是如此风格。有效，但是乏味。1993-1994季，NBA得分榜前五位里，多达四位中锋：得分王是大卫·海军上将·罗宾逊，鲨鱼次之，大梦第三，帕特里克·尤因第五。盖帽王是掘金的非洲大山穆托姆博。丹尼斯·罗德曼去了圣安东尼奥马刺，场均抓到17.3个篮板称王。斯托克顿继续他的助攻王伟业。常规赛NBA最大的成功者是大梦奥拉朱旺：他拿到常规赛MVP和年度防守球员。自1987-1988季乔丹以来，首位包揽年度双奖的人物。

且说芝加哥公牛。

随着乔丹退役，卡特莱特和帕克森也边缘化了。皮彭、格兰特、阿姆斯特朗依然在球队，皮特·迈耶斯代替乔丹成为首发中锋。此外，球队引进了其他人：

218公分的澳大利亚巨人卢戈·朗利，25岁一个中投、卡位、传球出色，性格温和的大白个子。

213公分的加拿大巨人比尔·温宁顿，31岁，一个掩护出色的巨人。

191公分的射手斯蒂夫·科尔，在太阳、骑士和魔术呆过。1992年，他说过一句可爱的俏皮话。当乔丹说"骑士只有埃洛配得上防守我"时，科尔接了话茬："迈克尔这话太欺负人了！放马过来呀！我保证防到你得不满65分！"

最后，就是皮彭念兹在兹、恼恨不已的托尼·库科奇：这个211公分、英俊秀雅、据说无所不能的欧洲魔术师。

乔丹刚退役那半年，芝加哥似乎还被他的印象缠绕。传闻里被他打过耳光的普度回忆说："看那些人群。以前，迈克尔总是看看大巴外，说人太多，不肯出去；我们就说：你不出去，我们就不出去。"对黄蜂的一场常规赛，最后时刻，公牛122比123落后，剩7.5秒，公牛跑了个战术，新的首发得分后卫迈耶斯跳投，不进，格兰特点进前场篮板制胜。赛后，格兰特——虽然和乔丹关系已经淡化，但他依然是个直爽汉子——说道："如果23号在这里，那个球准能投进。但他不在了，我们得学习，得脚踏实地。"

皮彭成了公牛的王牌。他想复制乔丹，比如，季前训练时，他企图单挑库科奇，慑服他，一如当年他被乔丹慑服一样，但队友们不知所措：他们还没习惯被皮彭领导。库科奇说他还得习惯，"你们知道，美国人在欧洲开车时，得花好久时间来习惯，才能确定自己该开个什么车速，对吧？这就是我现在在NBA的感受"。格兰特很欣赏他，

XXXV

1993年11月，库科奇一记三分绝杀雄鹿后，格兰特说："这人很靠谱。他比赛里有许多闪光点。一旦他找到感觉了，等着瞧吧！"但科尔有点犹豫："那些说他能打四个位置的，夸张了。在NBA，他打不了控卫，他打不了得分后卫。他是个运球很好的小前锋。"

而全NBA运球最好的小前锋是谁呢？嗯，可能是皮彭。

所以，你可以想象皮彭的不快。但公牛打得确实不坏：失去了乔丹，他们的进攻大跌，到了联盟中游水平；但新加了几个巨人，公牛防守提升。1994年2月，格兰特第一次，也是最后一次，入选了全明星。但当晚的主角是皮彭：之前打了三届全明星、两次首发，合计只得18分的皮彭，在1994年全明星之夜大显神威。29分，5记三分球，11篮板，4抢断，全明星赛MVP，明星中的明星。那年3月，皮彭甚至开始朝媒体喷话。他说巴克利"只是在亲吻乔丹、魔术师这等级巨星们的屁股"，他抱怨公牛不做交易，以便让球队四连冠；他批评芝加哥主场观众会嘘黑人球员，却对白人球员网开一面。

你可以想见，皮彭多么想担当个好领袖。

实际上，他打出了职业生涯最好的一季：带领公牛完成常规赛55胜27负，自己场均22分8.7篮板5.6助攻2.9抢断。生涯第一次，他入选了NBA年度第一阵容，外加年度第一防守阵容。而且在MVP选票榜上，他排到第三。这意味着，他几乎可说NBA的第一外围球员了。

但季后赛，皮彭力不从心。公牛3比0淘汰了骑士；但在次轮，公牛连续第三年遇到了纽约。头两场，皮彭合计34投12中，公牛两连败。第三场，打到最后1.8秒，公牛与尼克斯102平。禅师叫暂停。皮彭等着禅师叫他的名字，但禅师抬头，找了库科奇。

"你来投这一球。"

你可以猜度皮彭当时的心情。多年以来，他

努力不辍，想对抗这种命运。他曾经是NBA最好的副手，但眼下，他奋斗成了NBA最好的外围球员。他理当承担这个球，但禅师却选择了……库科奇？皮彭愤怒，拒绝上场。但接下来的一切，对他可大为不妙：公牛发球，库科奇罚球线接球，转身，出手，球进，104比102，库科奇高举左手：他绝杀了纽约尼克斯。芝加哥球迷势若山崩一般涌入球场。皮彭，又一次在角落里，被遗忘了。

但禅师来不及顾到皮彭的感受。赛后，他接了个电话，令他颇为诧异。那个电话来自一个棒球运动员：

迈克尔·乔丹。

那时，禅师想起B.J.阿姆斯特朗偶尔跟他说起的事情："我和迈克尔还经常通电话……他好像，还愿意谈篮球。"

到最后，公牛还是3比4输给了纽约尼克斯。虽然很少人预计他们会拿四连冠，但芝加哥人多少有些失望。纽约尼克斯在此后的东部决赛里4比3险胜印第安纳步行者，但过程并不轻松。第五场在麦迪逊花园，步行者伟大的射手雷吉·米勒前三节14分，第四节25分，独自击败了尼克斯。赛后，帕特·莱利如此夸奖："米勒打出了一场乔丹级的演出。"

你可以想象，纽约人对乔丹——哪怕已经退役了——怀着多么复杂的感情。

1994年NBA总决赛，休斯顿火箭VS纽约尼克斯，大梦VS尤因，1984年状元对垒1985年状元，两个超级巨人对决。他们都是乔丹的旧对手，实际上，十年之前，1984年NCAA决赛，尤因的乔治城击败了大梦的休斯顿夺冠。十年后，宿怨一洗。总决赛前五战，尼克斯3比2领先火箭；第六场，最后时刻，纽约84比86落后，剩2秒，全场已得27分的约翰·斯塔克斯正待一记三分球拿到冠军，大梦横空飞

XXXV

出，一帽盖飞。火箭赢球，扳到3比3平。芝加哥媒体这时还不忘调侃："没有乔丹，斯塔克斯也投不进关键球——迈克尔一定躲某个地方偷笑呢。"

第七战，向来没谱的斯塔克斯只有18投2中，尼克斯败北，火箭夺到1994年总冠军。七战惨烈无比：双方没有任何一战单场得满100，双方七战分差都不到10分。绞肉机一般的大战。大梦成为史上第一位同年包揽常规赛MVP、总决赛MVP、年度防守球员的人物。纽约媒体又一次回忆乔丹："我们最好的年华都被迈克尔葬送了，简直像被他下了诅咒一样。"

但随即，联盟发现一件不对头的事。

NBA总决赛的电视收视率，自1983年后稳步上扬，1989年达到巅峰，但1990年，活塞二进总决赛时，收视率暴跌；但1991-1993，公牛三连冠期，收视率重回巅峰，1993年，NBC的"收视率尼尔森水准"，达到前所未有的17.9。但1994年总决赛，收视率跌回12.4，一夜倒退十年。媒体又忍不住念叨开了："如果迈克尔在，公牛会四连冠吗？火箭会是公牛对手吗？"

1994年夏，NBA开始寻找"乔丹接班人"。他们需要一个天使，拯救这被中锋统治的联盟。他们还真找着一位：1994年选秀大会，榜眼是加州大学的杰森·基德——多年后，他会成为这一代最伟大的组织后卫——而探花秀，底特律活塞选择了杜克大学的小前锋：拥有两座NCAA冠军、1992年度最佳球员头衔的格兰特·希尔。新秀季，这个青年就以最高票数入选了东部全明星——NBA史上第一次。

在1994-1995季，如果不去热爱格兰特·希尔，简直就是反人类罪。因为那一年，球迷们太饥渴了，他们每天听说着以下新闻：1990年状元德里克·科尔曼被球队罚款时直接扔出一张空白支票，1993

乔丹和皮彭，罗宾和蝙蝠侠。1998年乔丹退役后，皮彭去了休斯顿火箭呆了一季，然后去了波特兰开拓者。很奇妙的是，他依然被认为是当世最好的防守者、锋线指挥官之一，但他再没有进过全明星、再没有夺冠。仿佛他就是为乔丹而生的羽翼，1997-1998季是他最后一次奋飞。1998年，最后的舞蹈演完了，乔丹离去了，皮彭这对羽翼失去了灵魂，也就从此寂灭了。

年状元克里斯·韦伯和教练老尼尔森在数万英尺高空中吵架，比飞机引擎还响；1994年多伦多男篮世锦赛，代表美国队出阵的鲨鱼和肖恩·坎普龇牙咧嘴吓坏了孩子们；1994年状元格伦·罗宾逊刚入行就要求一亿身价；1994年总决赛没有任何一场某队得分达到100……上帝归隐，野兽横行。NBA不能指望32岁的巴克利、大梦和34的尤因们挽回形象。

而格兰特·希尔呢？

当他身披底特律蓝衣，第一次用他标志性的变向晃开对手、高高飞起时，全世界的眼睛产生了幻觉，他们以为看到了神——那时人们记忆中的神，将满32岁的迈克尔·乔丹，正在阳光下手握球棒，琢磨着对方的抛球线路。格兰特·希尔，203公分身高，秀雅斯文的面容，整洁的平头。比赛结束时，他潇洒地擦拭汗水，接受采访，微笑时嘴角勾得像月亮一样柔和，吐字清晰，聆听时略微侧耳，他居然还会衣冠整齐地坐在椅上，那在屏幕上怒扣后抓筐的手指可以在钢琴键上行云流水地点动。媒体找到了他父亲的光荣岁月：一个职业橄榄球手——几年后科比·布莱恩特的父亲乔·布莱恩特同样被人不断问起他在快船队当NBA球员的经历——至于格兰特的妈妈，噢，原来她还是第一夫人的同窗好友！

希尔的明亮光芒，使底特律阴森灰暗的形象改观了。这支在人们记忆中充满了拳头、铁肘、垃圾话、罗德曼和兰比尔、假摔的队伍，曾经不断屠杀乔丹的队伍，变得单纯而干净。格兰特·希尔，拥有NBA中最顶级的第一步，快如闪电般越过防守者，或者用简洁明净如利刀一样的节奏一个体前横移，迅速变向——防守者像被他玩绕的木偶一样，听任他闪电般从身旁擦过，回头时偶尔能够跟得上他飞起的身影。

XXXV

但在1995年春天，另一些事现了端倪。

1994年夏，芝加哥公牛搬到了新球馆联合中心，而阿姆斯特朗依然时不时接到乔丹的电话。乔丹问起了一些细节，比如，1993-1994季年度第一阵容后卫，勇士的拉特雷尔·斯普雷维尔，是个怎样的球员……嗯，天赋很好，很强壮？于是乔丹出发去旧金山，看了斯普雷维尔；然后，乔丹又打听了：1994年的榜眼基德是个怎样的球员，魔术的便士·哈达维怎么样……皮彭很识趣。1994-1995季过半，入春时节的某场比赛，皮彭在板凳上坐着，见镜头对准他，皮彭抬起球鞋，亮出飞人标志，然后对屏幕勾了勾手指。

那意思是：回来吧，哥们！

2001年春天，乔丹第二次复出，加盟了华盛顿奇才。他那年38岁，速度已慢，只好打小前锋。他打了两季，第一季场均22.9分5.7篮板5.2助攻，第二季场均20分6.1篮板3.8助攻——对别的球员来说，不坏，甚至出色；但以他的标准来说，很黯淡。

2001年那次复出前，他自己，肯定比任何人都明白，复出成功率有多低——他肯定无法再复制在芝加哥的成功；他一旦复出不成功会遭遇多少是非。但他还是复出了。功利主义者可以把这一切想象成胜利、金钱、荣耀、自我满足、权力。但说到底，迈克尔·乔丹只是比我们绝大多数人想象中的，更喜欢篮球。

第三十六章 I AM BACK

(XXXVI)

323 - 330

1995年3月18日，美国人正悠然自得看着电视，忽然，大片新闻排山倒海插播而来。下一秒，这句话让全美国地动山摇：I AM BACK。

乔丹回来了。

许多年后，有无数论文陈述：当日这句话，如何影响了道琼斯指数、如何耸动了整个华尔街、如何让Nike的高管们血涌脑门；有无数记者分析：乔丹为什么复出，是出于对篮球的爱，还是商业利益，抑或是他的好胜心……而当时的美国，只剩了全民狂热。作为当事人，乔丹自己都有点被吓唬住了："有点尴尬啊。"他后来说，"我是个普通人，和每个人一样，但人们把我当作神。"

他没把23号球衣从球馆天棚放下来，而改穿了45号球衣。他复出前一天，公牛刚赢了雄鹿，达到34胜31负。1994-1995季的公牛流年不利：虽然库科奇偶尔表现得像欧洲魔术师，皮彭依然尽心竭力，但霍勒斯·格兰特去了奥兰多魔术，皮彭有些独木难支。1995年2月，公牛甚至动了心思，想把皮彭拿去西雅图超音速，交易联盟头号暴力美学怪物肖恩·雨人·坎普。3月19日，公牛去印第安纳客场挑战步行者，乔丹预备出场。

全美国都疯了。电视台一路安排镜头，从公牛大巴到达球馆就开始追拍，但乔丹躲开了：他坐私人飞机晚一天到达印第安纳，住进了另一个旅馆。比赛当日，步行者主教练拉里·布朗看着找他来的记者们，微微一笑："你们真善良。披头士和猫王都归来了，你们还来访问我？"

对步行者一战，乔丹满身是锈：他去打了17个月棒球，有多达21个月没进行正式篮球比赛了。很自然，他跳投不稳，28投只有7中。阿姆斯特朗认为乔丹主要是体力问题，"以前，他前三节得个40分，到第四节还是丝毫不喘；但这场，第一节结束前，他就开始弯腰拽球裤喘气了"。饶是如此，当乔丹抄掉步行者巨人里克·斯密茨的球、单骑突破前场、一记滑翔上篮后，球迷还是发了疯。印第安纳球迷倒戈，为乔丹鼓掌。公牛最后输了，但禅师不急："毕竟许多队员，都是第一次和乔丹打球。"

比如，托尼·库科奇当初加入公牛，就是希望和乔丹搭档。不料1993年秋天，他答应来，乔丹便退役。这一场，他净顾着看乔丹了，全场27分钟只得7分。乔丹也很无奈："我已经尽力让他放松了！"

你没法怪库科奇：因为人人都想看乔丹，这场比赛不小心就成了1975年以来，NBA常规赛收视率最高的一场。

第二天，乔丹就回来了一点：在波士顿花园，他26分钟内17投9中27分。公牛轻取凯尔特人。复出后一周，公牛去亚特兰大，乔丹全场26投14中32分，而且不止于此：终场前5.9秒，公牛97比98落后。乔丹面对1994年梦二队后卫、203公分高的史蒂夫·史密斯，右手运球，推进前场。踏进三分线后，乔丹一个晃动，侧步，起跳，中投。史密斯来不及封盖，球直落篮筐：99比98，乔丹的绝杀。

接下来的情景，令人难以相信。当场16378名球迷，半数举手欢呼，好像根本不管乔丹绝杀了他们的主队似的。球迷高举"欢迎回来，迈克尔"的字样尖叫，乔丹回身，握拳，抿嘴，然后单膝跪地，用右手轻轻敲了敲亚特兰大的木地板。

是的，迈克尔·乔丹回来了。

又三天后，麦迪逊花园的球迷也得到了这消息：乔丹回来了。一开场，乔丹就拧着性子，存心让老冤家尤因和斯塔克斯难堪。前7投6中后，名解说马夫·阿尔伯特已经明白了："乔丹想拿50分！可能60分！"

XXXVI

第一节乔丹11投9中，公牛31分里他包揽20分；上半场结束他19投14中，35分。当然，如阿姆斯特朗所说，他体力还不够，所以下半场，他只得了20分，而已。终场前一分钟，他摆脱斯塔克斯跳投，被尤因盖掉；乔丹看了尤因一眼，没多话；终场前26秒，乔丹跳投得手，公牛111比109领先；斯塔克斯还两个罚球，111平。乔丹再次突破斯塔克斯，尤因早已料到，放开自己盯防的公牛长人比尔·温宁顿，伸长臂前来干扰乔丹。

但乔丹传球了。

温宁顿接球扣进，公牛113比111击败尼克斯。乔丹全场55分。帕特·莱利只能摇头："所有在乔丹身边的人，都相信自己战无不胜。这就是他的力量。"

常规赛结束，乔丹出赛的17场，公牛13胜4负，比先前的34胜31负大有提升，但47胜35负，也只在东部第五而已。那年，常规赛MVP归了马刺的海军上将，得分王归了三年级的鲨鱼。

好吧，还是讨论季后赛的事儿。

季后赛首轮，公牛对垒夏洛特黄蜂：对面有1991年状元，拉里·约翰逊，有三年级却已成为联盟最顶级中锋之一的阿朗佐·莫宁，以及乔丹的老对手、前费城76人的赫西·霍金斯。但是第一场，夏洛特球迷就目瞪口呆：皮彭受犯规所困，27分钟，只得8分；库科奇表现全面，17分7篮板9助攻。但乔丹大发神威，前三节得到28分，第四节和加时赛合计20分，全场32投18中11罚全中，48分9篮板8助攻。莫宁虽然独得32分13篮板7封盖，到此也无可奈何。霍金斯作为乔丹的老对手，做了个完美总结："当迈克尔把你撂倒后，他不只是要按住你，他还要刺穿你的心。"

第二场，莫宁奋力得到23分20篮板，拉里·约翰逊凑上25分，黄蜂统治内线，下半场发威击败公牛，但乔丹还是轻松得到32分7篮板7助攻。回到芝加哥后，库科奇发挥神勇：第三场22分4篮板5助攻10投9中，第四场21分11篮板3助攻，公牛连取两阵，3比1击败黄蜂晋级。芝加哥媒体开始高兴起来，有几个记者开始念叨："格兰特走了，库科奇来了……这笔买卖干得过啊。"

可是季后赛次轮，格兰特又回来了：只是这次，他是奥兰多魔术的首发大前锋。

1994-1995季，鲨鱼是得分王，常规赛MVP选票第二。惊人的是，二年级的便士哈达维，场均20.9分4.4篮板7.2助攻1.7 抢断，外加惊人的51%命中率，入选联盟第一阵容。加上尼克·安德森和拜伦·斯科特这两位射手，加上老格兰特，加上替补控卫布莱恩·肖——总而言之，东部首席中锋和联盟最好的后卫之一，魔术年轻气盛，才华横溢。在媒体看来，这是两个超自然怪物的对抗：飞人VS鲨鱼，NBA最逸伦超群的外线对NBA最洪荒巨兽的怪物。

系列赛一周后，双方2比2。魔术学到了一件事：尽管乔丹离开篮球场17个月，他依然是这个星球最可怕的人物之一。魔术94比91赢下第一场，但第二场，公牛104比94赢下第二场，乔丹38分。魔术取下第三场，但无法阻止乔丹得到40分。第三场后，一度有过质疑：乔丹前三场一共出手93次，是不是占用过多出手？第四场，乔丹变换套路，21投9中26分7篮板4抢断，公牛队皮彭24分、库科奇13分9助攻7篮板、阿姆斯特朗18分，将分数追至2比2平。

但公牛也发觉，魔术不再是个季后赛菜鸟。在芝加哥打第三场时，布莱恩·肖知道"所有人都不相信我们能在芝加哥赢客场，他们不相信我们能搞定乔丹。但是我们赢了"。

鲨鱼对乔丹倍感敬意："他是超人，我是超男孩。"但他很知道：

XXXVI

对好胜成狂的飞人，唯一的致敬方式就是击败他。一向罚球奇差的鲨鱼，在前四场面对公牛朗利、温宁顿等中锋围击，神奇的56罚40中，而且在关键的第三场上半场得到了20分，提前奠定优势。"我妈，我外婆，所有人都让我朝篮筐移动时快点儿，所以啦！"

但最让公牛头大的，是老哥们霍勒斯·格兰特。公牛忙于包夹鲨鱼，格兰特闲暇无事，可以游刃有余找到空位进攻机会。前四场他平均19.5分12篮板：毕竟，论对公牛防守之熟悉，全NBA大前锋都不足以与他相比。

但最经典的一个细节，是公牛VS魔术第一场最后时刻：

乔丹运球，但被尼克·安德森抄掉。当魔术双人快攻直飞前场时，乔丹因为失去平衡跟跄倒地。这镜头被传送到全世界，令人错愕：在此之前，对手总只来得及看见乔丹的鞋底和背影，但这一次，乔丹被年轻和锐利击败了。

忽然之间，他就显得老了。

虽然第一轮对黄蜂，乔丹单场48分后曾经微笑："我的步伐并没许多人想象得那么慢。"但尼克·安德森大胆说出了意见："45号乔丹，不再是23号乔丹了。23号可以随意飞过你，就像飞机轰然起飞似的；45号会加速，但是并不真的起飞。"

虽然乔丹立刻在第二场得38分、第三场得40分来回击此话，但魔术全队都坚信：乔丹老了。第五场，乔丹依然无敌，28投15中39分，鲨鱼则20投7中23分，但魔术赢了：鲨鱼22个篮板、4次助攻和5次封盖，加上便士的19分11助攻、格兰特的24分11篮板，魔术取下第五场，3比2领先。第六场，乔丹终于失准：19投8中24分的他，无法挽回大局。鲨鱼27分13篮板，带领魔术108比102取胜。4比2，奥兰多魔术淘汰了芝加哥公牛。

乔丹上一次输掉系列赛，还是1990年的夏天。进入90年代之后的13次系列赛，他战无不胜。三连冠，高处不胜寒，退役，复出。虽然1995年他复出后，似乎尚未挥去打棒球期间，身上积累的时间之锈，但没人敢看轻他：毕竟，他上演过太多的神话，他不败的意志让他兀立在世界之巅。直到乔丹真败北的一刻，世界才敢小心翼翼地开始说说：

乔丹的确还没恢复到巅峰水准——或者，他还能恢复到巅峰水准吗？

安德森的那记断球，成了1995年夏季被播放最多的镜头：他断球，乔丹倒地，魔术快攻得分。那一幕，仿佛是魔术击败公牛系列赛的缩影：年轻的巨人击败了老去的飞人。90年代的新势力挑战了王朝的旧主人。用鲨鱼自己的词来形容，就是"超男孩击败了超人"。

之后，魔术击败步行者成为东部冠军，却在1995年总决赛遭遇滑铁卢：休斯顿火箭出人意料的4比0横扫魔术，成功卫冕；大梦成为继乔丹之后，首位蝉联总决赛MVP的球员；火箭的坚韧被全世界赞美，连续两年带领太阳与火箭大战七场、最后败北的巴克利如此总结："休斯顿火箭就像德州蟑螂。你以为踩死他们了，但一抬脚，他们还在呢。"火箭主帅汤姆贾诺维奇先生说："永远别低估一颗冠军的心。"而最快乐的，还是1995年初从波特兰交易到火箭的滑翔机：他和大梦重聚，而且终于拿了个总冠军，补上了1992年总决赛败给乔丹的遗憾。这年，他33岁，而大梦也32岁了。

XXXVI

很诡异的：1997-1998季，公牛的多事之秋，丹尼斯·罗德曼反而很安静。他出勤了80场，场均15个篮板，连续第七届篮板王。季后赛，他成了替补，但依然表现出色。比如，东部半决赛对黄蜂的五场比赛里，他场均18个篮板。在危急存亡的时刻，他似乎反而是大英雄能本色起来。

第三十七章 拼图

331 - 336

就这样，1995年春天，乔丹用一句"I AM BACK"宣布归来。但归来的乔丹是45号。他能在麦迪逊得55分，能在季后赛拿40分，能绝杀亚特兰大鹰，能像当年的迈克尔·乔丹那样从容微笑。但世界钟爱的乔丹，是90年代初那个所向无敌的23号。他神勇无敌，他随心所欲，他是神，是《乔丹规则》竭力想毁掉的形象，是迈克尔·乔丹自己竭力制造的一个形象，一个梦。尼克·安德森的话语，像代表时间判了乔丹死刑。

而这是乔丹一生中，最痛恨的事。

1995年夏天，32岁的迈克尔·乔丹开始训练，像个新人那样训练。经纪人大卫·法尔克来找他，说起一个计划：华纳兄弟想找乔丹拍电影，《太空大灌篮》——简单说吧，某外星球怪物和兔巴哥、兔女郎等动画人物赌赛打篮球，然后窃取了全NBA巨星们的才华，唯有退役的乔丹躲了过去；乔丹和兔巴哥们联手，干掉了怪物，拯救了NBA——地道的动画片大喜剧故事。乔丹对这电影不反感，他只有一个顾虑。实际上，这个顾虑，是整个1995年夏天，他唯一关心的事：他要华纳兄弟保证训练场地，"我不能八个星期不打球"。

财大气粗的华纳兄弟电影公司真动手了，造了个停车场大小的体育馆，布满乔丹需要的一切训练场地。如是，乔丹拍电影间隙，中午练力量，晚上练篮球。

90年代初，乔丹与蒂姆·格拉弗合作，为期三年，将体重从90公斤提升到95公斤以上，提升肌肉、力量和体能。那时节，朋友都担心他会失去速度优势。1995年夏天，乔丹继续考虑提升力量。他知道，自己已经过了跟年轻人好勇斗狠、赛跑跳高的年纪了。他开始雕琢自己的打法，尤其是背身单打和后仰跳投。往昔的繁华庞杂，都被他慢慢放下了。乔丹在时间之河里淘洗自己，使招式日益精纯、简洁。

与此同时，芝加哥人在琢磨：霍勒斯·格兰特走了，找个什么人来代替？

一种传说是，那年秋天，《芝加哥太阳时报》的作者里克·特兰德曾提议：公牛何妨引进丹尼斯·罗德曼？杰里·克劳斯矢口否认，热烈反对："绝不可能！"但稍晚些时候，克劳斯却去找了禅师，然后找乔丹和皮彭。这三位都无异议后，克劳斯还不放心，又打电话去找查克·戴利老爹，谆谆求问：丹尼斯·罗德曼靠谱吗？

——为什么这么号人物，需要这么持久的打探？

丹尼斯·罗德曼生于1961年，大乔丹两岁，大皮彭四岁。身高203公分，体重95公斤，没什么耀眼的天赋。从小无父，被俩姐妹和老妈嘲弄，进高中时才168公分，连上篮都不会。野鸡大学出身，毕业了没工作被迫去看飞机场，还偷过手表。他从小缺爱，到20岁还是处男，长期觉得自己可能是双性人，不只一次有过自杀念头。他25岁才进NBA，提拔他的是戴利，所以，他视查克·戴利为老爹。他依靠防守和篮板绝活在NBA立足，擅长撒泼玩赖、善使小动作、假摔天才、表演大师。他是那支活塞的超级蓝领，是乔丹和皮彭的死敌。

但在1992年，即他31岁之前，他只是一个完美的防守蓝领，除了嘈杂爱闹一些，别无其他。但自从戴利离开活塞后，罗德曼自觉"失去了精神上的父亲"。1993年他开始朝令夕改地染头发，在自己身上一切空着的地方刺纹身。1992年，他不参加活塞的训练营，此后又拒绝去客场打比赛；1993年3月，和公牛比赛时打架；1993年12月，头撞斯泰西·金；1994年，头撞斯托克顿；1995年，推倒穆托姆博；1995年在圣安东尼奥，持冰袋飞砸主帅鲍勃·希尔，又在西部决赛拒绝帮大卫·罗宾逊夹防大梦，"是爷们你自己去搞定啊"。至于在场外，1993年他在色情场所被揪住，另一次因持械被警察逮到；

XXXVII

1995年因为开摩托车受伤停赛；到处传扬他和麦当娜的艳情传闻——总而言之，活塞时期那个悍勇奸狠的10号黑头发罗德曼，在1995年是个玩世不恭、妖冶放荡的登徒子混世魔王。1995年夏天，许多球队对罗德曼羡恨交加：他像毒品一样诱人又伤人。雄鹿掌门迈克·邓利维——也就是1991年带领湖人大战公牛的那位——想了个合同方案：罗德曼每得一分、每抓一个篮板、每上场一分钟，都得1000美元。按劳计酬，还是想激励罗德曼。

戴利老爹对克劳斯说：罗德曼只在抢篮板方面自私——他对篮板数据有点偏执。其他方面，他很努力，而且听教练的话。当然前提是，你得说服他。

克劳斯和禅师给罗德曼打了电话，请他来芝加哥会面。会面挺顺利，禅师对罗德曼这路人不陌生。实际上，二十年前，禅师在纽约尼克斯时，也就是罗德曼这么个嬉皮士。他很知道罗德曼这样的人物在想什么。这样的混世魔王，你必须给他赢球的指望，他才会为你竭尽全力。罗德曼那天对禅师说："你不会在我这儿遇到问题。而且你会赢得一个总冠军。"

1995-1996季开始前四星期，公牛出手了：他们把中锋威尔·普度送去马刺，换来罗德曼。于是，芝加哥公牛的阵势成型了。1995年11月，他们定的首发是：

首发后场：9号罗恩·哈珀，将满32岁，198公分；23号迈克尔·乔丹，差三个月33岁，198公分。

首发前锋：91号丹尼斯·罗德曼，34岁，203公分；33号斯科蒂·皮彭，30岁。

中锋：13号卢戈·朗利，218公分，27岁。

主力替补轮换：第六人托尼·库科奇，211公分，27岁；替补射手斯蒂夫·科尔，191公分，30岁；替补中锋比尔·温宁顿，213公分，32岁；替补内线迪奇·辛普金斯，23岁，206公分；替补摇摆人朱德·布伊奇勒，198公分，27岁。

实际上，板凳上还坐着两个老熟人：31岁的约翰·萨利和40岁的詹姆斯·爱德华兹。他们俩，加上罗德曼，都是当年活塞坏孩子的一员。

全队平均29.9岁，首发平均31岁。1995-1996季的芝加哥公牛是支地道的老头儿部队。然后是他们奇怪的布阵：他们没有一个纯粹的组织后卫，没有小个子：后场是乔丹和哈珀两个人高马大、198公分的得分后卫；但他们的首发也不算高：后卫到前锋都在198到203公分之间，只有中锋高达218公分。

总而言之：一支老迈的、海拔均衡的球队，就这样出发了。直到赛季开始前，全世界还在费琢磨。记者试探地问皮彭：

"公牛找了罗德曼……还能想出比这更诡异的运作吗？"皮彭答："那就是把兰比尔给挖回来了！"

——皮彭心里，以及他当年缝针受伤的下巴，都还记着当年底特律的血海深仇。

这样的老头儿部队，能走多远呢？

但是1995年深秋，还没多少人真正悟透之前汤姆贾诺维奇教练的那句话："永远别低估一颗冠军的心。"

所谓冠军的心，是可以无视年龄、无视阵容、无视一切因素的。丹尼斯·罗德曼是最后一块拼图。看似平淡无奇，可能还会引发更衣室暴力，但拼图一旦凑成，一副残缺的景象就被忽然画龙点睛、破壁飞腾。

但是不久，全联盟就明白过来了。

XXXVII

1968-1969季，媒体认为之前十二年十次冠军的波士顿凯尔特人"已经老了，苍老的血管里流着苍老的血液"，但他们还是在总决赛4比3击败洛杉矶湖人，夺取冠军。湖人的后卫杰里·韦斯特和中锋张伯伦之后都谈起这话题，"那一年我们本该赢的呀！？"实际上，凯尔特人夺冠之夜，当记者跑去采访凯尔特人核心巨人比尔·拉塞尔时，十三年拿了十一个戒指的他一时呆住，就伫立着，说不出话来。

实际上，1995-1998的公牛，是一年比一年弱的。如果说1995-1996季，公牛强到凌驾于一切之上，那在1998年，如果按照"应该"的理论来看，他们的冠军并不那么理所当然。但他们最后，还是夺冠了。没有理由。

实际上，冠军的方程式，是无法描述的。

第三十八章 所向无敌

（XXXVIII）

337·346

1995年11月3日，公牛主场迎战夏洛特黄蜂，是为1995-1996季揭幕战。上半场，皮彭打了会儿就出场了，黄蜂乘机48比40领先，但第三节，风云突变：公牛一阵暴风卷起，单节闪出40比18的超级高潮。黄蜂被彻底打溃，第四节双方虚应故事的结束，公牛105比91，兵不血刃。乔丹42分6篮板7助攻，罗德曼27分钟里抓了11个篮板，库科奇15分9篮板6助攻，布伊奇勒13分。

　　第二天，公牛主场战凯尔特人，首节就25比12领先，上半场46比40；第三节又是35比19的旋风高潮，打溃了凯尔特人，全场107比85。乔丹只打了21分钟，15分。公牛全队过家家一样轮流出场，陪凯尔特人玩了个尽兴。第三场，公牛轻取猛龙，乔丹38分，皮彭26分，罗德曼11分13篮板6助攻，哈珀13分，朗利6投5中10分5篮板。

　　令世界震惊的是：公牛赢得从容自在，理所当然一般。

　　公牛一直赢到11月中旬，才输了第一阵：在奥兰多客场，公牛没有罗德曼，魔术没有鲨鱼。公牛遭遇了便士哈达维的突袭：1995年夏，便士给让自己加了9公斤体重。他的突破犀利锋锐，袭击篮筐如一柄月光铸就的利刃，全场36分。

　　但11月下旬到12月初，公牛在连续七客场里只输了一场——在西雅图，乔丹遭遇围击，19投6中只得22分，公牛92比97败北——但自那之后，他们的赢球已成惯性。12月9日，公牛作客密尔沃基雄鹿，对面的首席王牌是1994年状元格伦·大狗·罗宾逊，没进NBA就号称"我是身价一亿的男子"。乔丹和他飙上了：全场大狗39分，但乔丹回以45分，皮彭28分，罗德曼疯狂抓到21个篮板球，公牛取胜。四天后，公牛回联合中心主场，迎来了奥兰多魔术。乔丹报复心大盛，36分；皮彭26分8篮板6助攻，罗德曼8分19篮板，库科奇板凳出阵30分钟里21分5篮板4助攻。皮彭赛后，还嫌不过瘾，指名道姓，念叨受伤缺席的鲨鱼："我倒宁愿鲨鱼出赛，魔术队现有的战术，要消化他，估计并不容易。"

噢对了，这一晚，尼克·安德森9投1中——显然，乔丹心里记着他，以及他说过的话。

公牛所向披靡的连胜，令世界大感意外。没人敢怀疑他们的战斗力，但他们行云流水般击溃对手，比1992-1992季巅峰期更随意自在，全然不像一群逼近退役年纪的老头子……好的，又得回到旧话题了：三角进攻。

虽然媒体肯承认，三角进攻为公牛带来了1991-1993三个总冠军，但1990-1991季，乔丹花了大半个赛季，才真正习惯三角进攻。1992-1993季，他公开对这套进攻表达过不满：这套东西繁琐艰难，而且限制了他和皮彭云合电发的速度，而且还把他不喜欢的卡特莱特——与这套进攻一样缓慢拖沓——定为三角的运转轴，实在让人不快。"乔丹不需要三角进攻"是事实，主帅禅师公开承认过，助教巴赫暗地里透露过。说白了，三角进攻就是：给乔丹周围的伙伴一点儿灵魂和机会，让他们别做提线木偶。1994年，乔丹打棒球期间，巴赫被开了。一般认为，是他与队员们过于亲密，而且背地里捅破了不少禅师的锦囊，让禅师不快了。但也据说，真正的死穴是：他劝过乔丹别打三角进攻，"那只是菲尔的花招罢了"。

但在1995年初冬，公牛却真正用上了三角进攻。这套路需要出色的低位攻击手、弱侧射手和聪明的球队，1995年，这一切齐备了：乔丹和皮彭的篮球智商老辣已到化境，全面到无可挑剔；罗恩·哈珀早年和乔丹争锋，但这时也已经老辣醇厚，成了个老球皮；他和乔丹、皮彭都是能突、能投、能传、能跑、能客串三个位置的全面外线；托尼·库科奇早有欧洲魔术师的美誉，虽然防守和对抗一如他俊秀面目

XXXVIII

似的禁不得风吹雨打，但进攻端的传、投、切和聪慧毋庸置疑。科尔提供了远程火力支持，朗利是个能中投、肯走位的无私巨人。

最让人意外的是，罗德曼跟三角进攻，简直一拍即合。

他是防守天才、篮板妖魔，但进攻端，他单打技巧近似于零，罚球一塌糊涂；出禁区之后，投篮像他头发颜色般没准谱。本来在寻常球队，这样一个人就是防守的魔鬼、进攻的累赘。然而在三角进攻这套大开大阖、全队运转，需要考验走位与传球的套路里，他反而无师自通。乔丹对此不惊讶，他认为罗德曼本来就聪明，何况——"他跟三角进攻交手太多，对这个太熟悉了。"

于是公牛的半场攻防，变化如云了无痕：他们没有固定的持球组织者，乔丹、皮彭、库科奇、科尔、哈珀都可能运球过半场；他们没有固定的内线轴心：乔丹、皮彭、朗利都可能去担当三角轴心，在禁区要位单打；他们没有固定的选择，比如皮彭、乔丹和库科奇在弧顶站着，可能转移到强侧三角去打，也可能自己突破分球，更可能自己单挑。最后，罗德曼一直在四处游荡：他可能去给队友做掩护，可能点进前场篮板，可能忽然送出一记神妙莫测的传球。他投篮不多，因为其一，如戴利教练所言：他只在篮板方面自私；其二，"我们队有太多人跳投了。我只需要去踢对手的屁股就行。哼哼，我要教教朗利，怎么把对手放帆布上来烤！"

但比之于行云流水的三角进攻，那支公牛真正摧毁对手的武器，是他们的防守。

在惯常概念里，防守不像进攻那样有趣。防守需要的是思考、紧张感、判断和耐心，在一个回合中完美防守，和在五分钟、一节、全场都持续保持稳定防守，是完全不同的事。所以在NBA，组织一支进攻型队伍极容易：给队员们以自由，让他们放胆开火就是。但防守之难，在于你得哄着那些血性十足的莽汉，保持血液的低温、狡猾的眼神，数十年如一日忍耐着跃跃欲试的冲动，持续完成防守任务。

乔丹的可怕之处：他并不是一个冷血冷心五脏六腑都像冰一样沉静的男人，所以他的防守也如他的进攻，带有残忍的引导性和攻击性——就像当年范甘迪牢牢记住的"公牛底线陷阱"似的。

1996年的无数个第三节，球过半场，命运已被书定。乔丹、皮彭和罗德曼将一个围猎的剧本，演练过无数次。首先，一头可怜的小鹿懵懂运球，来到了皮彭的身边，乔丹、哈珀和罗德曼会做一些诱惑性的走位，就像狮子酣睡，发出一些声音。鹿被惊动，向翼侧移动，皮彭的手晃动着，暗示他向底线移动。鹿走入底角，陷阱发动，两头恶狼按住了他，皮彭或罗德曼，像两个报纸推销员一样贴着。球脱手，偶尔伴随着年轻的鹿朝裁判抱怨（比如"他妈的丹尼斯捅了我的屁股你没看见吗"），乔丹接球，哈珀已经飞过半场。接着又是一遍，一遍又一遍：乔丹和皮彭在半场就扼住敌喉，越过对手的阵线，一击，回来；又一次。消耗的体力、失望、被不断切下的球、24秒到时、一个又一个自己望尘莫及的快攻，乔丹的挑衅（"小子，很快呀，快和我一样快了"）、罗德曼的手势（指指自己的太阳穴，"小子，你没头脑吧？"），绝望，15分分差，第三节的结束铃声像下课的救命符咒，失去战斗的意念，只想回宾馆睡觉，结束了。这就是公牛的防守，也只有这种事会让乔丹乐此不疲：攻击性的防守，把对手撕成碎片，把在那端半场秒杀对手的尊严移到这边半场，用行动让对手产生"只要他愿意，他可以打我100比0"的幻觉。

选在第三节对对手下刀，自有其道理。稍微想一想就知道：以公

XXXVIII

牛老头子们的慢热腿脚，如果第一节就施展这捕兽夹般的防守，哪怕第一节领先20分，余下三节还得承受年轻人连踢带蹬的反击；可是在第三节，当对方已经在上半场习惯了节奏，半场休息刚喘口气时，他们忽然勒住对方的咽喉，可以轻松让对手绝望。一如赫西·霍金斯所说："当迈克尔把你撂倒后，他不只是要按住你，他还要刺穿你的心。"

用防守勒死对方后，还需要一些精准狠辣的锤击来粉碎对手，那就是公牛的守转攻：乔丹、皮彭们都能运球反击，他们偶尔会顺便转入三角进攻阵地战，但也有可能是以各自单挑技巧震慑对手。实际上，乔丹在1991年后，已经不太喜欢"腾云驾雾翻云覆雨三百多遭后，将球强行上篮"了，他只在需要时这么做一下，来让对手时刻处在一种恐惧中——"乔丹不只是用跳投解决你，只要他高兴，随时可以飞过你们全队得分。"

这就是1995-1996季的公牛：他们用残忍的防守扼杀对方，用偶尔的华丽进球让对方绝望，用三角进攻维持日常行云流水的运作，娴熟地给对手开膛剖肚，让他们在板凳上默默回味痛苦和自卑，偶尔还被罗德曼夸张的岔腿抓篮板、满口垃圾话折磨，最后在懊丧与愤怒中，产生"我们永远不可能击败公牛"的幻觉。老教练胡比·布朗在1996年到来前，斩钉截铁地说："公牛已经是史上最好的防守球队了！"

于是剩下的故事，就是一个又一个被征服的传奇。比如，罗德曼直到入队一个月后，都没和皮彭说过话。皮彭的冷淡溢于言表："我从来不和他说话，所以现在也没什么新鲜的。"但这不妨碍他们在场上偶尔击掌。罗德曼相信自己总会获得所有的爱，"当你跟罗德曼做对手时，你喜欢去恨他；但你跟他做队友时，你就会爱上他"。在球队里，他异乎寻常的安静。朗利是队友里首先与罗德曼接触的——其他人，就像对待酒精，感兴趣却又怕有害健康似的，对罗德曼尊重且谨慎，朗利却敢和罗德曼交交朋友，一起吃顿饭。然后他恍然大悟似的，开始传扬："罗德曼是个很安静、甚至有点羞涩的家伙呢！"

比如，11月30日，公牛战灰熊。第四节，灰熊意外发现，他们还领先着，于是没法子压抑挑衅的欲望。剩两分钟时，灰熊后卫达里克·马丁一记跳投，灰熊领先到8分，于是他得意忘形，窜到公牛板凳前："我说过，我们今儿会击败你们！"

乔丹听到了。乔丹系好鞋带，脱下外套，走上球场。乔丹走到马丁身边说："小子，我说过，跟我说垃圾话是什么下场。"

然后乔丹就演示了一遍：他包揽了接下来的9分，包括一记右翼突破后滞空变戏法式右手画圈上篮，一记抄球后急速快攻——在滑翔扣篮前，还来得及回头瞪马丁一眼——最后10秒再次抄球，突进扣篮解决比赛的一球。公牛把灰熊放倒，屠毕，完成逆转，94比88赢球。乔丹29分：最后半节，他得了19分。

比如，1995年夏天入行的探花秀杰里·斯塔克豪斯，在1995年底春风得意：他的NBA头两个月场均20分4篮板4助攻；他年方21岁；他1993年就是麦当劳全美高中明星队成员，在北卡呆到大二，进了全国第一阵容；他被公认为NCAA史上最动人的扣篮手之一；他和乔丹一样能跑能跳，高198公分，打摇摆人，被选为探花。他于是自认为，哪怕与乔丹对决，"我也能应付裕如"，他甚至愿意让媒体知道：论一对一，他可以击败乔丹。恰好那年，公牛旧党斯科特·威廉姆斯也在费城，不免和斯塔克豪斯合演双簧，对媒体大言炎炎，吹上几句。费城76人得分后卫弗农·马克斯维尔——一位疯疯癫癫的仁兄，如果不是因为情绪起伏大，火箭队也不会在1994年夺冠后，还把

XXXVIII

这队里头号神射手送走——早对乔丹有成见——又退役又复出，每天上头条，折腾什么哪？于是顺嘴也跟了几句不好听的："让乔丹和皮彭见鬼去！他们可没为我做什么！你可以把这话印出来！"

然后就是传说了：1996年1月13日，乔丹带芝加哥公牛到费城打比赛，早餐时读到报纸，看斯塔克豪斯如何说可以干掉自己，看马克斯维尔那些"你可以把这话印出来"的念白，一言不发，随手将报纸递给他人。然后当天晚上，斯塔克豪斯发觉：自己的球衣像斗牛士的红布，迎来了公牛的践踏。

乔丹开场就在斯塔克豪斯头顶一记后仰跳投，下一回合，他凑到斯塔克豪斯耳边唠叨了两句。随后，斯塔克豪斯进攻犯规；随后是乔丹的中投得分、抄球得手、左翼三分球、假动作晃动后突破穿越三人上篮，费城球迷开始颤抖了：风暴要来。

最残忍的一球出现在上半场末：乔丹一次底线穿越，把球传给皮彭，自己跑到右底角，接到皮彭的回传，抬手做了个投篮假动作。斯塔克豪斯草木皆兵，飞出来盖帽，乔丹举重若轻的一低头，斯塔克豪斯整个人飞上了看台。乔丹轻巧地踏前一步，中投得分：四两拨千斤。

乔丹用了34分钟，28投18中得了48分。公牛在第三节结束时就98比68领先到30分，然后不打了。斯塔克豪斯11投4中13分，马斯维尔8投1中4分。赛后，乔丹说他没想把这事搞成私人决斗，他还扮无辜，说斯塔克豪斯比赛里太激动，"我想让他冷静下来来着"。

1995年12月26日，在印第安纳，公牛输了赛季第三场。29日回到主场，公牛把步行者剥皮抽筋，大胜了27分来泄愤。之后的一个半月，公牛浩浩荡荡地连胜不休。到1996年2月2日，公牛完成了18连胜，至此，球队常规赛战绩达到恐怖的41胜3负。

世界真的颤抖了。

此前，1966-1967季的费城76人和1971-1972季的洛杉矶湖人，是NBA史上单季赢球最多的两队，也都在一般公认的历史最佳球队之列。他们的战绩，分别是68胜13负（1966-1967季，NBA常规赛还只有81场）和69胜13负。很凑巧：那两支球队的中锋都是霸王维尔特·张伯伦。那年的76人开局打出过37胜3负，湖人打出过39胜3负；而公牛41胜3负之时，世界交头接耳：

芝加哥公牛能70胜吗？

此前，1991-1992季，公牛打出37胜5负时，世界也对他们如此期望过。

乔丹对此的回答是："如果我们能做到那支球队的成绩（他的意思是：67胜，以及夺冠），我就很满意了。我不在乎历史。"

公牛凶猛惨厉，同时行云流水，践踏一切球队。他们输给过魔术，然后回主场击溃了他们；他们在1995年11月输给过超音速，然后在1996年1月大胜对手26分；他们在1995年12月26日输给过步行者，然后就见一次打一次：12月29日先赢一场，2月18日再赢一场——那晚，乔丹得了44分。2月2日公牛击败湖人后，复出的魔术师——他老人家终究耐不住寂寞，出来又玩了一赛季——评价说："他们和80年代夺冠时的湖人一样好，他们比1991-1993三连冠的队伍还要好。"

XXXVIII

"永远不要低估一颗冠军的心。"——1995年，休斯顿火箭冠军教练汤姆贾诺维奇的这句话，可以直接别在1995-1998年的乔丹身上。

第三十九章 冠军的心

（XXXIX）

3 4 7 · 3 5 4

罗德曼赛季初腓肠肌酸疼，但篮板功力不懈；赛季渐进，他享受起了赢球的感觉。

就在1995年夏天，他还是全联盟警醒的瘟疫；但1996年初，他是这个星球上最热的话题。他融入公牛如此成功，篮板领跑联盟，传球妖异诡诈，甚至在1996年1月打出了自己人生第一个三双。

乔丹是神——实际上，芝加哥人都懒得谦虚，公牛媒体公关直接说球队是"耶稣和他的门徒们"——而罗德曼是神身旁的妖魔。他五彩斑斓、微笑邪诡、纹身遍布，随时打算说点原子弹似的话，触怒对手或震惊世界。他一向喜欢离经叛道，被世界关注，于是乔丹的光环、公牛的舞台，让他乐不可支。他上了各类媒体头条，被作为经典案例分析。他上脱口秀节目，他被商家追逐，他甚至有了自己的广告代言。

禅师很聪明地使用着他。他了解罗德曼的嬉皮士外表下，那个邪恶小孩的本性——他自己当年，亦是如此。他知道罗德曼需要自由，于是便给他自由。只要不伤害球队，罗德曼可以为所欲为。公牛管理层当然很紧张，觉得禅师在玩火，担心罗德曼这把妖火若不控制，终会烤到自己的屁股，但没法子：乔丹和禅师是牢不可破的同盟，芝加哥媒体和全世界是他们的后盾。

所以，走一步看一步吧。

罗德曼百忙中出了本书。实际上，1994年他就出过书了，题目是中规中矩的《篮板球：罗德曼的故事》，端正，但没有噱头。1996年这本《我行我素》——这么译算是文明的，实际直译该是《我想多坏就多坏》。还怕不够骇人听闻，他拍了这么个封面：一丝不挂，坐一辆摩托车上。书里头，他把所有人骂了个遍。他强调约翰·斯托克顿才是NBA最脏的球员；他骂大卫·斯特恩是个道貌岸然的伪君子；他嘲骂旧主马刺，最后以一个狡猾的方式为自己辩白："整个球队把我出卖了，我孤伶伶地站在荒岛上，是最容易攻击的目标。出了任何事，他们很容易找到替死鬼。就都怪丹尼斯·罗德曼吧。"

他的形象成了世界级的logo。他的彩色头发、遍体纹身和混不吝的贱笑，构成了漫画似的图景。他成了反英雄，带着幽暗斑斓的暗色背景，成为了公牛奇怪的混合成分——但很奇怪，他没有损害公牛的形象。对媒体来说，芝加哥公牛太端正了：乔丹已经被剖解到每根毫毛的褶皱；皮彭安静地不发一言；在这样一片红色的公牛，混进了罗德曼这样带着苦、辣、酸、甜的邪恶调味品，忽然之间，一切都显得诱惑十足。

但说到底，禅师敢给予罗德曼自由，是因为他知道公牛的底线所在：有乔丹在呢。

1995-1996季的乔丹成为了NBA史上最全面的球员之一——无论攻防两端。他技艺精纯，已到随心所欲的地步；他的爆炸力已不及年少时，没法随时上演紫电惊雷的炫目表演，但他打得比任何时候都凶猛霸道。他在攻防两端压迫对手，一如当年活塞压迫他。而且，他真正拥有了当年拉里·伯德和魔术师的那种可怕嗅觉——当初，媒体一直认定他不会有：

他成为了一个更好的队友。他随时随地，都能选择最得体的比赛方式。走位、传球、掩护、训斥、鼓励、威吓、愤怒、微笑，他都能从心所欲不逾矩。他一向对队友残忍，哪怕1990-1993的三连冠时期，他也总是以己度人，认定所有人都该跟他一样努力似的。就是他的这种严酷，令公牛自1990-1991季开季之后，就再没有过三连败：

XXXIX

他的求胜意志，他身先士卒的勇气，总能催逼着公牛大步向前。

但1995年开始，乔丹的残忍里多了温和。也许因为他年长了，也许因为，经过了棒球生涯，他开始明白了那些普通球员的心情——他们不是神，他们也有自己的努力、落空、苦难和悠长生活。

在此之前的漫长岁月，乔丹一直在和小时候的自己做斗争：那个耳朵招风、个子矮小、被家里人觉得无所成就的孩子。他一直在让自己显得像Nike广告里的迈克尔·乔丹，那个无所不能的飞人，那个心想事成的胜利者。他像羽翼，带着队友们升天，让他们享受一点儿他的光辉。但1995年开始，他的队友成为了他的羽翼。他开始真正理解禅师了。禅师愿意给球员们自由，包括给罗德曼花天酒地的自由，把他们当作人，而非棋子来看待，以便构成一支球队。乔丹依然斥责队友，威逼队友，喝令队友，用各种或作弊或不作弊的法子赌博赢他们的钱——赛季前的训练营，科尔就和乔丹打了一架：当时，乔丹在分组比赛中不断地嘲骂科尔，于是科尔失去了理智："他的嘴没有停过，什么难听的话都说了出来。迈克尔的口才或许太好了，他能逼得你发疯。当分组比赛快结束时，我和他对骂了起来，迈克尔推了我一把，我立刻扑了上去。"——但基本上，乔丹开始愿意承认：队友也是人，和他自己一样，是平等的人。

1996年全明星赛，乔丹举起了自己第二座全明星MVP奖杯。鲨鱼在台下，瞪着两个大眼珠直勾勾地看：本来，全明星MVP惯例，归当场数据最好看、得分最多的球员所有。那晚，乔丹11投8中20分，大局已定，便开始跟观众秋波互送。记者们也急忙开始投票，准备比赛一结束便颁奖……等他们举着奖杯朝乔丹走去时，意外发现：当场东部得分最高是鲨鱼，25分10篮板。可是木已成舟，鲨鱼只好边瞪眼边鼓掌了。

1996年春天，公牛继续赢球。3月7日对底特律活塞，对面是"乔丹接班人"格兰特·希尔，乔丹38分钟内28投21中，53分11篮板6抢断。三天之后，公牛在麦迪逊花园被尼克斯血洗：72比104。斯蒂夫·科尔很生气："都怪我们穿了黑球衣！"但11天后，公牛再战尼克斯，107比86大破，报了一箭之仇。3月16日对新泽西的比赛，罗德曼压抑已久的混球本性无处发泄，化作一记头锤，砸给了裁判泰德·伯哈德，NBA利索老练地摆出"早知道你小子会犯事"的姿态，拍出了6场停赛和2万美元罚款，但禅师依然把稳了舵：他们在稳稳地朝70胜前进。

　　这一年，禅师又发明了些新的语录，比如，"千里之行，始于你一念呼吸之间"。

　　两年前，乔丹刚退役时，禅师曾用些怪异的手段来控制球队。比如，他解雇了约翰尼·巴赫，就因为巴赫曾鼓励乔丹别被三角进攻束缚；比如，某场会战尼克斯前，禅师忽然不动声色地宣布取消训练。队员们登上了去纽约的旅途，没来得及高兴。半路，禅师忽然停车，喝令车上唯一的女性，一位随队工作相当年份的球队助理下车，"你被解雇了"。不解释，无理由，突如其来，全队瞠目结舌。用当时公牛一个球员的话："我们刚开始习惯某种生活，他就会逼迫我们做些改动。总而言之，他就是希望我们人人都提心吊胆，不知道他的所作所为是什么意思，最后只好一切听命于他。"

　　比尔·温宁顿就很糊涂：禅师老叫我注意反弹，他是让我的表现反弹呢，还是让我注意篮板球反弹？科尔说禅师有时会蹦些听不懂的怪词，你问他什么意思，他不动声色地回答"你回去查了词典，明天告诉我答案"！

　　乔丹业已成长的领导艺术和禅师高深莫测的控制，加上皮彭始终

XXXIX

均衡的稳定和罗德曼的妖异，加上朗利和温宁顿的敦实、库科奇的全面、科尔的精准和哈珀的老辣，公牛在1996年4月走向历史。4月12日，公牛112比82大破76人，常规赛第68胜；4月14日，在克里夫兰98比72大胜，常规赛第69胜，平NBA历史纪录；4月16日，他们去了密尔沃基。乔丹手感不佳，27投仅9中；皮彭也只19投7中，但这样的夜晚，罗德曼便能兴风作浪：公牛下半场仅让雄鹿得到31分，罗德曼合计19个篮板。比赛结束时，乔丹、皮彭和罗德曼平静地拥抱了一下：86比80，他们击败了雄鹿。

而1995-1996季的芝加哥公牛，成为了NBA有史以来第一支达到常规赛70胜的队伍，前无古人。

1995-1996季常规赛结束时，公牛72胜10负，历史最高纪录。他们的进攻联盟第一，防守联盟第一。乔丹82场全勤，场均30.4分——创纪录的第八次得分王——外加6.6个篮板4.3次助攻2.2次抢断，而且还有惊人的43%三分率；皮彭场均19.4分6.4篮板5.9助攻，与乔丹并肩入选年度第一阵容；当然，他俩也没漏了年度防守阵容，妙在这年罗德曼也入选，于是1995-1996季年度防守第一阵容里，居然有三个公牛球员。罗德曼出场64次，场均5.5分14.9篮板，连续第五届篮板王，还有职业生涯最高的2.5次助攻。托尼·库科奇场均26分钟里13.1分4篮板3.5助攻，三分率40%，当选年度第六人；禅师拿到了他第一个年度最佳教练奖。最后，连杰里·克劳斯这死胖子，都当选了年度最佳管理人士。

他们的横行无忌，让《体育画报》无聊到开始总结：如何击败公牛呢？嗯：用小个子后卫突袭他们的后场（这条尚算靠谱）；不让皮

他成为了一个更好的队友。他随时随地，都能选择最得体的比赛方式。走位、传球、掩护、训斥、鼓励、威吓、愤怒、微笑，他都能从心所欲不逾矩。也许因为他年长了，也许因为，经过了棒球生涯，他开始明白了那些普通球员的心情——他们不是神，他们也有自己的努力、落空、苦难和悠长生活。

彭得满20分（的确，公牛常规赛输的10场里，9场皮彭没到20）；偷掉公牛的红色客场球衣（当公牛穿黑色客场球衣时8胜4负，红色客场球衣时25胜4负，这条已经有点巫医性质了）；控制罗德曼（当然了）；不惜一切代价控制斯蒂夫·科尔（他场均三分率达到52%）；对公牛大量犯规放他们罚球；派人早上去通知库科奇"做酒店清洁啦"以制造客场气氛（因为库科奇在主场场均16分，客场11分）；尽量多让乔丹投篮（听上去像自杀，但总比让公牛全队联动起来好）；别太迷恋自己的中锋（金玉良言：公牛是全联盟最擅长包夹的队伍）。

事实是，他们很难被击败了，但他们想得更远。罗恩·哈珀说："72胜10负毫无意义，如果没有戒指的话。"

XXXIX

1998年东部决赛前两场，公牛干脆地以2比0领先。首战乔丹41分，次战30分，而且防到雷吉·米勒一场14投5中，一场13投4中。米勒好胜如狂，心情懊丧，他妻子后来承认，米勒打完那两场后"都不想起床，不想吃饭。他觉得他让整个印第安纳失望了"。然后，米勒第三场得到28分，第四场最后时刻，玩了传奇的一招：他推开乔丹，切出三分线外，接球，出手，三分绝杀了公牛。

但第五场，乔丹立施报复。公牛上半场就57比32领先，前三节结束已经87比56领先到31分，最后106比87取胜，3比2。乔丹29分，而且在一次得分后，对米勒做了个推的动作。

他记得一切细节，而且总会以各种方式让对方记得：一旦你得罪了他，他死都不会忘记。

第四十章 复仇

(XL)

1996年冠军征途的第一步，又是老熟人相见。公牛首轮迎战迈阿密热，对方中锋是新来的阿朗佐·莫宁，教练是放弃了纽约、来迈阿密当大权独揽太上皇的帕特·莱利。对方后场，还坐着史上最好的控球手之一蒂姆·甲虫·哈达维。但公牛根本不在乎：

首战伊始，公牛放出他们招牌的紧逼陷阱。哈达维穿梭如猫，得到30分，但迈阿密全场失误多到27次，王牌中锋阿朗佐·莫宁只打21分钟就被6次犯规下场，10分2篮板6失误，8投3中。公牛102比85轻取，乔丹送上35分的见面礼。赛后，皮彭冷冷总结："许多球队跟我们作战，都迷恋他们的中锋。实际上，我们特别欢迎。"

第二战更加惨烈：公牛注意了哈达维的外围远射，逼得他9投2中9分；莫宁虽然得到14次罚球机会得到14分，但失误7次。热队又是20次失误，乔丹32分钟里29分，皮彭35分钟里24分8篮板8助攻，然后就休息了。公牛106比75再胜，2比0。第三场回到迈阿密，莫宁岔不能平，轰下30分8篮板，但公牛任他发威，封锁了外围：热队全场三分球27投仅7中，全队命中率42%。皮彭22分18篮板10助攻的三双，公牛112比91取胜，3比0晋级。帕特·莱利被媒体追问时很委屈："我们尝试了！"

这话的潜台词是："但是没有用！"

东部半决赛，又是冤家对头相逢：帕特里克·尤因和他们家的纽约尼克斯，自1991年以来，每年都和公牛对决，麦迪逊都被乔丹虐待出感情来了。这一年，尼克斯依然那样子：尤因为首，斯塔克斯、梅森、奥卡利们跟着。但是教练席上不再是莱利了，而是两眼发肿、神色严峻、身量矮小、活像个吸血鬼的杰夫·范甘迪。

首战之前，罗德曼又出了次风头：快夏天了，他穿了条姑娘爱穿的羽毛围巾，外加全套歌剧演员式大浓妆，出现在联合中心门口。但比赛之后，很自然地，风头重新回到乔丹身上。纽约和芝加哥的媒体如弄臣簇拥国王一样，听乔丹说："他们今天本来可以轻松搞掉我们。我们不能打得更差了。"

确实如此。皮彭、哈珀、库科奇合计30投7中；公牛第二节一度落后13分；但乔丹总结说："纽约一直没机会得到势头，无论他们跑什么战术，我们总能自控。"

事实是，只要乔丹还活着，公牛就还能自控。

尼克斯把斯塔克斯、德里克·哈珀、休伯特·戴维斯和安东尼·梅森这高矮胖瘦不一的各色人等朝乔丹扔来，乔丹一一接住，生吞活剥了。全场比赛，他虽然背部痉挛、两次受伤离场、外围手感不佳，还是得到了44分。他只是一次次突破篮下，完成高难度动作。他认定这是纽约人自找的，他决定突击篮下惩罚尼克斯，完全是因为"德里克·哈珀老是在打我的肘，裁判不吹"。禅师总结说："迈克尔几乎以只手之力，让我们赢了比赛。"

实际上，不只是他。

联合中心的球迷这会儿已经学野了。他们举着牌子，书写着诸如"纽约人，还是拿我妈妈的胸罩去做你们的球衣吧"之类的句子，罗德曼看得眉开眼笑，但这一晚，他是另一个因素：他全场33分钟里12个篮板，而且和朗利、皮彭联手钳制了尤因：全场比赛，尤因23投9中21分5次失误。斯塔克斯则被乔丹封杀9投0中，公牛抓到了18个前场篮板，91比84取胜，一场低比分的绞肉机大战。你可以这么总结：当公牛需要赢流畅快速的比赛时，他们有乔丹、皮彭和库科奇；当公牛需要赢艰涩杀伐的比赛时，他们有乔丹、皮彭和罗德曼。库科奇可

XL

以提供投篮、传球和灵感，而罗德曼……无论任何时刻，他都在给对方提供麻烦。

当然，到最后，哪怕一无所有时，他们都还能指望一个人。罗恩·哈珀说："我们总是骑在乔丹背上。总是如此。"

这场比赛，也就奠定了整个系列赛的基调。

第二战，公牛91比80取胜，乔丹28分5篮板5助攻，皮彭手感不佳21投7中但19分5篮板6助攻4抢断，哈珀15分9篮板，罗德曼大张旗鼓6分19篮板。第三战去麦迪逊，公牛加时苦战，99比102败北：乔丹46分；但第四战公牛稳住了第四节，94比91取胜。第五战，公牛没再多给机会：乔丹35分，皮彭15分11篮板5抢断，罗德曼11分12篮板，公牛94比81取胜，4比1晋级东部决赛。

以及：乔丹被选为1995-1996季常规赛MVP——根本毫无悬念。这是他第四尊常规赛MVP奖杯，史上只有张伯伦、拉塞尔和天勾这三大中锋之王，得到过四尊以上。

东部决赛，又是老熟人：奥兰多魔术，鲨鱼、便士哈达维，还有老格兰特。自然，还有乔丹念念不忘的尼克·安德森。

与之前一年比，形势已大相径庭。1995年，乔丹的公牛意味着老去权威，鲨鱼的魔术是新生恐龙。1996年，魔术依然初生牛犊的劲，可是乔丹和公牛已经跃居天顶，老而弥辣了：乔丹恢复巅峰水准，皮彭与之天衣无缝，这一对圣人和亚圣身边，又多了个魔鬼：篮板王丹尼斯·罗德曼。自然，公牛知道鲨鱼的可怕。助理教练约翰·帕克森的迷汤提前灌到："要挡鲨鱼，基本没有办法。你需要个大块头，也许三个大块头才够。"前一年，公牛用了朗利和温宁顿等巨人排山倒海的犯规来阻挡，这一年，还是这两位准备来锁鲨鱼。

可是禅师的锦囊里，还藏了一个妙计。

216公分，140公斤开外的鲨鱼……能不能用203公分、95公斤的罗德曼来对付呢？

公牛之所以无敌于天下，在于他们知己知彼。他们知道前一年东部决赛，斯密茨的中投像蜂刺似地叮鲨鱼发疼；他们也知道1995年火箭赢球的秘诀是"魔术只有鲨鱼和便士"。好吧——

东部决赛第一场，在芝加哥：鲨鱼21投13中27分，便士21投15中38分，数据漂亮已极。相比而言，对面乔丹轻松的17投9中21分，皮彭18分。王牌对决，魔术疑似还高一点点。可是结果：魔术83比121被血洗，输了38分。

全场比赛，魔术除了便士外，三分10投1中。安德森7投0中，斯科特3投0中，格兰特1投0中。魔术首发除了便士和鲨鱼的65分外，合计只得2分。加上替补们惨淡的16分，魔术再次以"只有鲨鱼和便士"做结，角色球员全线崩塌。

公牛的方略很简单：

澳大利亚中锋朗利有一手中投，那就给他机会投。13分钟内，他9投7中，14分。鲨鱼在禁区干瞪眼：你有本事进来！朗利笑笑：你有本事出来！

罗德曼鬼影飞舞扰乱鲨鱼，偷了13分，抓了21个篮板，反而魔术全队只有28个篮板。

乔丹、皮彭们领衔的外围防守，彻底封杀魔术三分火炮，任便士、鲨鱼两人苦挣，其他队友完全被阻断。

如此这般，赢球水到渠成。

好像还嫌命运不够悲惨，格兰特第一场打完，便宣布肘部受伤，

XL

系列赛不能再战。鲨鱼被罗德曼烦得7罚只有1中，气不打一处来，赛后放话："罗德曼只会玩小花招！他根本搞不定我！"

带着气打球，第二场魔术一度领先公牛达18分。鲨鱼八面威风，把朗利打得无还手之力。可是下半场，他发现点儿问题：霸王纵横捭阖，回头却看不见众将了：公牛又祭出了十面埋伏。他们屡次把魔术外围诱到边线，然后围猎、陷阱、包夹、压迫、断球、反击。

——许多球队都能打出类似配合，但他们的紧逼防守形同赌博。公牛的可怕在于，他们对这招式娴熟已极。他们能一次接一次地成功，并将这防守压力持续半节、一节乃至半场，让对手产生一种"公牛只要高兴，可以全场都这样勒死我们"的残忍强度。重新思索一下公牛的阵势：

堪称史上最全面外围防守者、8次年度第一防守阵容、史上抢断第六多的皮彭——便士哈达维承认，皮彭一个人就能祭出其他球队一整队的紧逼效果——加上1990、1991年度防守球员罗德曼，加上1988年度防守球员、进过9次年度第一防守阵容、抢断史上第二多的乔丹，以及他无坚不摧、不依不饶的残忍意志。唯其如此，才能打出这样的防守。

乔丹以残忍的防守，带领全队进行大反击，半节之内，公牛将18分之差追到2分。他们不让便士接球，不给他正视篮筐的机会，对魔术其他外围一律施压。第一场得38分的便士，第二场只有18分。公牛下半场造了魔术12次失误，最后以防守赢球，93比88取胜。鲨鱼36分16篮板，但失误多到6次。安德森和斯科特三分线外11投只有2中，加便士的5投1中，魔术外围连

续第二场冷若冰霜。而乔丹则是35分5篮板6助攻和残忍的4记抢断，加上皮彭的17分10篮板9助攻。公牛2比0领先。

第三场移师奥兰多，魔术想重整旗鼓，可是罗德曼这个人来疯记仇了："鲨鱼说我只会玩小花招？我根本搞不定他？嗯？"

鲨鱼和他是老熟人，以往和马刺动手，鲨鱼总是和罗德曼对位。他知道罗德曼是NBA史上最刁钻古怪的坏蛋之一，知道他善于妖言惑众、闹脾气、打架、撞人、假摔、骗裁判、玩小动作，但他还是跟这家伙赌气。

问题是，一旦跟罗德曼赌上气，你就已经输了一半。

头两场，鲨鱼被罗德曼烦得15罚5中，第三场变本加厉了。罗德曼以203公分95公斤的体格，对上了鲨鱼216公分140公斤的巨大身躯。罗德曼粘着他、贴着他、用胳膊肘拐他，跟裁判装可怜，鲨鱼晕头转向七荤八素，百忙中还不忘和罗德曼拌几句嘴。而公牛早已确定了他们的包夹方式："我们得下毒手包夹鲨鱼，可做这种坏事还不能脏了手。"

公牛知道，一旦包夹鲨鱼，魔术外围三分开火，便会一发不可收拾。所以，他们的包夹策略是："鲨鱼接球，不包夹；等鲨鱼朝篮筐发力了，我们再围堵——那时他就来不及传球了。"

当然，也只有乔丹、皮彭这样的防守大师，能做这种敌不动、我不动，察言观色的活儿。他们看着鲨鱼的屁股，一等鲨鱼的屁股朝篮下轰隆隆碾压而去，立刻出手。

第三场，鲨鱼19投8中，9罚1中。魔术进攻全面停滞。公牛只得86分，可是魔术只有67分，第四节只得10分。造化弄人：替格兰特出场的康卡克腿伤又发，尼克·安德森右腕受伤。赛后，连公牛

XL

的菲尔·杰克逊都看不下去了。赛后他拥抱了魔术主帅希尔，用这样一句话表达了公牛全队对魔术的情感："你们下一个出问题的会是谁？……"

希尔也不知道。他走到新闻发布会，看到乔丹坐在本属于他的位置上接受记者朝拜，便悻悻离去，不愿多说了。同时，魔术管理层在被追问："听说你们在联系肯塔基大学的里克·皮蒂诺来代替希尔？真的吗？"魔术高层一面喊"谣言"，一边狼狈地想逃走。

奥兰多像一艘漏水的大船，虽然0比3落后并未沉没，但全船的人都在尖叫、慌乱、跳水而走。乔丹认为："他们好像不知道怎么才能和我们对抗。"皮彭说："我不想说他们的精神被击垮了，不过他们队整体有点怪怪的。"罗德曼很得意："那，鲨鱼嘴上够厉害，但如果他想拿个冠军，得想办法把他会的那些招融会贯通一下子。他们队的进攻整个都发臭啦，需要点洗衣粉。"

这是真的——

第一场，公牛38分血洗了魔术；第二场，公牛逆转18分之差打败了魔术；第三场，公牛在第四节统治比赛。公牛不像在对抗魔术，而像在给魔术上教学课，告诉他们何谓冠军级的篮球。常规赛平均105分联盟第三的魔术，与公牛三战平均不到80分。斯科特已经精神崩溃了，他觉得："这跟公牛怎么对付我们无关，因为他们怎么对付我们，我们都得输。面对事实吧，他们在给我们上课。"

鲨鱼在第四场摆脱了罗德曼的心魔，13投11中9罚6中，28分9篮板。便士28分8助攻。他们封得皮彭只得12分，让公牛的角色球员黯然失色。可是，英雄在末日出现救世。乔丹让奥兰多的观众一片死寂：23投16中，45分。公牛106比101，横扫了魔术。

平心而论，这个系列赛鲨鱼发挥并不差：四场比赛，平均27分11篮板。但魔术和公牛之比，就像他和乔丹之比：年轻、天分与力量，在老辣、算计和技巧面前泥牛入海。你一力降十会，我四两拨千斤。在鲨鱼如霸王般的勇武之下，乔丹和公牛的十面埋伏卸倒了魔术。

然后就是1996年总决赛了。

XL

1998年东部决赛第七战，比赛剩6分钟时，公牛还落后步行者3分。那时，公牛已经筋疲力尽，步行者已经把他们逼到边缘。罗德曼无所事事。公牛看起来即将完蛋了。

　　但很奇怪，接下来发生了这一切。乔丹在一次跳球里，赢了224公分的里克·斯密茨；乔丹两腿带伤，无力跳投，于是像橄榄球跑锋似的将身体冲击篮下，逼到罚球。实际上，全场比赛，乔丹25投仅9中，皮彭18投仅6中，但他们俩罚了24个球——乔丹15罚10中——而且合力抓了21个篮板球。实际上，公牛全场22个前场篮板，乔丹5个，皮彭6个，为公牛带来26分二次进攻得分。比赛的最后几秒，乔丹和皮彭在中场站着，双手撑膝，无力庆祝。

　　唯一能确定的：他们绝不让公牛输掉那场比赛。他们没法以优雅的方式赢球，那就像野兽一样撕咬。实际上，1995-1998三届总决赛，乔丹体现出的，更多不是飞鸟，而是走兽：

　　他想赢，他不顾一切想赢。许多事，就可以这么解释。

第四十一章 1996年的父亲节

365 · 374

1996年总决赛公牛的对手，是常规赛64胜18负的西雅图超音速。实际上，他们能进总决赛，真算是修成正果了：早在1992-1993季，这支西雅图就已打出常规赛55胜27负，但季后赛却举步维艰：3比2险胜爵士，4比3艰难淘汰火箭，总决赛七战之下，败给了不知疲倦、"死了之后有时间休息"的巴克利。1993-1994季，他们常规赛是壮丽的63胜19负西部第一，但季后赛首轮，被第八位掘金——确切地说，是掘金的大山穆托姆博——干掉了，从此落下黑八的污名；1994-1995季，他们又是首轮被湖人干掉。1995-1996季，他们好歹咬住了牙：他们首轮淘汰了国王，次轮横扫了火箭，西部决赛第七场干掉了犹他爵士，终于晋升总决赛了。

他们的防守仅次于公牛，天下第二；他们兵多将广：组织后卫加里·佩顿刚拿到年度防守球员，而且几乎可称为联盟前二的组织后卫；大前锋是史上暴力美学第一人肖恩·雨人·坎普；小前锋是史上第一位进全明星的德国人施莱姆夫，他们的内线还有乔丹的老大萨姆·帕金斯和勤恳的马脸中锋欧文·约翰逊，他们的板凳堆满了阿斯库、布里考斯基这样的快速移动者，以及1994年抢断王内特·麦克米兰、肯多·吉尔、斯诺这样身体硬邦邦的防守专家。

他们的主教练是乔治·卡尔：北卡出身的老教练。他治下的超音速仿佛丛林：他们的锋线平均身高接近210公分，却依然飞走如风；1993年和1996年两次淘汰火箭，他们都让大梦头疼不已。他们擅长包夹、换防和轮转，有佩顿这样一个站位精确到让你呼吸困难的王牌控卫，背后是一群轮转迅速、可以随便换位的锋线群。大梦就是迷失在了淤泥河一样的包夹轮转中。

而且，他们了解公牛的真正秘密。超音速的球探布伦丹·马龙在总决赛前就说了："公牛用来挖出你心脏的，是他们的防守——这就是他们处理掉魔术的方式。乔丹可以得40分、50分，但关键的是他们的防守。"

　　的确如此。

　　在总决赛前，公牛也在谈他们的防守。乔丹承认季后赛公牛的进攻起起落落，但他并不担心，"我们的跳投手感起伏不定，但防守永远不会背叛我们"。公牛的助理教练吉姆·克莱门斯甚至得做以下统计：公牛的防守者每场摸了多少次球——不管是抢断、封盖、抄掉传球，甚至包括把球踢出界外，因为"无所谓是不是改变了局势，我们只是想追踪着，看球员们是否在防守端够活跃"。

　　总决赛第一场在1996年6月5日开始，公牛让超音速见识了何谓"在防守端够活跃"：一波14比4后，公牛22比13，领先超音速达到9分，首节24比18领先。超音速派出208公分的德国人施莱姆夫对付乔丹；而乔丹一到低位，赫西·霍金斯就来夹击，但乔丹看明白了：一见包夹来，就分球找罗恩·哈珀。哈珀在他的首次总决赛毫不怯场，第一节5分4助攻，而且，他的长臂让矮他5公分的佩顿极为不适，前5投全失。第二节，超音速企图追击，但乔丹开始接管：他注意到，施莱姆夫跟不上他的移动速度，霍金斯一向是他的手下败将，于是第二节后半段，乔丹独得12分。

　　比赛的氛围开始变怪：超音速的弗兰克·布罗考斯基是个老实人，愣愣地去跟罗德曼纠缠，也不知罗德曼使啥妖法，没两个回合，布罗考斯基就被连吹犯规。每次他都没做什么大动作，但裁判来找他时，他都像在犯罪现场被逮捕的无辜群众：怎么抓个篮板落了地，自己就莫名其妙挂在罗德曼身上，还吃了恶意犯规呢？最后布里考斯基

XLI

急火攻心，跟裁判吵上了，两次技术犯规出场。

但超音速依然很勇决：第三节，施莱姆夫和坎普强击公牛内线，尤其是坎普无视罗德曼的妖法咒语，恶狠狠突击篮筐，被犯规就罚进球，第三节坎普12分，罗德曼在第三节末吃到第5次犯规，公牛只得把他换下。超音速仅以77比79落后2分进入第四节，但是——

第四节开始，托尼·库科奇从角落里站出来。他先找背身单打机会，然后溜到三分线外去：一记三分，又一记三分，第二记三分球还被犯规，上罚球线得手。半节里，他一口气得10分，公牛一波14比5，跟超音速说了再见。乔丹在比赛末尾得到6分，彻底终结比赛：107比90，公牛1比0领先。

这一战，芝加哥的防守凶狠无比：超音速全队命中率刚过40%，失误18次。霍金斯9投2中，佩顿17投6中——防守他的哈珀冷冷地说："他是个好球员，但他想背身单挑我？哼哼，祝他好运！"——帕金斯14投5中。坎普神勇，14投9中16罚14中32分，但失误多达7次。乔丹28分7篮板，皮彭21分，罗德曼13篮板。出色的是其他队友：趁着超音速围夹乔丹们，捞了无数空位机会：朗利14分、哈珀15分、库科奇18分。

乔治·卡尔教练一向有卫道士风范，自然得为布里考斯基鸣不平。首战之后，他叹恨不已："罗德曼在蔑视篮球！"但这话说得不是时候。第二场，罗德曼又狠狠地蔑视了一回。公牛上半场打得惨淡，仅以46比45结束，但随后祭出经典的"第三节大反击"：一个白精灵，一个黑风妖。库科奇又是连续两记三分球点燃火焰，罗德曼则在第三节跳蚤似的收篮板，单节抓到10个篮板，其中7个前场篮板，还靠二次进攻捞了8分。第三节结束，公牛76比65领先，但第四节乔丹手感不佳：下半场他一度连续7投失准，超音速在第四节艰难追上，剩12秒时，坎普得分，超音速只以88比91落后公牛，随即使出犯规战术：送皮彭上罚球线。第一罚失手，第二罚失手——那时节，只要超音速控制后场篮板，就可能来记三分球扳平比赛。

但球没落进超音速手里。

罗德曼神出鬼没地游出，抓到了前场篮板球——他个人第20个篮板球，全场第11个前场篮板。NBA总决赛纪录。然后他2罚1中，解决了比赛。公牛92比88取胜，2比0。超音速大失所望，连夜飞回了西雅图。公牛则得到了坏消息：罗恩·哈珀膝盖受伤了。托尼·库科奇将在第三场成为首发。

逢此危难时节，理所当然的：乔丹得做些什么。

第三场，西雅图的钥匙球馆，乔丹从一开场就咄咄逼人，首节12分5助攻，公牛一开始就7比0领先，第一节领先到34比16，超音速被公牛前后相属、铁索连环的防守逼出7次失误，此后只能在烟尘里追看公牛背影。第二节情况如旧，超音速一度逼近了分差，但按住葫芦起来瓢，公牛替补温宁顿和兰迪·布朗又出来补了几刀，分差达到15。第三节，超音速洪波涌起，一波16比2再次拉近分差，但乔丹20秒内连得5分，公牛再次领先到20。第四节变成了狂欢表演：公牛有多达七人得分。全场比赛108比86，乔丹23投11中11罚全中独得36分，皮彭14投5中12分8篮板9助攻，库科奇14分7篮板7助攻——在这样的进攻狂欢夜，他比抓到10个篮板的罗德曼显眼些。反之，没了哈珀，佩顿得了19分7篮板9助攻，但坎普42分钟里只得14分，外加5次失误。

公牛3比0领先，冠军几已锁定：NBA史上，从未有任何球队在任何系列赛0比3落后，还能完成反超的。于是第四场前，芝加哥人在更衣室里预备好了香槟：一旦夺冠，便开始庆祝。

XLI

但西雅图人，都很倔强。

尤其是加里·手套·佩顿。

俄勒冈大学的组织后卫加里·佩顿，193公分，作为组织后卫，他高而瘦，突破上篮、组织分球都是上选，但让他卓立于NBA历史的是三件事。其一：他背身功夫是控卫里的一等一；其二：他是NBA史上防守最好的组织后卫，可能没有之一——想一想，1995-1996季年度防守球员就是铁证——其三：他有NBA史上最毒的一张嘴。他最爱的比赛方式，就是在防守端用步子压迫对手，毒蛇吐信般抄球；在进攻端左腰背身单打，边嚼舌根问候对方控卫家的女性亲属，边琢磨是前转身抛射或分球，还是走底线翻身跳投。1990-1991季还是新人时，他就敢拿法拉利的事挑衅乔丹。此时此刻，0比3落后，他还是没觉得自己必败。

哪怕败北，也得在对方身上留点伤痕，在对方耳里灌点脏话——这就是佩顿了。

第四场，超音速撤下首发中锋约翰逊，派出长于进攻的布里考斯基，外加带伤的麦克米兰，首节就马力全开，佩顿8分3助攻，公牛9比17落后。第二节，超音速领先到36比21。整个第二节，公牛17投5中，超音速18投12中。半场结束，超音速已经53比32几乎锁定了比赛。第三节，乔丹开始接管做最后反击，但坎普与他针锋相对。最后超音速107比86取胜，功劳全在防守：乔丹被大量犯规得到13次罚球机会，但19投只6中23分，皮彭17投4中，9分11篮板8助攻。佩顿21分11助攻，坎普25分11篮板。公牛的领先优势缩到3比1。

又两天后，公牛的领先优势只有3比2了。超音速再次展开他们的丛林阵，佩顿单防乔丹，周围的队友如齿轮，包夹轮转，不留痕迹。乔丹不仅得对付佩顿，还得琢磨他身后的施莱姆夫、坎普、约翰逊、布里考斯基这些高挑敏捷的前锋。乔丹在第五场22投11中26分，但他都忍不住跟裁判抱怨："为什么那么多犯规，你都不吹？"公牛全场三分球23投仅3中，是失败之源。最后公牛78比89败北。

于是，还得回芝加哥决胜负。第六场定在1996年6月16日：那正是父亲节。

第六场，罗恩·哈珀出场了。他赛后承认左膝依然酸痛，但没关系：他得打。理由？看比赛吧。第六场首节，乔丹得到6分，抓到6个篮板，送出3个助攻，用尽一切可能的手段，让公牛24比18领先；第二节，公牛一度领先到41比29。上半场公牛45比38领先，超音速命中率只有36%。

很容易想象，这样血花四溅的肉搏之夜，谁会站出来？丹尼斯·罗德曼：以他为首，公牛单第二节就抓到了9个前场篮板，前赴后继、陷阵先登似地爬城楼去挑战。第三节，公牛一个12比2的高潮把分差拉到64比47。最后一节，罗德曼疯抓了7个篮板球，坎普在剩四分半时被罚出场，库科奇以三分球锁定胜局：

87比75，芝加哥公牛赢了第六场，4比2击败西雅图超音速，拿到1995-1996季总冠军。

乔丹这一夜手感奇差，19投5中，但他奋力杀进内线得到12次罚球，中11次；22分9篮板7助攻2抢断。如果说乔·杜马斯类似于铁门槛，加里·佩顿就是绊马索。前后左右，无所不在。绕前、顶防、卡、让、假摔，无所不至。辅之以超音速丛林的翼侧包夹和弱侧补位，终于逼迫乔丹打出了职业生涯最差的一次总决赛，但超音速在乔丹身上花了太多功夫，结果就是：罗德曼19个篮板，其中11个前场篮板。用乔治·卡尔的话，"罗德曼为公牛赢了两场比赛"——他指的是第二和第六场。

XLI

六场总决赛，5.3个篮板、4.2次总决赛MVP。美丽1996季，他包揽了NBA常规赛MVP、全明星MVP——MVP的大满贯。在此前，只有1969-1970季纽约尼克斯的威利斯·里德（嗯，禅师当年的队长）做到过。

乔丹场均27.3分、助攻，职业生涯第四的故事在于：1995-总冠军、总决赛MVP、

仅仅15个月前，一切还渺茫无踪迹。乔丹是个棒球手，罗德曼正在圣安东尼奥祸害鲍勃·希尔教练，哈珀与洛杉矶快船互相打嘴仗，库科奇和皮彭还互相看不顺眼，公牛甚至想拿皮彭去换坎普。

但是，因为乔丹复出了，一切都不一样了。

完美地应用了他的影响力：他的个人能力，他的威望，他的商业诱惑。他逼迫芝加哥推迟重建，逼迫正打算散场的公牛老将们重鼓余勇，逼迫自己重新成为史上最伟大球员。然后，在父亲节他想夺冠，于是芝加哥就夺冠。即便他只得了22分，即便他全场都没找到篮筐，但西雅图还是无法击败他。赛季第100场比赛，第87场胜利。芝加哥用一场87比75的无趣胜利解决了赛季。夺冠之夜，乔丹回顾了那个流言："不想冒犯坎普，但我庆幸交易没发生。斯科蒂如果不在这儿，我们到不了这一步……这一切很艰难，但赢冠军就这么艰难……我想，这是冠军之途理应呈现的模样。"

要分析第六场夺冠的理由，其实没什么理由。一如乔丹以往无法无天、胡作非为、肆无忌惮地改变NBA所有禁忌与不可能纪录一样，在这一晚，父亲节，他想拿冠军，于是他就拿了冠军。他在更衣室里对队友们说了什么？不知道。反正夺冠之后，斯蒂夫·科尔的太太马尔戈被记者问："有什么计划？""没计划。我们在西雅图就是计划太多了。"

"有许多事在我心念间流动。我的大脑被那些重要的事坠满了。我的家庭，我的父亲——他已经不在那儿了，但我的队友总能够帮助我。"乔丹说。

等他从更衣室哭完出来，举起奖杯时，一切看上去都那么熟悉。1991-1996年的六年间，他拿了四个冠军。1991年的激越，到1996年已经显得理所当然了。《体育画报》说：好像冠军一直属于公牛，只是被乔丹租给休斯顿火箭两年而已。现在，冠军回来了，回到了最甜蜜的家，冠军本来就该在的地方：芝加哥。

XLI

1998年夏，乔丹摘下第六枚戒指后，结束其波澜壮阔的职业生涯，终究没有让追赶者们触及他不朽的背影。NBA球员工会和老板们开始旷日持久的劳资谈判，以便能够为自己多划一些利益的蛋糕。

　　这是一整个时代的更迭。迈克尔·乔丹占据已久的王座，终于空了出来。NBA提前挖空心思定点培养的乔丹接班人们，终于到了太子们争穿龙袍的时刻。随着乔丹巨大背影的离去，属于他时代的那些配角也开始黯然退场——仿佛他们当初的星光璀璨仅是为了映衬乔丹的伟大而存在一样。查尔斯·巴克利因为背伤而夕阳西下，滑翔机德雷克斯勒随乔丹一起退役，奥拉朱旺开始老去，米奇·里奇蒙离开了他兴风作浪的萨克拉门托，大卫·罗宾逊把他马刺头牌的角色让给了刚打了一年的蒂姆·邓肯，乔·杜马斯看到格兰特·希尔已经成长便放心地将活塞交托给他，帕特里克·尤因在铁汉了十年之后终于受伤倒下，罗德曼和皮彭随乔丹的离去而远离了公牛这土崩瓦解的王朝，约翰·斯托克顿和卡尔·马龙似乎在1997、1998年两度战火纷飞的总决赛中耗力太多，终于也老态毕现。

　　1999年，漫长的劳资纠纷。工资帽、奢侈税、转会定例进一步细化，效果不亚于1995年足球界的博斯曼法案。这一轮劳资纠纷使休赛期无限期地延长。1998年夏天到了，之后是秋天，随后是冬天。之后长达十年，NBA的收视率都无法达到乔丹在时的地步。实际上，至今为止，1998年总决赛的收视率纪录都还保持在NBA历史第一位。

第四十二章 重新上路

(XLII)

375 · 382

1996年夏，NBA史上最风云鼓荡的休赛期。当你站在2014年回望1996届NBA选秀大会时，会望见如下伟大成就：四个常规赛MVP奖杯（艾弗森、科比各一次，纳什两次），六个得分王头衔（科比两次，艾弗森四次），五次年度防守球员（本·华莱士四次，坎比一次），史上第一号三分手（雷·阿伦）。而这还仅仅是他们中最杰出的六名选手成绩的一部分，而且表现形式还仅仅是数据。1996年夏天，选秀报告上，NBA经理们在盯着以下青年：

　　马萨诸塞的马尔库斯·坎比刚拿到了1996年度的约翰·伍登奖，是NCAA除了蒂姆·邓肯之外最好的大个子——很多年后，他会成为2006-2007季年度防守球员。

　　康涅狄克的雷·阿伦，大学篮球界最好的远射手、摇摆人，风度最优雅的青年。场均47%的三分球命中率，1995-1996届全美第一阵容——很多年后，他会成为NBA史上投进三分球最多的人。

　　加州大学的超级一年级生阿卜杜勒·拉希姆，1995年麦当劳全美高中阵容，大一场均21分8篮板，206公分却可以打两个前锋位置的天才。

　　肯塔基大学的安托万·沃克，身高206公分的大前锋，却号称拥有打遍五个位置的能力和天分，1994年麦当劳全美高中阵容。

　　洛伦岑·怀特，孟菲斯大学的大前锋，完美的NBA身形，大学两年平均16分10篮板，被一致公认为1996届坎比之外最好的大个子。

　　凯利·基特尔斯，大三、大四连续两年和雷·阿伦明争暗斗的攻击后卫，维兰诺瓦大学的当家射手。

　　斯蒂夫·纳什，加拿大国家队后卫、圣塔克拉拉大学的超级射手、天才组织后卫——站在2014年，他是21世纪两个最好的组织后卫之一（另一个是基德）。

佩贾·斯托贾科维奇：19岁时就已经当了三年职业球员、在希腊联赛纵横无敌的南斯拉夫射手。

佐治亚理工大学一年级后卫，大一场均19分4.5次助攻的斯蒂芬·马布里。

乔治城大学二年级后卫，全国最顶尖的得分怪物阿伦·艾弗森——很多年后，他会拥有四个得分王、一个常规赛MVP，并成为NBA史上最快、最凄厉勇决的球员之一。

以及1996年5月28日，带领洛马里昂高中夺下队史53年来首个州冠军，高中四年得到2883分，全美首席天才高中生的科比·布莱恩特——很多年后，他是这一代球员里，公认最出色的球员。

同时，NBA在做着一桩又一桩大交易。比如1996年7月18日，鲨鱼咧着他那价值百万美元的微笑，站在了洛杉矶：七年1亿2100万美元，他签约了洛杉矶湖人。加上湖人那年选秀大会上揽得的科比，他们将开创一个时代——当然，那时他们还不知道。

比如，迈阿密热的太上皇帕特·莱利以七年一亿签约了阿朗佐·莫宁，并试图以七年一亿抢华盛顿子弹队的朱万·霍华德。

比如，纽约尼克斯厉兵秣马，挖来了实用的后卫柴尔兹、后来被奉为中投之王的阿兰·休斯顿和全明星前锋拉里·约翰逊，以辅佐尤因。

比如，查尔斯·巴克利去了休斯顿火箭，和大梦、滑翔机组成了NBA史上最华丽的三巨头之一。虽然那年这三位都已年过33岁，但考虑下：两个仅仅败给乔丹未拿到冠军的超级巨星，和一个两度蝉联总冠军、堪称乔丹之外第一人的中锋？

比如，亚特兰大鹰以五年5600万收拢了丹佛掘金的盖帽魔王、非洲大山穆托姆博。

XLII

相比起来，公牛很安静。他们新到的人里，只有一位值得一提：罗伯特·帕里什，当年在凯尔特人与乔丹对战的老中锋，来公牛当替补了。公牛立刻成为联盟最老的球队——因为，酋长帕里什，年已43岁了。

然后是两个新闻：其一，丹尼斯·罗德曼签了新约：一年900万美元。在NBA，这是惊人的高价了。但随后，一个更惊人的消息引爆了世界，夺走了罗德曼的所有风头。

迈克尔·乔丹的合同在1996年夏天到期。此前，他在公牛领了十二年工资，一共拿了2700万美元。但1996-1997季，他需要个新合同：年薪3000万美元。

NBA史上的第一高身价产生了。

但1996年夏天，关于乔丹的新闻层出不穷，所以年薪的新鲜度也挺不过三天。乔丹的《太空大灌篮》要上映了：值此夺冠之际，配个"乔丹和兔巴哥一起拯救篮球世界"的电影，自然应景。乔丹1997年的收入可能接近一亿。乔丹归来令1996年总决赛的收视率达到历史第二高——而第一是1993年公牛决战凤凰城时，由他自己创造的。

在诸如此类的传奇浸泡里，1996-1997季的公牛重新上路了。他们又老了一点，但比起动荡不安的世界来说，他们老去得已经够缓慢了。

1996-1997季，联盟局势略有变化。随着鲨鱼西去洛杉矶，东部的魔术实力凋零，但尼克斯、鹰、黄蜂这些老对手还在，莱利正在迈阿密丁零当啷打造另一支尼克斯似的钢铁队伍；西部，火箭获得巴克利后，一跃成为全联盟账面阵容最繁盛的球队，湖人得到鲨鱼，自然也成了媒体视野中心。但公牛无所谓。温宁顿的原话是，"只要我们打自己的篮球，比赛结束，我们就能赢"。

1996-1997季第四战，一路连胜的公牛去迈阿密作客，乔丹一见帕特·莱利就来气，看到对方首发里居然有丹·马尔利就碍眼。1993年夏天，这俩人一在尼克斯，一在太阳，可没少给乔丹找气受，跑到热队扎堆来了？乔丹开场就不断找哈珀和皮彭要球：后仰跳投、内切上篮、假动作投篮，连续得手，负责防他的南斯拉夫后卫达尼洛维奇深感无辜：我做错什么了？！

热队年轻内线科特·托马斯少不更事，抓篮板时还跟罗德曼挥肘子掐起来，罗德曼——那天他头发染了金褐色——满脸无奈：小年轻啥都不懂！

乔丹被火上浇油，第二节看马尔利来防他，正合心意，存心找单挑：左翼面对双人包夹跳投，右翼突破跳投，弧顶急停跳投得手后不忘朝场边瞪两眼，公牛前38分里他包揽了21分。第二节后半段，他一个后插上空中接力扣篮，落地不忘斜科特·托马斯一眼。上半场结束前2秒，热队底线发球，乔丹断到球，一记超远三分得手：半场15投9中26分。乔丹落地后，得意地跳了跳："看到了么，小子们？"

热队真没招了，祭出联盟用烂的老套路：180公分的矮壮后卫蒂姆·哈达维来防乔丹，照例被乔丹后仰跳投杀死；莫宁一记打三分后疯狂庆祝，下一回合乔丹立刻来一记飘移跳投，随后就是内切扣篮。比赛剩15秒时，乔丹罚球得分：40分钟内33投18中，50分。罗德曼又添了22个篮板。马尔利则被防到14投4中，三分球8投0中。公牛106比100取胜。

就这样：1996-1997季的公牛比前一年老了，但老而弥辣。他们的机器运行更密切，打起来更自在随意。赛季进行了三周，公牛才输了第一场：开局12连胜的他们在盐湖城被爵士大逆转，100比105败北。乔丹独得44分，皮彭16分6篮板，但公牛抵挡不住卡尔·马龙的

XLII

36分15篮板和斯托克顿的12分13助攻。妙在这晚，爵士新上首发的25岁小前锋布莱恩·拉塞尔发挥了得，9投7中17分。

当然，那时节，拉塞尔完全不知道，他和对面的乔丹这次相遇，实乃命运的安排。

世界在忙忙碌碌地找话题：比如，媒体还在念叨，1996年12月15日，公牛是20胜3负，而休斯顿火箭是21胜2负——但之后，火箭一口气四连败后，这话题也过时了。比如，1996年12月17日公牛战湖人，第三节结束还落后18分，结果第四节大逆转追平，加时胜出：129比123，全场鲨鱼27分13篮板，湖人后卫尼克·范埃克塞尔36分，公牛这边则有乔丹（30分9篮板）、皮彭（35分10篮板）、库科奇（31分）三人得分上30，罗德曼再补了18个篮板。那晚，湖人新人后卫科比出场10分钟，5投2中5分——当然，媒体来不及管这茬。纽约媒体坐山观虎斗，并总结说：如果本场比赛就是1997年总决赛预演，该多精彩啊！

比如，世界继续批量流水线似的，企图生产出一个乔丹接班人的时代。要重新找一个198公分、技术全面而优美、能够飞翔、能够得分如探囊取物、星球上最杰出的一对一选手、伟大的团队球员、无所不能的技巧，而且还能对用一眨眼或一微笑来醉倒媒体的人物，实在过于困难。因此，标准大为放宽。203公分、走全面组织者路线的翩翩书生格兰特·希尔，以及201公分、风格更类似魔术师的轻盈后卫便士哈达维，是乔丹接班人流水线的模板。除此而外，NBA敞开大门，欢迎一切能够接替乔丹、成为NBA头牌的人物。媒体在鼓噪金州勇士的斯普雷维尔、76人的斯塔克豪斯，甚至小牛队的杰森·基德。1996年冬天，费城183公分的新科状元阿伦·答案·艾弗森都被媒体盯上了。艾弗森承认他喜欢乔丹：他在费城的公寓里，有一扇门，涂有迈克尔·乔丹的巨幅装饰画——这一切其实很自然，因为对黑人篮球少年来说，乔丹是一切的集合：他可以令篮球拥有如此之多的可能性。完美的一对一技巧，速度、节奏感、聪慧的混合。一个贫民窟里出来的黑人，成为职业体育史上最伟大的人物之一，成为世界的偶像，扭转了黑人的文化形象——但11月2日，艾弗森带领费城去挑战公牛，被屠宰了29分；12月21日，76人主场战公牛，艾弗森完成了一个名垂青史的动作：

下半场，艾弗森左翼斜插弧顶接球，乔丹扑前，展开双臂。艾弗森后退两步，几乎到了中场，乔丹则将步伐推进：动作已经念出了对白，球场上的八个人已经加入了观众的行列，这是一对一。艾弗森的双臂如鸟翼般展开，左手、右手、胯下、节奏连续地变化。他的左手屡屡在沾球的同时轻微颤动，像鸟羽被风吹动。然后他动了：左手运球，在一个几乎凝固的瞬间后，球向前推进，乔丹的步子迅速右移，却发现艾弗森轻盈地悬崖勒马，球又一次回到了右边。然后，又一次向左，乔丹的眼睛像被丝线牵挂的木偶一样再次转向，这一次，艾弗森的步伐如剑一般突刺：他迅速地变向，身体到了乔丹的左侧，起跳，出手。乔丹奋起的右手封盖来得迟了，艾弗森跳投得分——这一球，加上那晚艾弗森的32分对乔丹的31分，即便公牛还是赢了，媒体却忍不住开始喧嚷：

又一个新天才出现了！

比如，1997年1月，全联盟29支球队又接到了《体育画报》发来的投票：联盟第一步最快的球员是谁？13票投给了迈克尔·乔丹，哪怕他那时已近34岁了；4票给了阿伦·艾弗森，马刺主帅格雷格·波波维奇给了结论："运球突破，那是艾弗森；但从试探步、持球威胁状

XLII

态，还是迈克尔最快。"活塞的希尔三票，湖人的埃迪·琼斯、勇士的拉特雷尔·斯普雷维尔二票。当然，有人开玩笑地投了勇士的多纳德·罗亚尔一票。犹他爵士的老总雷登一向正直，跳出来主持正义："我可没见有谁能跟迈克尔的速度相比，一半都没有。你们不能给除他之外的任何人投票！"

比如，芝加哥媒体闲得无聊，追踪上了乔丹和罗德曼的事：传闻乔丹请罗德曼去看电影《太空大灌篮》，罗德曼看后茅塞顿开，俨然有了人生方向：像迈克尔那样有名，然后去拍电影！之后的圣诞大战，公牛对活塞，联盟安排了迈克尔·乔丹VS格兰特·希尔这组戏码：希尔表现出色，27分8篮板，乔丹不为已甚23分10篮板，但皮彭倒还了个27分8篮板8助攻的表现；妙在当晚，刚看完《太空大灌篮》的罗德曼撒了欢：11分22篮板7助攻，还特意扣了个篮：全国人民看到了吧，丹尼斯·罗德曼！

1998年总决赛，犹他爵士连续第二年遇到芝加哥公牛：这是乔丹辉煌生涯里，最后一个命定的对手。

第四十三章 MVP？

3 8 3 · 3 9 2

1997年1月15日，罗德曼俨然想起来似的，"好久不犯事了，得犯一遭"，对阵明尼苏达森林狼一战，他连蹦带跳、连抓带挠地抓篮板球，蹦出底线，跌进人堆。坐在地上，看见眼前一个摄像师正拍他，恼羞成怒也不知怎的，朝人家小肚子就是一脚。那位叫做欧仁·阿莫斯的记者当场就捂着肚子，倒了。

之后自然是被罚出场、联盟禁赛、花钱平灾，罗德曼给了阿莫斯20万以平复他可怜的腹股沟，被NBA停赛11场让他损失了超过一百万美元。

四天之后，在媒体认为"1997年总决赛的预演战"中，公牛输给了休斯顿火箭队。没了罗德曼，乔丹得帮忙：全场26分14篮板，但公牛三分球23投仅4中，对面的滑翔机17分10篮板11助攻的三双，大梦纵横无敌得到32分16篮板4助攻4抢断5封盖。话题又一次被搬上台面，这次还不只是"公牛如果与火箭总决赛相遇，如何应对"，而是：

如果乔丹1994、1995那两年没退役，公牛是否能对付大梦的火箭？——休斯顿媒体提醒世界，哪怕在1990-1993的三连冠期，公牛也对火箭这样的恐怖锋线头疼。

1997年2月，恰是NBA50周年。全明星周末期间，特意办了个NBA50大伟大球员聚会。群贤毕至，媒体高兴到上蹿下跳：如此之多的前超级巨星，不窝在各自家里，跟超市降价似的成簇坐着，正好大玩关公战秦琼。老明星们都颇有傲骨，很爱谈些"现在的NBA太弱了，我们当年如何如何"，最热闹的是维尔特·张伯伦大爷。张伯伦是天赋异禀的怪物，到了花甲之年，还是肌肉如铁、精神矍铄。60年代中期勇士把他送去费城，就是某笨蛋老板相信了庸医的"张伯伦得了心脏病，随时会死"的胡扯，结果张老爷子到1996年，还去参加了

亲爱的朋友们，我们每年相聚一起，目标只有一个。总冠军本身的意义也许不大，但争取总冠军的过程却是最伟大的。我希望多年以后，当我们还能相聚一堂时，我们都能微笑着说：我很骄傲，我曾经是公牛队的一员。

——"禅师"菲尔·杰克逊

旧金山马拉松赛呢。他老人家仗着七届得分王、十一届篮板王、单场得过100分之类神话，信口评点："现在联盟太没劲了！我这把年纪复出，每场都能打10分钟！"

乔丹来不及顾这个。1997年2月2日，他在西雅图对超音速，28投19中得了45分，给了佩顿点颜色看看；然后就是新消息：他又一次入选了全明星首发，而且成为NBA史上首位票数超过200万的球员。遇到这种时候，他总得假装高兴一下。

1997年全明星赛，出了件说来喜剧的段子。乔丹那天格外兴奋，上半场还玩了一出许久不见的"队友罚球不进，乔丹腾空飞起，补扣入筐"，让球迷欢天喜地了一把。比赛打到一半，皮彭过来跟他说了声："你可能拿三双噢，迈克尔。"

嗯，1988年全明星，他就拿过40分了，再得高分也没劲……试着拿三双？

乔丹开始传球，而东部队替补射手格伦·莱斯得其所哉：第三节，他三分如潮，得到20分，全场26分。比赛末尾，乔丹已经拿了14分11篮板11助攻，NBA全明星史上第一个三双。可是MVP却被莱斯拿走了。

顺便：乔丹和皮彭跑去，给扣篮赛捧了场。经历80年代乔丹与威尔金斯的壮丽演出后，90年代扣篮大赛众星凋零，所依靠的无非是蒙眼扣篮、双手扣篮之类噱头把戏。当晚最出彩的部分：湖人的新秀高中生后卫科比·布莱恩特在决赛里，从禁区右侧起跳，左手将篮球从胯下转到右手，上升，球在划过一道圆弧后迅速扣向篮筐，轰的一声，身体依然前倾，滑翔，扣进。满分50分获得49分。冠军。

那时乔丹当然想不到，仅一年之后，这小子会如何试图来挑战他。

XLIII

全明星结束后，年满34岁的乔丹继续上路。2月18日对丹佛掘金。那场开始，皮彭和乔丹依然做他们各自的活：乔丹中投、下快攻、做轴心，皮彭抄球、急传、推动进攻；但稍后，库科奇连续几次传球找到皮彭后，皮彭开始找到感觉；等他完成一记突破怒扣后，乔丹也明白了：让皮彭高兴一下吧。

乔丹开始驾驭全队，给哈珀、科尔们找机会；后半段，他除了偶尔空中接力扣一个篮外，就是在给队友出球。全场他24分5篮板12助攻3抢断，库科奇11分4篮板11助攻，他俩做足了皮彭的活儿；而皮彭得以全力开火：27投19中，得到职业生涯最高的47分。

到4月初，罗德曼又不舒服了：这回是膝盖。公牛让他休息，派上年轻健猛如小牛犊的前锋杰森·卡菲做首发。4月3日，公牛在华盛顿输了赛季第10场：此时，他们是63胜10负。如果一鼓作气再拿9连胜，倒是可以追平传奇的72胜10负，但禅师不太想发力了。4月13日输给活塞、只有68胜11负后，公牛开始进入半休假状态，之后是1胜2负。最后1996-1997季结束，芝加哥公牛69胜13负。比前一年的72胜10负差了些，但依然平了1971-1972季的湖人，是NBA史上第二常规赛纪录。

如果罗德曼不去踢人，公牛能破掉自己72胜的纪录吗？天知道。

乔丹又是82场全勤，场均29.6分第九次得分王——张伯伦老爷子在家看这新闻，脸色又难看了些——场均5.9篮板4.3助攻1.7抢断。又一次"年度第一阵容+年度第一防守阵容"毫无疑问。罗德曼场均16.1篮板连续第六年篮板王，但零零碎碎缺了27场比赛让人头大。皮彭82场全勤，场均20.2分6.5篮板5.7助攻，依然年度第一防守阵容，可是年度第一阵容席位却被人抢走了：活塞的格兰特·希尔，以及犹他爵士的卡尔·邮差·马龙。

实际上，1997年4月，跟马龙一起上新闻条目的不是皮彭，而是乔丹。

如我们所知：卡尔·马龙，和乔丹同年。母亲谢里尔比男人更爷们，被她男人抛弃后，独自在伐木厂开叉车、在禽类加工厂砍鸡肉、为邻居做饭，养活了八个汉子。她肝火时嚼烟草，亲自钓鱼打猎，活得威武雄壮。她拒绝领社会福利，"照顾孩子是我的责任，这是我分内的事"。

如我们所知：卡尔·马龙在1985选秀大会上，被犹他爵士选中时，曾经哭过；然后他来到犹他爵士，和伟大的约翰·斯托克顿搭档。这里荒凉无比，犹如初得开辟的天地，万物都很缺乏。娱乐、传媒、灯红酒绿，一律欠奉，只有一群爱上教堂、神情肃穆的白人在盯着你。

如我们所知，卡尔·马龙的风格与乔丹成两反面：他质朴、凶悍、强壮、精明。他有出色的移动、得分嗅觉和出色的中投，而且，他有胆量面对那个时代最强悍的内线防守，奋不顾身地撞入禁区。早年的他其实很像一个小前锋，依靠着结实的身体面筐切入，很别扭地上篮命中。但从80年代后期，他开始像一个小型中锋那样作战——依靠着强悍的身体力量，马龙强势压入禁区，随即翻身硬打或者后撤步跳投。这简单至极的一招，却使联盟里的任何人都无法防守，在1988到1999年之间，他一直是联盟最顶级的前锋。到了后期，他的面筐晃动后撤步投射成为了新的杀招。更由于他的身边有约翰·斯托克顿，史上最伟大传球手，脚步细碎时像一只鼹鼠的马龙，可以随心所欲地在任何点接球投射。

他和约翰·斯托克顿都遭人诟病——他们为了胜利不择手段。当

XLIII

然，也许没有到兰比尔那样故意伤人的凶残，或者罗德曼使尽阴招的狡猾。但犹他双煞从来不会在身体上吃任何亏。他们用一切方式去取得胜利——他们阅读比赛的能力，他们从不做不合理的选择，他们不错失任何一次机会。

如我们所知，斯托克顿自1988年后，垄断了八届助攻王——一如乔丹垄断得分王一样。

但我们还得说一下，他所在的犹他爵士队——确切说，他们的主教练杰里·斯隆。

乔丹刚到芝加哥公牛时，就一直听人提起杰里·斯隆。抬起头看看，芝加哥的球馆天棚上挂着4号，那就是杰里·斯隆留下的球衣。这个人四岁时失父，留下他妈、他、他的九个哥哥姐姐，以及一个伊利诺伊州麦克林斯伯勒郊外的破农场。二年级时，他出外谋生做童工，给人家除一天草，挣2美元。高中时他爱上了篮球，于是早上四点半摸黑起床，收拾完农活，再步行两英里去学校，赶早上七点的训练。放了学，他回家忙农活到天黑，两头不见太阳。很多年后，他总结："我就学到一件事——工作努力点又不会死！"

1960年他代表麦克林斯伯勒高中，成为州最佳球员。他进了伊利诺伊大学，读了五星期，然后退学。他自己承认："进了大学，我觉得特别混乱。因为我之前都没离开过家乡。"

他回乡，去油田工作了一段，然后去了印第安纳州的伊凡斯韦尔大学。这地方离他家更近些。那时他已经长到了196公分，是学校篮球队最高的球员，所以，他经常一场比赛里从对方后卫防到中锋。他习惯了盯比他高许多的对手。他知道矮个子在防守端的生存秘诀是多抢篮板球，以及打得更努力一点、更努力一点。

1964年大三时，他被巴尔的摩子弹队选中，可以去堂而皇之地挣美元、摆脱伊利诺伊农场的干草味了。他考虑了下，决定继续留在学院里读完大四。1965年他再次被子弹选中，这回他真进了NBA，一年后，联盟扩军，他被芝加哥公牛选中，然后得到了"最初公牛"的绰号。

他的教练迪克·莫塔后来如此回忆他："斯隆曾说，他希望任何一场比赛后都不必有愧悔遗憾。他打完一场比赛，回家就可以像小孩儿一样睡得心安理得——可是在一场比赛前，他会在更衣室里像个疯子似的。"在他的NBA生涯里，斯隆是个防守怪物。他打NBA的方式，一如他高中时的人生：四点半起床，劳作直至天黑。骨子里，他就是个凶恶、严酷、硬朗、信奉老学院派的伊利诺伊农民。他在NBA的两个绰号：盖世太保、电锯。

他在NBA打了十一年，其中在芝加哥十年间八进季后赛，巅峰时期场均18+9的表现，二度全明星（他两次全明星合计打了40分钟10次犯规），四次年度第一防守阵容、二次年度第二防守阵容。1976年他退役时，作为"最初公牛"，他的4号球衣被宣布退役。那是芝加哥公牛队史上第一件退役的球衣。那时，他是公牛队史最伟大的球员，这一地位一直保持到1984年，公牛选来乔丹为止。退役时，他除了挂起4号球衣、一堆防守奖项和二度全明星，还留下了几储藏室旧货。他承认自己爱收集二手货。他打NBA逛各个城市，总是要在各类二手货市场淘半天。等他开始挣钱，他就开始收集老式拖拉机——伊利诺伊的农场作派。

这就是杰里·斯隆球员时期的关键词：穷人孩子早当家；勤劳工作；不愿挪窝；防守；硬骨头；好斗分子；芝加哥公牛；小防大；学院派；二手货；执拗。

在犹他爵士队，杰里·斯隆的球队里，布满了一群和他一样天赋

XLIII

普通的人：185公分79公斤的斯托克顿，走在街上和一个寻常上班族白人似的；马克·伊顿，大学毕业后选秀大会没人要，只好去加油站工作的大龄青年……爵士队没有伟大天赋，只有一群像斯隆一样脚踏实地、低头劳作的农夫。马龙和斯托克顿是明星，但在90年代这个电视直播时代里，他们俩每次出席全明星赛，都像混杂在名车堆里的老式笨重拖拉机。

每年夏天，卡尔·马龙在自己的农场背着降落伞迎风奔跑，锤炼他永远如精钢浇铸的、职业体育史上最健美的体型，约翰·斯托克顿在他的故乡中学球馆独自练习。杰里·斯隆回伊利诺伊老家，画下一圈又一圈战术图，然后继续收集拖拉机。当然，他也没忘记收集二手货球员。做过球探，他的目光精准，于是他能够为盐湖城挑来一些廉价的、适合他战术体系的球员。杰夫·马龙、马克·伊顿们来来往往，马龙和斯托克顿伫立的身影旁，年轻人皱纹渐生。这师徒三人度过夏季的方式，就像三个平凡的农民。然后是常规赛，马龙惯常拿下场均25+10，斯托克顿则拿下助攻王，然后两人携手去全明星。

这被岁月遗忘的、每个赛季一半时间白雪皑皑的城市，因为这三个人，而愈加开始被世界遗忘。除了奥拉朱旺们偶尔对马龙和斯托克顿发出抱怨，抱怨他们的假摔、黑肘和追魂膝，你看不到他们带有任何感情色彩。年轻人去到爵士，就被斯隆刷了一层白色的雪盐。你会发现他们和马龙、斯托克顿一样，冷峻、强悍、不知疲倦地跑位。UCLA式的1-4进攻，永远不停地背掩护、伸缩进攻和挡拆。防守端，身体接触和不断响起的哨子。盐湖城没有轻歌曼舞。那些和弦永远旋转不息。

1996-1997季常规赛，爵士64胜18负，少公牛五场；斯托克顿九年来首次未拿到助攻王，但马龙打出职业生涯最好的赛季：82场全勤，场均27.4分仅次于乔丹，外加9.9篮板和4.5助攻和55%命中率，一向不以防守见长的他，甚至在这年入选了年度第一防守阵容。1997年4月，NBA的60名教练、球员和经理们匿名投票，37人认为乔丹该得MVP，23人认为是邮差；但在负责给常规赛MVP投票的记者团里，则有2/3的人表示：他们会投票给邮差。

　　这是两种价值观。在球员和经理眼里，乔丹依然是最好的球员；但在记者那里，一方面：乔丹过去四个完整赛季里，已经拿了四个冠军、三个常规赛MVP；一方面，邮差已经有太多次"理该得常规赛MVP，但总是差那么一点点"的案例了。一如1985-1986季拉里·伯德常规赛MVP三连冠后，下一年大家集体转投魔术师一个道理：心理因素多少会起作用——何况，邮差的表现确实够出色。

　　结果一如1992-1993季：自巴克利后，又一个超级大前锋抢了乔丹的常规赛MVP。卡尔·马龙在他34岁上，拿到了自己首个常规赛MVP。乔丹的心情可想而知：先是全明星赛MVP，然后是常规赛MVP，都拿走了？

　　好吧，只剩冠军了。

XLIII

1998年总决赛，连续第二年，犹他爵士迎上了芝加哥公牛。

1997和1998这两年夏天，斯隆是职业体育史上最完美的反派：一个英俊的老头儿，很少笑（通常是被裁判判罚得无奈时露出嘲讽的咧嘴笑）；他的球队有史上两大肘膝宗师（12号和32号）；他的球队在1997年干掉了三星会聚的火箭（大梦、巴克利、滑翔机），在1998年横扫了刚博得全世界爱慕的湖人（鲨鱼、科比、埃迪·琼斯和范埃克塞尔），然后挑王者乔丹。他们就像一群井然有序、神色冷峻的农民游击队，用最老式的步枪撂倒一个又一个天之骄子，以各种非个人英雄主义的方式把主角逼到悬崖边上，最后逼着乔丹制造了传奇。此后，他继续不朽的执教生涯，他始终拒绝和主流商业合拍，在边陲担当一个孤独的理想主义者；他作为史上最伟大反派造就了乔丹的经典，然后被联盟主流遗忘，成就了边陲的无冕之王。他最后被职业篮球日益高涨的明星地位和商业算计拖垮了，退出了。

第四十四章 迎接光荣之路与幽暗的未来

3 9 3 · 4 0 0

就在媒体围绕MVP的众声喧嚷里，一个声音被悄然淹没了。芝加哥公牛的老板雷恩斯多夫在办公室里说："我得想长远点。我不想成为下一个波士顿凯尔特人。"

——如我们所知，凯尔特人曾经是NBA长盛不衰的绿色奇迹。1956年王朝开始后，十三年中十一个总冠军，包括传奇的八连冠；70年代他们重振，再拿1974、1976年两个总冠军，然后在80年代，拉里·伯德制造了一个小王朝。但在1986年之后，凯尔特人进入长达22年的空白期。雷恩斯多夫想得很远：他知道乔丹的伟大，他知道眼下芝加哥公牛正在经历体育史上最伟大的王朝之一，但他已经看到了此后的黑暗和空虚——乔丹已经34岁了。

他不想做恶人，只是在强调："如果我们夺冠了，把所有人开掉，这是一回事；但如果我们夺冠了，但有人受伤了？或者只是险胜夺冠？我们做的选择可不一样。"

他的潜台词是："如果1997年夺冠，很好；但如果不能保证1997-1998年夺冠，那这支球队还是得准备重建。"杰里·克劳斯已经说了：这支球队的重建计划里，没有禅师。

同样，也就没有乔丹。

在雷恩斯多夫和克劳斯暗中谋划之时，公牛在东部季后赛平静地前进。季后赛对手是年轻的华盛顿子弹，拥有NBA史上最才华横溢的前锋指挥官之一克里斯·韦伯、刚领了一亿合同的全面前锋朱万·霍华德、妖人组织后卫斯德里克兰和231公分的乔治·穆雷桑，但他们终究差了一点儿：公牛从头到尾控制比赛，乔丹29分8篮板8助攻，皮彭16分10篮板。公牛98比86取胜。

第二场，子弹的加尔伯特·钱尼开场手感很好，6投5中，忍不住跟乔丹说说这事；乔丹正罚球呢，叉着腰，听钱尼过来吹嘘，忍不住咧嘴笑了笑。之后，子弹队倒霉了：之前一直在无球走位、轻松跳投的乔丹，开始了突破、拉开单打、背身要位后仰跳投。公牛诸将都明白了局势，开始一窝蜂给乔丹做球和掩护。下半场，子弹见乔丹跳投太热，只好让高他10公分的朱万·霍华德来防乔丹，以干扰跳投，于是乔丹立刻一记底线突破滑翔扣篮：子弹队诸将不敢挡架，只敢呆看。最夸张的一球来自比赛末尾：乔丹左翼突破，被对方大腿绊到，一趔趄险些摔倒，又站稳，起跳，霍华德前来补防，乔丹向右滑翔，让过霍华德再出手，场边球迷集体起立鼓掌：不可阻挡的飞人！

全场比赛，乔丹自由挥洒，35投22中，10罚10中，55分7篮板。公牛109比104取胜，这是他职业生涯第8次季后赛得分上50。赛后，他没忘了跟特克斯·温特教练打招呼："对不起了，特克斯，我忘了你的三角进攻啦！"

第三场，公牛在华盛顿险胜：96比95，3比0淘汰子弹。罗德曼重回首发，14分10篮板。乔丹28分，皮彭20分。

东部季后赛次轮，公牛对阵亚特兰大鹰。对手很均衡：组织后卫抢断王穆基·布雷洛克，得分后卫史蒂夫·史密斯，大前锋是1992年梦一队成员雷特纳，中锋是非洲大山穆托姆博，但比起公牛，鹰没一个最顶尖的人物领军。亚特兰大媒体就有些悲观："如果一个系列赛里最好的两个球员都在芝加哥，我们怎么赢呢？"

第一场，罗德曼又不更事，中途被罚下，公牛上半场39比50落后。但乔丹和皮彭在第三节起飞：乔丹第三节独得20分，公牛单节38比20的高潮，最后100比97取胜。布雷洛克虽有31分12助攻，但到底无力回天。乔丹34分，皮彭29分。第二场，鹰赢球了：乔丹虽然得

XLIV

到27分，但穆托姆博的存在，让他倾向外围跳投。乔丹27分，皮彭24分，但鹰全队开火：布雷洛克和史密斯各26分和27分。鹰103比95取胜，1比1平。

而且偷了个主场。

亚特兰大人没来得及高兴：第三场回主场，公牛立刻来了个下马威。乔丹和皮彭各21分和17分，但乔丹做了许多别的：9个篮板、2抢断、2封盖；杰森·卡菲28分钟里10分11篮板，库科奇和新签的替补中锋布莱恩·威廉姆斯合得30分。可怕的是，公牛把鹰控制到了36%的命中率，下半场鹰只得28分。全场比赛，公牛100比80，让刚燃起希望的鹰见识了：

公牛认起真来，是这个样子的？！

第四场，公牛的防守再次发力，鹰全场命中率只有31%。乔丹自己27分8篮板4助攻，皮彭26分8篮板4助攻。公牛89比80取胜，3比1。第五场亦无意外：公牛107比92取胜，4比1晋级东部决赛。比赛唯一值得谈论的细节，是穆托姆博和乔丹的故事。

很多年后，当穆托姆博成为NBA史上第二盖帽手、坐拥四座年度防守球员时，他的商标是著名的摇手指。每次盖掉对手，穆大山都要对对手大摇手指。这可以理解为：拒绝通行；没门；你太逊了，哥们——你可以把这理解为嘲弄的手段、打击对方士气、挑衅，都可以。

——1997年全明星周末期间，穆托姆博、乔丹和尤因一起在更衣室敷冰时，穆托姆博亮着沉厚如木的嗓音说："迈克尔，你可从来没敢来扣我一次！"

尤因立刻怂恿："迈克尔，给他来一个！"

——就在这个系列赛里，他盖过乔丹后，也照样朝乔丹摇了手指。然后在第五场，乔丹做了这么件事：

　　左底线，传球给朗利，立刻沿底线启动；穆托姆博敏锐地感觉到了，把头偏过来看了眼；朗利击地传球给乔丹，乔丹接球，在篮板侧后方起跳，举球，穆托姆博高举右手，企图劈掉这记扣篮——晚了，乔丹完成一记扣篮，与穆托姆博胸口相撞，就在穆托姆博头顶。

　　然后，乔丹一边退回半场，一边对穆托姆博摇起了手指：以其人之道还治其人之身。禅师都乐得在场边溜达起来。

　　东部决赛的对手，乃是去年首轮的祭品迈阿密热。只是热已今非昔比：帕特·莱利把他在纽约点石成金的心得，一股脑儿倾洒在热之上，于是热成了联盟防守第一队，常规赛61胜；蒂姆·甲虫·哈达维还进了年度第一阵容，与乔丹并列。外围射手有沃尚·莱纳德、达尼洛维奇、马尔利，内线则是莫宁领衔，P.J.布朗、科特·托马斯等一干铁面怪物。迈阿密媒体给自己人鼓劲："我们的防守足以干掉公牛！而罗恩·哈珀33岁了，又198公分重心太高，决然防不住蒂姆·哈达维！"

　　"是啊，我防不住蒂姆·哈达维……我脚慢，膝盖伤，背也坏得差不多了。"哈珀在东部决赛第一场后慢吞吞地说——那晚，哈达维被他限制到14投4中，只得13分。斯蒂夫·科尔给媒体解释："哈珀有双长臂，可以让小后卫根本看不见篮筐。我知道这个：我每天训练时都得对付他！"

　　以哈珀为代表，公牛首战防守极尽出色。莫宁得到21分8篮板6封盖，莱纳德三分球4投4中12分，但这就是全部：热全队命中率41%，公牛更差：命中率36%，但他们有皮彭的24分、乔丹的37分

XLIV

和罗德曼的19篮板。公牛全场抓了20个前场篮板，84比77取下第一场。第二场，比分更低：热命中率被限制到34%，最后68比75输掉。乔丹被防到15投4中，但热也付出了代价：他们得靠大量犯规对付乔丹，结果就是乔丹16罚15中。公牛2比0领先。

　　阿朗佐·莫宁不太服气。他承认公牛的扼喉式防守确实匪夷所思，但并非无解："突击篮筐，会让他们的外围防守压力减缓！"但到第三场，他发现自己不适合提类似意见。公牛两个中锋——朗利和布莱恩·威廉姆斯——合力，把莫宁隔绝在比赛之外。公牛的策略：当莫宁还在后场时，就派人过去粘他，让他没法顺利进入自己擅长的进攻区域；同时，公牛指出，"莫宁喜欢朝左突破"，那就封他的左边；而且，莫宁终于承认："他们太擅长包夹和返位了。我真想发誓说他们场上同时有七个人！"——嗯，因为其中有乔丹和皮彭在。

　　第三场在迈阿密，公牛从一开始就让热队绝望：98比74血洗，乔丹25投14中34分，皮彭21分。热队失误多达32次，命中率38%，莫宁4投1中靠罚球得了12分，失误多到9次。朗利赛后也亮出了哈珀式的冷幽默："他们只是看去状态不好。不过，可能，我们的防守也与此有关吧。"

　　事实是，大大有关。莱利输掉第三场后认定，乔丹和皮彭犹如变形虫。"他们切断角度、敲掉长传、干扰所有的投篮，以致我们的射手都心理变态，哪怕在空位也急于出手投篮，好像怕被他们抄掉似的！"

乔丹平静地承认了他们自己的强大。"我们还没到最好状态，但差不多了。"一如他去年所说的，"我们的跳投手感起伏不定，但防守永远不会背叛我们"。

莫宁毕竟是个勇士。0比3落后，他依然保证第四场"我们会赢的"。他们做到了。热87比80赢了第四战，但第五场，乔丹28分，公牛100比87赢球，4比1淘汰热，七年里第五次晋身1997年总决赛。

就在公牛确定总决赛资格三天后，他们听说了两件事。其一，老板雷恩斯多夫和经理克劳斯私下谋划的重建事宜，开始有眉目了；其二，万众瞩目的休斯顿火箭三巨头——大梦、巴克利、滑翔机——没法来与公牛会师总决赛了。西部决赛最后时刻，双方100平，爵士队右侧发球。NBA历史助攻王斯托克顿接到了卡尔的传球，运到了弧顶：这一次马龙没有来为他挡拆。斯托克顿找到了空挡，当巴克利绝望地扑过来挽救他的冠军希望时，爵士的12号抢先一步。在比赛只余1.3秒时，投出了一生中最重要的三分球，看着它划过巴克利的指尖，坠入篮筐，奥拉朱旺回头朝埃迪·约翰逊的方向看了一眼，滑翔机则默然无语。而斯托克顿，开始像一只兔子一样疯狂地奔跃，让扑上来的霍纳塞克搂抱不住——火箭众人难以置信地望着记分牌，不相信他们被这个老白人绝杀。

是的，1997年芝加哥公牛总决赛的对手，是犹他爵士，是乔丹之前公牛最伟大球员斯隆执教的爵士，是与乔丹和皮彭并列NBA史上最伟大搭档的卡尔·马龙和约翰·斯托克顿。

XLIV

1998年总决赛，可以简化到几句话：第一场，虽然邮差被罗德曼缠到25投仅9中，但爵士依靠坚韧防守，在主场加时取胜88比85，乔丹33分；第二场，双方鏖战到最后，斯蒂夫·科尔三分不进，但自己拣到篮板球助攻乔丹打三分，公牛93比88险胜，乔丹37分，双方打成1比1。第三场，公牛以98比54彻底屠杀了犹他爵士，2比1；第四场，乔丹34分，最后时刻一记转身投中让公牛锁到86比82的胜利，3比1。第五场，芝加哥人准备了香槟，预备庆祝夺冠，但邮差终于找到MVP级手感：全场39分，公牛只能靠库科奇的远射与之周旋。比赛末尾，乔丹绝杀失手，公牛81比83败北，3比2领先。

于是，只能再去盐湖城决胜负。

第四十五章 封神

(XLV)

401 · 411

1997年总决赛，芝加哥公牛VS犹他爵士，两种风格的终极对比。芝加哥公牛：三角进攻，围猎式防守，两大王牌是史上最全面的两个摇摆人，飞天遁地，无所不能，是视觉、个人技艺、才气纵横、创造力的巅峰；犹他爵士：以招牌挡拆为核心的UCLA进攻，强硬的身体对抗，两大王牌是史上最教科书的搭档，篮球基本功、勤奋、地板篮球、团队、大局观、冷峻和老谋深算的极致。他们的相似点，也许只剩下对技艺的精益求精、求胜欲和对篮球运动的深刻理解——虽然方向截然不同。

　　犹他爵士除去邮差和斯托克顿，还有平民射手杰夫·霍纳塞克：193公分的老后卫，既不高，又不壮，运动能力平常，单看外表，也许并不适合作为一个单打型选手出现在血气之勇的NBA赛场。大学毕业，他甚至开始试图去做会计师。他是一个得分后卫的模板，一个合格的得分后卫——他能够提供外围火力、给内线传球、错位后稳定的得分效率，以及坚强的防守。但他不是明星——他这辈子，只在1992年进过一次全明星队。1994-1995季来到盐湖城后，他完美地融入了爵士：霍纳塞克就像一个受办公室同事欢迎的老好人大叔。他会给每个队友寄贺卡，和队上的人们电话聊天。而进入球馆后，他和斯托克顿一样，脑子运转飞快，在需要他出手时，毫不犹豫地起跳，用标准而经典的姿态，将球射出。他甚至比斯托克顿更加平民。相对于斯托克顿经典的沉静表情，霍纳塞克更像是一个普通上班族职员。当他被送上罚球线时，他会一如既往将球拍击3下——告诉看电视的3个孩子：爸爸要罚球了——然后摸一下脸——孩子们，爸爸要开始表演了——然后，出手。他的罚球率同样神乎其神。和他的跳射一样，丝毫没有波动。在客场比赛时，他每天给妻子打15个长途电话，与孩子们交谈。

在进NBA的第一年，霍纳塞克的出手很诡异：用双手，拇指为导向。这一点理所当然招致了批评，一年后，在妻子的督促下，他改正了这一点。当他到达爵士队时，他已经成为不可思议的射手：从任何角度、任何距离、任何位置，用任何手法——跑投、后仰、倾斜一侧、半勾手、低手上篮、抛射——来出手，而他的出手是联盟最快的。如果需要，他甚至能"在接球的刹那就出手"——这句话是爵士队的官员说的。事实上，这也许得益于他妻子在1988年对他的劝导："你可以试着在球从指尖划出之后，再将手指指向篮筐以控制方向。"

然后是中锋福斯特和奥斯特塔格、后卫山顿·安德森和霍华德·埃斯利、前锋安东尼·卡尔、小前锋布莱恩·拉塞尔。最后这个人，会在乔丹的命运里书写下重要的章节。实际上，总决赛第一场，他就进入了历史。

1998年总决赛第一场剩9秒，双方82平。罗德曼对邮差犯规，邮差上了罚球线。实际上，他开场手感并不好：被罗德曼滋扰生事，他前11投仅3中，但之后，他靠着千锤百炼的肌肉杀出了血路。在这次上罚球线前，他4罚3中、22投10中，已得到23分15篮板3助攻。

实际上，这一晚双方都打得艰难。斯托克顿有16分12助攻，但被公牛逼迫出了7次失误；霍纳塞克9投5中得到11分，但他防不住皮彭——皮彭全场19投11中包括3记三分球，27分9篮板3抢断4封盖，但他也有6次失误。罗德曼抓到12个篮板，但邮差并不好对付。这会儿，只要邮差罚进两球，就可能让爵士偷走总决赛第一场了。皮彭走到邮差身边，悄然念叨了两句，走开了。

然后，邮差罚球：第一罚不进；第二罚不进。邮差茫然看着篮筐，边退回半场，边叹了口气。后来，皮彭承认，他说了这么句话：

XLV

"邮差星期天不上班。"

还剩7秒，乔丹左翼三分线外接球，进入最后一攻。此前，他已经被爵士换过了几拨人马防守：开场，面对矮他5公分的霍纳塞克，他用跳投解决；然后，面对布莱恩·拉塞尔，他连续利用掩护突破。这会儿，他转身面对篮筐，拉塞尔正站在三分线，躬身盯着他。剩5秒。

——重新回忆一下。此前十六年的1982年夏天，乔丹大一升大二时，练就了"试探步+突破"。那时他年轻，爆发力惊人，可以如飞机起飞般闪过所有人。

80年代后半段，他在NBA用一招"反向垫步突破"，结合他的"试探步+突破"，几乎是无敌的：他可以轻松地晃右突左、晃左突右、晃右突右、晃左突左等连续组合。这招所以无敌，是因为他左右手突破都很吓人。

80年代末90年代初，他练出了跳投，于是特别喜欢"切出接传球"，做投篮假动作，随即突破。他那时中投已经练成，不仅精确，而且姿势稳定；加上他的突破太快。此后的"行进间急停压重心，然后再忽然突破或急停跳投"，也是建立在他的多重威胁之上。

——回到1997年总决赛第一场。

乔丹三分线外接球，右手拍了三下球，迈开步子，一副向右突破的架势，拉塞尔随之横移；但乔丹，忽然变向，球交左手，脚步调整了一下，是要起速或原地投篮的架势：此时，比赛剩2秒4。

拉塞尔重心刚来得及跟到乔丹左手边，乔丹的左手原地运了一下，俨然要三分线外投篮的模样，然后忽然启动：左手运一步突破，一脚踏进三分线，拉塞尔急忙欺身跟来，腰还弯着，却瞥见乔丹动作又变：刚踏进三分线一步，乔丹忽然拔起，20英尺外急停跳投。拉塞尔都来不及起跳，球向篮筐坠去，时间进入最后一秒，急速归零。

刷的一声。球进，时间走完，84比82，公牛取胜，乔丹零秒绝杀。这个球里，乔丹包括了向右突破、变向向左突破、原地投篮三个假动作，最后，又用一记突破假动作钉住了拉塞尔下盘，最后绝杀——简直就是用他无数的进攻招式如餐刀一般，把拉塞尔肢解了。

球进瞬间，芝加哥联合中心的24544名球迷一起高举双手欢呼。乔丹回身，抿嘴，右手握拳，眼神凌厉地横扫世界。皮彭、布伊奇勒、罗德曼们扑上来拥抱他，乔丹对观众席挥动右拳：全场他31分4篮板8助攻，加这记绝杀。

第二场相比起来容易得多：邮差被缠死，20投仅6中，靠罚球得到20分13篮板；霍纳塞克手感奇佳19分，但无法阻挡乔丹：乔丹第一节就得到11分，上半场20分。公牛上半场47比31领先，之后就安稳拖到比赛结束。皮彭没延续第一场的好表现，13投4中只得10分，但哈珀、朗利们手感奇佳。公牛97比85赢球，2比0。

也是这场前后，媒体开始搬弄一句话：皮彭的心情不太好，他这年只挣238万美元——与乔丹的3000万相去不可以道里计就罢了，比一比罗德曼的900万吧。此外，传说公牛想拿他去交换费城的斯塔克豪斯和榜眼。皮彭说了句不卑不亢的话："我不想让流言干扰到我。我知道我是谁，我知道我能做什么。"

皮彭没让情绪带坏他的表现：第三场，他三分球11投7中，27分4篮板4助攻。乔丹加上了26分6助攻，但公牛输了：爵士豁命包夹，不惜放空三分线。全场公牛三分球32投12中，但爵士控制了内线。上半场，邮差独得22分，罗德曼完全找不着北。第三节，爵士一度77比53领先，公牛一波16比3一度让分差逼近，但后继不足了。赛后，芝加哥媒体对盐湖城三角中心的球迷甚为不满："他们嘈杂、没有教养，

XLV

真是没见过总决赛的乡巴佬！"

事实是，盐湖城球迷真没见过总决赛。你可以理解他们的激动：他们支持了数十年的球队，每每功败垂成，但终于进了总决赛，而且可能干掉乔丹，把神拉下王座？这是何等美丽的故事？

第四场首节，霍纳塞克手感极佳，得到9分；邮差7分3篮板2助攻，继续压制罗德曼，爵士21比16领先。第二节，爵士的命中率达到惊人的52%，但公牛反而打出一波24比14的压制——公牛又祭出恐怖的围猎法了。双方如是缠斗，到第四节乔丹一记扣篮，公牛领先到71比66——实际上，乔丹包揽了公牛最后一节17分里的12分。

但爵士却无比顽强。

斯托克顿又一记锥心刺骨的三分球，然后连罚球带投篮，比赛剩一分钟时，爵士只落后一分。公牛进攻未遂，剩44秒，斯托克顿在靠近本方底线处，拿到了一个后场篮板，抬起头，便看到红色的公牛队血海退潮般全速退防。但斯托克顿到底看透了人群，找到了他相濡以沫十二年、几乎不用眼睛便可以感应彼此位置的伙伴。运了一步后，斯托克顿甩出NBA史上至为经典的长传。三角中心的球迷眼看着球划出21米之远，被33岁的邮差一把攫住，不加停留，一个跨步上篮。乔丹当时正在邮差身前，来不及迎上一步制造撞人犯规，只得看着这个4秒钟前刚被自己投出手的篮球从头上越过。盐湖城人发出了山呼海啸：邮差用一记轻盈的低手上篮74比73反超，将世界之王乔丹逼入绝境。随后公牛再未得分，爵士78比73险胜，2比2。

然后，就是著名的第五场。第五场前，乔丹在盐湖城的酒店里点了披萨，吃完，食物中毒。拿乔丹自己的话说："那天我凌晨三点就醒了过来，感觉肠胃严重不适，我吃了一些自认为可以催眠的药，但身体的不适愈发剧烈以至于后来再也无法入睡。出发赛场之前，我是一直在同瞌睡虫斗争，我把自己关在房间里，拼命喝咖啡，希望借此唤起精神打比赛。"

皮彭说："我跟迈克尔搭档多年，从未见他病成这样。"禅师说那天上午，乔丹没出席投篮练习。公牛甚至得考虑：怎样在乔丹缺阵下赢球呢？

但他们不用考虑太多：乔丹决定出场。

他看上去很疲倦，赛前在板凳上独自低着头，不言不笑。他的第一记投篮就没沾到篮筐。而对面，拉塞尔远射得手，邮差打三分，行云流水。第一节，爵士一度23比9领先。暂停时，乔丹汗出如浆。第一节结束，公牛16比29落后。

于是第二节，乔丹接管了。他举手投足有气无力，但还能射中急停跳投，然后是一次快攻上篮——他每次得分，板凳上的队友都起身疯狂鼓掌。乔丹再断球，助攻皮彭上篮，见皮彭上篮不中，他起身补扣得分——但他落地时顿了顿，仿佛这个动作对他太激烈了似的，他得缓一会儿，才能醒过来。之后一个回合，他上篮不中后，已经喘到只能走回半场了——他跑不动了。第二节，他拼命找身体接触，10次罚球中了9次；上半场结束，公牛49比53落后。

乔丹首节5分，第二节17分，但如他所说："打完半场，我已经快脱水了，于是我开始大量进水……下半场开打时，我已经感到极度精疲力竭。我曾继续喝咖啡，但这最终只能进一步地招致脱水，在第三、四节的比赛中我好多次感觉好像快昏死过去了，我还记得当时在想：打完这场比赛，我就可以躺下了。"

第三节，他只得了2分。公牛靠全队防守才死死守住。第四节开始两分半，爵士77比71领先。但随后：乔丹右翼突破，后仰跳投得分。

XLV

乔丹突破中路，跳投得分。

乔丹在暂停时继续流汗，对问话没有反应，但一到场上，他立刻还一记跨步跑投——板凳上的托尼·库科奇握拳。

斯托克顿还以关键三分，禅师露出罕见的痛苦状：双手抱头，大声埋怨。之后的暂停里，乔丹在板凳上，根本背都直不起来，白毛巾放在他头顶，承当着他不断滴下的汗水。

终场前47秒，乔丹站上罚球线。第一罚得手，双方85平。第二罚，球中前筐弹出。禁区里手纷乱如丛林，乔丹拣到了。皮彭知道乔丹已经无力单挑，自己去禁区要位，背身靠住矮他8公分的霍纳塞克，伸手要球。乔丹把球递了过去。布莱恩·拉塞尔见状，急忙转身，企图包夹皮彭。

那一瞬间，只有斯托克顿敏锐地意识到不妙。他立刻朝乔丹扑去，晚了：皮彭将球回传乔丹，乔丹起手三分球。

球进。关键的一击，公牛领先3分。皮彭回身，握拳。乔丹平静地往后退。不是他不想庆祝，实际上，他当时不知道自己投进了这球。

"第四节比赛，就在投进导致最终胜利的三分球之前，我几乎要完全脱水了，我开始直打哆嗦，不住地出冷汗。投进最后的那个三分球，我当时甚至不清楚是否投进了，我简直站不住了。"他说。

之后的一切飞逝如电：爵士得了2分，但时间不够了。公牛急传到前场，朗利得分，公牛稳稳锁定：90比88取胜，3比2。

乔丹倒在了皮彭怀里。他全场44分钟，27投13中12罚10中38分7篮板5助攻3抢断。赛后他无法去开新闻发布会。队医紧张之极，急忙给他做了静脉注射：因为乔丹还在出汗脱水。

就在总决赛第四场，在斯托克顿21米长传解决公牛之时，盐湖城的球迷感到1997年的NBA总冠军离他们近在咫尺——当看到第五场天王山之战乔丹拖着重病之躯上场时，他们像闻到血腥的狮子一样鼓噪呐喊。第三节结束时，取下23分的乔丹近于虚脱地昏在替补席上——然后，等待美餐的狮子们惊呆了：第四节开始时，那个刚才还奄奄一息的男人回到了场上，所向披靡地统治着赛场。在比赛还余25秒时，松松垮垮、望去随时都可能倒下的乔丹投失了罚球，却神奇地抓到了前场篮板。然后，与皮彭的一次交接，射出三分，得到全场第38分，奠定了天王山之战的胜利——这场比赛，现在的历史名称叫做"发烧之战"（Flu Game），让乔丹成了神：34岁的男人，食物中毒，汗出如浆，在NBA最可怕最喧闹的主场，在天王山之战，38分，末节15分，决胜的三分球，然后需要皮彭的搂抱才走得下球场。

盐湖城媒体在第五场后投降了。爵士还没输，但是他们承认了："迈克尔配得上冠军。"

1997年6月13日，总决赛第六场，芝加哥联合中心。爵士防守出色，上半场结束时44比37领先：公牛命中率只有34％。乔丹首节只得4分，但第二节他活了过来，独得12分——而公牛其他队友只得8分。实际上，爵士完全可能在上半场解决一切，但他们22次罚球只有12中。

第三节，乔丹再得13分，拖住爵士；第四节，公牛一波10比0的反击，74比73领先。双方互相交替领先。还剩半节，乔丹一记中投，公牛82比81领先，随后他一记后仰跳投，84比81。邮差还以2分后，乔丹中投再得分。

比赛剩1分44秒时，双方86平。爵士新人后卫山顿·安德森突击篮下：篮筐是空着的，他可以一个反手上篮得分。

忽而，一个山鹰般的黑影飞了过来：是皮彭。安德森上篮失手，

XLV

错失了给公牛绝命一击的机会——此事后来被盐湖城媒体说了一整年，安德森认为：皮彭没干扰到他上篮。那么，安德森怎会失手这么个初中生都能解决的上篮？"因为皮彭他偷偷拽了篮筐！"

——无所谓了：时间快速递进，比赛还剩28秒。双方86平。公牛又是最后一攻的机会。所有人都看向乔丹：他已经得到了39分。

公牛暂停后开球，球在科尔、皮彭和乔丹之间运转。乔丹向左翼逼去。斯托克顿又嗅到了不对：总决赛第一场，乔丹就是在此处，一记中投绝杀了拉塞尔。

但这次，乔丹开了个邪恶的玩笑。

斯蒂夫·科尔之后承认，当时乔丹暂停时跟他低语了几句："斯托克顿会来包夹我。那时我会传给你。"科尔点头，在嘈杂的球馆里回答乔丹："我会预备好的。"

爵士对此茫无所知：看到乔丹从左翼运球突破时，斯托克顿扑了过来，期待避免他又一次绝杀。乔丹没有投篮：他将球向右侧抛去，科尔得球，无人看管。17英尺远，稳稳的二分。公牛88比86领先。这是乔丹的选择：

——他抱病逆天而行，与爵士奋战到了总决赛最后时刻，却把任务交给了一个最不为人注意的白人射手。

——与1993年总决赛第六场，帕克森那记锁定三连冠的三分球，何其相似乃尔？

时间还剩5秒。布莱恩·拉塞尔想从中线附近发界外球：科尔正缠着斯托克顿，山顿·安德森在远端……好，长传！可是拉塞尔忘记了，公牛有联盟史上最可怕的抄球快手。皮彭纵身而出，俯身倒地之前，伸出他著名的长臂，将球点了出去。后插上的托尼·库科奇急奔前场，在比赛结束的哨声中扣篮得分。90比86，公牛击败爵士，4比2拿下1997年总冠军。

乔丹跳上场边纪录台，向现场24544名球迷举手致谢。"芝加哥的球迷是全世界最好的球迷。从我1984年来这儿开始，他们就一直支持着我，从未放弃过我。作为一个团队，我们从底层奋斗到了顶层。今晚，球迷鼓舞了我们所有人。"

整个总决赛系列，乔丹场均32.3分7篮板6助攻，毫无疑问的第五次总决赛MVP。但赛后新闻发布会，他没忘了说科尔：

"我信任他，他也相信自己，我传球给他，他投进了球……如果那球不进，我想他整个夏天都会睡不着的。"

这是他最传奇的一次总决赛：第一场的零秒绝杀，第五场的带病出战，以及第六战最后时刻给科尔的那记传球。第五场他执拗地带病鏖战，从此成了一个神话。迈克尔·乔丹是不可战胜的，他不只创造最伟大的球队、最传奇的纪录，还提供最伟大的故事。在1997年夏天，他是神。他可以跨越一切障碍，从对手，到年龄，到病痛。

但在1997年夏天，他当然不知道：接下来这一年，才会迎来他的神话里，最经典的时节。

XLV

1998年总决赛第六场，终场前45秒，卡尔·马龙左翼接球，背对丹尼斯·罗德曼。公牛包夹，马龙回头，望向弱侧45度角三分线外，甩出一记长传。斯托克顿接球，起跳，一记三分球。

　　然后，目送球中时，九届助攻王、史上最冷酷的男人毫无笑意，只是轻轻做了一个刺拳的手势。

　　那的确是刺在芝加哥心口的一拳。47秒，86比83领先。公牛已处绝境。斯托克顿，跋涉十五年职业生涯，35岁时逼近巅峰，败北，36岁时再度靠近。那时，胜利离他如此之近。

　　轮到迈克尔·乔丹了。

　　这时候，迈克尔·乔丹35岁零4个月了。他已经打了三年大学篮球、十二年职业篮球。他的常规赛总得分29277分。他的季后赛累计5985分，NBA史上最多。他已经有了五个常规赛MVP、五个总冠军、五个总决赛MVP。

　　这时候，迈克尔·乔丹已经经历了他职业生涯最漫长的一年。他经历了皮彭的伤病、球队的生疏、雷恩斯多夫和克劳斯的阴谋。他知道这个赛季结束，芝加哥公牛与他的王朝将就此结束，化为乌有。

　　他经历了1998年4月15日那次座谈。他听到禅师说："亲爱的朋友们，我们每年相聚一起，目标只有一个。总冠军本身的意义也许不大，但争取总冠军的过程却是最伟大的。我希望多年以后，当我们还能相聚一堂时，我们都能微笑着说：'我很骄傲，我曾经是公牛队的一员。'"

　　此时此刻，总决赛第六场，他没有人可以依靠。皮彭背伤难忍，第二、三节都在更衣室电疗。乔丹最后一节已得12分，全场已得41分，但他的体能已到极限。特克斯·温特在场边对禅师吼："他不行了！他的腿要断了！"禅师无动于衷：他别无他法了。

　　只有相信迈克尔·乔丹。如果这个世上，关于篮球的问题，还有一个人可以相信的话，那就是他：迈克尔·乔丹。

　　比赛剩41.9秒，公牛开球。乔丹运球，到右翼，面对布莱恩·拉塞尔。他略停，然后猛然压低身位，起速，用他仅存的双腿力量——那双曾经飞天遁地的腿——爆发出最后一点气力，闪过拉塞尔，拿稳球，跨步：一个至为朴实无华的擦板上篮。本场第43分。公牛85比86。

还剩37.1秒。

爵士底线开球。斯托克顿运球到左翼。卡尔·邮差·马龙在右侧腰位跟罗德曼纠缠，乔丹盯防神射手霍纳塞克。邮差和霍纳塞克做了一个交叉掩护，亮起一身背降落伞逆风奔跑的肌肉，挤到左腰，罗德曼紧贴随之。霍纳塞克则向右翼跑去，想带开乔丹。

但霍纳塞克转身时，才发现乔丹没有跟过来。

邮差没有看到乔丹这次赌博。他接到斯托克顿的传球，以为霍纳塞克已带走了乔丹，没注意到一个黑影从身后潜地隐来。然后他才发现，球被拍了一下：乔丹和罗德曼包夹邮差，断下了球。

依然是85比86。公牛的球权。

乔丹没把球假手任何一人。他独自运球过半场，在前场左侧站定。剩14秒。他运球，看篮筐，等布莱恩·拉塞尔过来贴住他。

剩10秒，乔丹启动。

拉塞尔贴住乔丹，乔丹右手运球直入三分线，然后，猛然，一个大幅度急停。悬崖勒马。拉塞尔猝不及防，被乔丹晃倒。他还来得及抬眼看：乔丹收球，空位无人盯防，剩7.5秒。

乔丹起手。一个最纯粹、最基本、毫无花样的中投。长达两秒，他的右手高高竖在空中。

然后球进了。个人第45分。公牛87比86领先。

这是职业体育史上最经典的时刻之一，是NBA史上被重播最多的镜头。之后的事天下皆知：公牛赢球；乔丹举起双手怒吼；第六个总冠军；第六个总决赛MVP；伟大的剧情，上帝的杰作，一项运动史上最伟大人物为其伟大职业生涯划上句号的最伟大一击，于是注定被反复播放，多过NBA史上任何一个镜头。而布莱恩·拉塞尔，如果没有这个球，也许他只是悄然无声，作为一个前NBA球员退役……但现在，因为有了那次摔倒，他的照片、姓名和生辰八字，注定在所有搜索引擎上经久不衰。

但对我来说，那段记忆是这样的。

在他投进那球时，右手高悬，然后很轻地放下，退回半场。那时，他离第六个冠军还有5.2秒。他将手放下时，轻松得仿佛是摘下一朵花。

再往前一年，1997年总决赛第一场的绝杀——就是"邮差星期天不上班"那场，他投进球后，右手握拳，抿嘴，横扫全世界。

1995年，在亚特兰大绝杀鹰队后，他握拳，跪地，然后轻敲地板。

1991年夺冠时，他抱着奖杯嚎啕大哭了17分钟。

1989年，对骑士完成"the shot"时。他落地就起跳、挥拳、怒吼，然后就是连续挥拳、张牙舞爪——他都承认，自己没看清球进没有，但是"看周围观众反应我知道解决了"。

再往前，1982年他在北卡干掉乔治城、拿NCAA冠军那记绝杀中投，他说："我都没看到那个球进，我都不敢去看，我就是不停地祈祷。"

我看到的乔丹，是晚年醇厚得体的乔丹。他不可战胜，他随心所欲，他像上帝一样操纵命运的剧情。但你了解他越多，越会发现：他的醇厚得体，也来自他的狷介烂漫。

你了解他越多，越会知道他不是神，是凡人，也会哭，也会有干不好的活（打棒球）、处理不好的事，也会有投出去球就不敢看篮筐的时候。

最初，那棕色的球旋转着，在木地板上敲出"通通"之声，加上球鞋摩擦地板的吱吱声，在空荡荡的球馆里尤其寂静。我坐在场边地上，看着他们跑来跑去，有时是我爸爸和他的同事们，有时是体育老师们。球飞向篮筐，一次又一次。那时，我觉得球筐像一个碗，每个人都在朝碗里扔一个乒乓球。有时进了，有时没进，球弹到碗边缘，高高蹦起来，会有手抓到球，再把它投进去……然后，一切周而复始。

后来，我摸到了这个棕色的球。拍在地上，它能弹起来，厚实，柔软，结实，顺手。拍熟之后，它像身体上多长出来的一部分。投出去，穿过球网，"倏"的一声，很难形容的顺滑爽脆。你会想听第二遍，第三遍。离得越远，投进的声音越响亮明快。你会愿意长时间地玩耍这个游戏，就像吃花生一样，咔嚓、咔嚓，一次又一次。

后来，我看电视，看录像，看到了投进一个球可以有多么不容易。在看到一个球穿过球网、耳边听到"倏"一声之前，需要有多么艰难的努力；我看到世上有那么多人，跑那么快，跳那么高，可以用一只手指就给球赋予灵魂，指挥它飞来飞去，有些人可以飞在篮筐之上，把球、筐和自己的手三位一体、万无一失地拍在一起。

后来，我知道了迈克尔·乔丹这个名字，并且看到他打篮球的样子。在那个时代，乔丹意味着这些：23号；红色的芝加哥公牛队标；愤怒的牛眼；一个身材健美的黑人篮球手；阳光灿烂的周末上午，电视里播放的篮球赛；战无不胜；以及"篮球原来是可以这样好看的呀"！

后来，我知道了，在这个时代，世上的篮球有个金字塔般的舞台。在最高的舞台上，在听到"倏"那一声之前，你得经历许多许多。高中联赛，球探挑剔，大学联赛，选秀前的争议，选秀，训练营，新教练，新队友，面对媒体抨击，考虑薪水，签约商业计划，制订战术，争吵，失望，败北，愤怒，妥协，屈服，再一次失望，再一次失望，一次又一次的失望，新技术的掌握，训练，日复一日的训练，最初是一个人，然后是团队。把球拍打着，厚实，柔软，结实，顺手，投进球时能听见"倏"的一声。然后穿过黑暗的过道，看见明亮的灯光，上场。你将看到数万球迷的欢呼、灯光、摄像师、鼓励的标语、谩骂的口号，你将听到全世界的声音：争吵、质疑、谩骂、赞颂、评论、金钱的声音、雪茄剪的咔嚓声。

但在最后，迈克尔·乔丹们与篮球，最简单最美好的魅力，就是这个：当你经历了一切之后，你重新看到那个红色的23号运着球，听到球鞋摩擦地板吱吱声，听到球拍打木地板的通通声，看着他高高把球抛起，"倏"一声，穿过篮网。你会知道，他经历过了多少。你会知道，在最后成为那个举重若轻风云过眼的神，在击败那个少年时节的普通北卡州少年、成为迈克尔·乔丹之前，他也会有投出去球不敢看、投进一个关键球就怒吼、取得一点成就便号哭的时节。

图书在版编目（CIP）数据

迈克尔·乔丹与他的时代 / 张佳玮著.
一上海：华东师范大学出版社，2013.6
ISBN 978-7-5675-0884-2

Ⅰ.①迈… Ⅱ.①张… Ⅲ.①乔丹，M.－传记
Ⅳ.①K837.125.47

中国版本图书馆CIP数据核字(2013)第131034号

迈克尔·乔丹与他的时代

著　　者	张佳玮
策划编辑	顾晓清
书籍设计	周伟伟
图片提供	CFP

出版发行 华东师范大学出版社
社　　址 上海市中山北路3663号 邮编 200062
网　　址 www.ecnupress.com.cn
客服电话 021-60821666
邮购电话 021-62869887
网　　店 http://hdsdcbs.tmall.com/

印　刷　者 苏州工业园区美柯乐制版印务有限责任公司
开　　本 890×1240 32开
印　　张 13.25
插　　页 12
字　　数 360千字
版　　次 2014年4月第1版
印　　次 2023年7月第14次
书　　号 978-7-5675-0884-2/G.6612
定　　价 69.80元

出 版 人 王 焰

如发现本版图书有印订质量问题，请寄回本社市场部调换或电话021-62865537联系

14

十四次NBA全明星球员

九次入选NBA最佳防守阵容

五次NBA最有价值球员

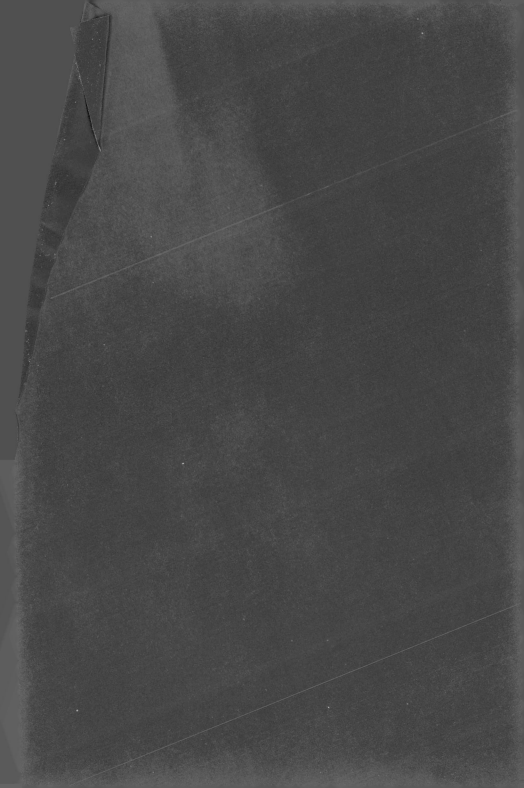